本书出版受到中国法学会 2017 年度部级法学研究课题"危险物品犯罪新问题研究"(课题编号 CLS(2017)C22)的经费资助

乌兹别克斯坦共和国刑法典

陈志军 / 译

中国政法大学出版社
2021·北京

声　　明　　1. 版权所有，侵权必究。

　　　　　　2. 如有缺页、倒装问题，由出版社负责退换。

图书在版编目（CIP）数据

乌兹别克斯坦共和国刑法典/陈志军译. —北京：中国政法大学出版社，2021.12
　ISBN 978-7-5764-0265-0

Ⅰ.①乌… Ⅱ.①陈… Ⅲ.①刑法－法典－乌兹别克 Ⅳ.①D936.24

中国版本图书馆 CIP 数据核字(2022)第 006085 号

出 版 者	中国政法大学出版社
地　　　址	北京市海淀区西土城路 25 号
邮寄地址	北京 100088 信箱 8034 分箱　邮编 100088
网　　　址	http://www.cuplpress.com（网络实名：中国政法大学出版社）
电　　　话	010-58908285(总编室) 58908433（编辑部）58908334(邮购部)
承　　　印	固安华明印业有限公司
开　　　本	880mm×1230mm　1/32
印　　　张	7.75
字　　　数	210 千字
版　　　次	2021 年 12 月第 1 版
印　　　次	2021 年 12 月第 1 次印刷
定　　　价	42.00 元

前言

乌兹别克斯坦共和国，简称乌兹别克斯坦，是一个位于中亚的内陆国家。西北濒临咸海，与哈萨克斯坦、吉尔吉斯斯坦、塔吉克斯坦、土库曼斯坦和阿富汗毗邻。公元9-11世纪，乌兹别克民族形成。13世纪被蒙古人征服。14世纪中叶，建立以撒马尔罕为首都的庞大帝国。16-18世纪，建立布哈拉汗国、希瓦汗国和浩罕汗国。19世纪60年代，被俄罗斯帝国吞并。1924年建立乌兹别克苏维埃社会主义共和国并加入苏联，成为苏联的加盟共和国之一。1991年8月31日宣布独立，改称乌兹别克斯坦共和国。乌兹别克斯坦共和国的现行刑法典是1994年9月22日第2012-XII号乌兹别克斯坦共和国法律，从1995年4月1日起施行。现行刑法典颁布施行之后迄今为止进行了96次局部修正，最新的一次是2021年10月12日第721号乌兹别克斯坦共和国法律所作的修正。现行的乌兹别克斯坦共和国刑法典的主要内容有：

1. 刑法的渊源

乌兹别克斯坦的刑法立法都集中在刑法典中。《乌兹别克斯坦共和国刑法典》第1条规定："乌兹别克斯坦共和国刑法立法以宪法和公认的国际法准则为根据，由本法典组成。"

2. 刑法典的体系

《乌兹别克斯坦共和国刑法典》分为总则和分则两部分。总则部分包括七编：第一编（一般规定)、第二编(责任的根据)、第三编(排除行为犯罪性的事由)、第四编(刑罚及其目的)、第五编(责任和刑罚的免除)、第六编(未成年人责任的特殊规定)和第七编(强制治疗处分)。分则部分包括八编:第一编(侵犯人身罪)、第二编(危害和平与安全罪)、第三编(经济领域的犯罪)、第四编(生态领域的犯罪)、第五编(妨害当局、管理机关和社会团体的管理秩序罪)、第六编(危害公共安全与公共秩序罪)、第七编(妨害军事服役秩序罪)和第八编(术语的法律含义)。

3. 刑法的原则

《乌兹别克斯坦共和国刑法典》第3条规定:"《刑法典》以罪刑法定、法律面前人人平等、民主参与、人道主义、公正、过错责任和责任不可避免原则为基础。"然后在第4条至第10条具体规定了这七项刑法原则。

4. 刑法的地域效力

乌兹别克斯坦共和国刑法采取以属地管辖和属人管辖为原则、以普遍管辖为补充的刑事管辖权体制。(1)属地管辖。《乌兹别克斯坦共和国刑法典》第11条第1款规定:"在乌兹别克斯坦领域内实施犯罪的人,应当根据本法典承担责任。"(2)属人管辖。《乌兹别克斯坦共和国刑法典》第12条第1款规定:"乌兹别克斯坦共和国公民和常住于乌兹别克斯坦的无国籍人在其他国家领域内实施犯罪,如果其未被犯罪地所在国家的法院判决处刑的,应当根据本法典承担责任。"(3)普遍管辖。《乌兹别克斯坦共和国刑法典》第12条第3款规定:"只有在国际条约或者协定有规定的情况下,外国公民以及非常住乌兹别克斯坦的无国籍人,才根据本法典对其在乌兹别克斯坦领域外实施的犯罪承担责任。"

5. 刑法的溯及力

《乌兹别克斯坦共和国刑法典》在此问题上采取彻底地从旧兼从轻原则,效力及于生效判决。第13条第1款规定:"行为的犯罪性和可罚性,根据其实施时生效的法律确定。"该条第2款规定:"规定对行为除罪化、减轻刑罚或者以其他方式改善犯罪人处境的法律，有溯及力，即适用于在该法律施行之前实施该相应行为之人，其中包括正在服刑或者虽已经服刑完毕但仍有犯罪前科之人。"该条第 3 款规定："规定对行为犯罪化、加重刑罚或者以其他方式恶化犯罪人处境的法律，没有溯及力。"

6. 刑事犯罪的分类

《乌兹别克斯坦共和国刑法典》第 15 条将犯罪分为轻罪、较重犯罪、严重犯罪和特别严重犯罪四类：（1）轻罪。包括法定刑为不超过 3 年监禁的故意犯罪，以及法定刑不超过 5 年监禁的过失犯罪。（2）较重犯罪。是指法定刑为超过 3 年但不超过 5 年监禁的故意犯罪，以及法定刑超过 5 年监禁的过失犯罪。（3）严重犯罪。包括法定刑为超过 5 年但不超过 10 年监禁的故意犯罪。（4）特别严重犯罪。是指法定刑为超过 10 年的监禁或者终身监禁的故意犯罪。

7. 犯罪时和犯罪地

《乌兹别克斯坦共和国刑法典》对犯罪时和犯罪地这两个重要概念的含义作出了较为明确的规定：（1）犯罪时。《乌兹别克斯坦共和国刑法典》以立法规定的犯罪完成标志的不同作出了非常具体的规定，其第 13 条第 1 款规定："如果本法典的条款将某犯罪的完成时刻规定为作为或者不作为的完成时刻的，犯罪实施的时间是指危害社会行为的实施时间。如果本法典的条款将某犯罪的完成时刻规定为犯罪结果的发生时刻的，犯罪实施的时间是指犯罪结果的发生时间。"（2）犯罪地。《乌兹别克斯坦共和国刑法典》第 11 条第 2 款规定："在乌兹别克斯坦领域内实施犯罪，应当是指：a）行为在乌兹别克斯坦领域内开始、完成或者中断的；b）行为实施于乌兹别克斯坦领域外但犯罪结果发生于乌兹别克斯坦领域内的；c）行为实施于乌兹别克斯坦领域内但犯罪结果发生于乌兹别克斯坦领域外的；d）行为作为整体或者随同其他行为一起构成部分实施于乌兹别克斯坦领域内的犯罪的。"

8. 刑事责任年龄

《乌兹别克斯坦共和国刑法典》第 17 条非常罕见地在最低刑事责任年龄上采取四元模式，即将犯罪分为四类，规定了以下四个不同的最低刑事责任年龄：(1) 13周岁。应当对具有加重情节的故意杀人（第97条第2款）承担责任。(2) 14周岁。应当对故意杀人（第97条）、在激情状态下故意杀人（第98条）等20余种犯罪承担刑事责任。(3) 16周岁。应当对绝大多数犯罪承担刑事责任。(4) 18周岁。应当对逃避供养未成年人或者残疾人（第122条）等几十种犯罪承担刑事责任。

9. 犯罪未完成形态

《乌兹别克斯坦共和国刑法典》规定了三种犯罪未完成形态。(1) 犯罪预备。第25条第1款规定："犯罪预备，是指为实行或者掩饰故意犯罪制造条件，在着手实行前因为行为人意志以外的情况而中断的行为。"(2) 犯罪未遂。《乌兹别克斯坦共和国刑法典》第25条第2款规定："犯罪未遂，是指已经着手实行故意犯罪，由于行为人意志以外的情况犯罪未完成。"(3) 犯罪中止。《乌兹别克斯坦共和国刑法典》第26条第1款规定："自动放弃实施犯罪，是指行为人在认识到完成犯罪的可能性的情况下终止犯罪的预备行为或者终止犯罪的实行，以及在认识到犯罪结果发生可能性的情况下阻止该结果的发生。"该条第2款规定："自动放弃实施犯罪的，免除责任。"

10. 共同犯罪人的类型

《乌兹别克斯坦共和国刑法典》第28条将共同犯罪人分为四种：(1) 实行犯。第28条第2款规定："实行犯，是指全部或部分地，直接实行犯罪或者利用根据本法典不承担责任的他人或以其他手段实行犯罪的人。"(2) 组织犯。第28条第3款规定："组织犯，是指领导犯罪的预备或者实行的人。"(3) 教唆犯。第28条第4款规定："教唆犯，是指唆使实施犯罪的人。"(4) 帮助犯。第28条第5款规定："帮助犯，是指以建议、指点、提供资金或者排除障碍的方式帮助犯罪实施，或者事先承诺隐匿犯罪人、犯罪工具、犯罪痕迹、犯罪手段、通过犯罪所得的物品或者事先承诺购买或出售此类物品的人。"

11. 共同犯罪的形式

《乌兹别克斯坦共和国刑法典》第29条规定了下列四种主要的

共同犯罪形式：(1) 简单共同犯罪。是指两个或者更多的人在无事先通谋的情况下参与实施犯罪。(2) 复杂共同犯罪。是指两个或者更多的人基于事先通谋参与实施犯罪。(3) 有组织集团。是指两个或者更多的人为共同的犯罪活动而事先联合组成的集团。(4) 犯罪团体。是指两个或者更多的有组织集团为从事犯罪活动而事先组成的联合体。

12. 排除行为犯罪性的事由

《乌兹别克斯坦共和国刑法典》规定了下列七种排除行为犯罪性的事由：(1) 行为微不足道。第36条规定："尽管作为或者不作为符合本法典规定为犯罪的行为的要件，但由于其显著轻微而没有社会危害性的，不应视为犯罪。"(2) 正当防卫。第37条第1款规定："在正当防卫（即通过对侵害人造成损害，保护本人或者他人的人身或权利、社会或者国家的利益免受不法侵害）状态下实施的行为，如果没有超过正当防卫的限度的，不是犯罪。"(3) 紧急避险。第38条第1款规定："在紧急避险（即为了避免威胁本人或者他人的人身或其他权利、社会或者国家的利益的危险并且该危险在这种情况下无法以其他方法消除）状态下实施的损害权利和法益的行为，如果所造成的损害不超过所避免的损害的，不是犯罪。"(4) 在抓捕实施危害社会行为的人时造成损害。第39条第1款规定："在抓捕实施危害社会行为的人以便将其移交有权机关时造成损害，如果没有超过抓捕所必需的措施的，不是犯罪。"(5) 执行命令或其他义务。第40条第1款规定："在合法地执行命令、其他指示以及公务时造成损害的，不是犯罪。"(6) 合理的职业或经济冒险。第41条第1款规定："为了实现对社会有益之目的，在合理的职业或经济冒险中，对权利和法益造成损害的，不是犯罪。"(7) 由于受到身体或精神上的强制或者威胁所实施的行为。第41-1条第1款规定："由于身体或精神上的强制或者使用这种强制的威胁对本法典保护的权利和利益造成损害，如果行为人因为这种强制或威胁不能控制其作为（不作为）的，不是犯罪。"

13. 刑罚的目的

《乌兹别克斯坦共和国刑法典》第42条第2款规定了刑罚的目的:"应当为了矫正、阻止犯罪活动的继续以及防止被定罪人和其他人实施新的犯罪而适用刑罚。"

14. 刑罚的体系

《乌兹别克斯坦共和国刑法典》规定的刑罚包括主刑和附加刑两大类。(1) 主刑。主刑包括9种:罚金;剥夺特定权利;强制社区服务;矫正劳动;限制军职;限制自由;移交纪律惩戒单位;监禁;终身监禁。值得注意的是,2007年7月11日第99号乌兹别克斯坦共和国法律对刑法典进行了修正,废除了死刑,替代以终身监禁,该修正从2008年1月1日起生效。(2) 附加刑。附加刑包括剥夺军衔或者专门称号。剥夺特定权利,既可以作为主刑也可以作为附加刑适用。

15. 量刑情节

《乌兹别克斯坦共和国刑法典》将量刑情节规定为两大类:(1) 减轻处罚情节。第55条第1款明确规定了自首、真诚悔改或者积极协助犯罪侦查等9种减轻处罚情节。第2款还规定:"法院可以将本条没有规定的其他情节认定为减轻处罚情节。"(2) 加重处罚情节。第56条明确规定了针对行为人明知处于怀孕状态的妇女实施犯罪等14种加重处罚情节。该条第3款还规定:"在量刑时,法院不能将本条没有规定的情节认定为加重处罚情节。"可见,其立法不允许将酌定情节作为加重处罚情节。

16. 刑事责任免除事由

《乌兹别克斯坦共和国刑法典》规定了六种刑事责任免除事由:(1) 因追究责任的时效期间届满而免除犯罪的责任。第64条规定,如果从实施犯罪之日起时效期间届满的,免除责任。(2) 因为行为或者行为人失去社会危害性而免除责任。第65条第1款规定:"如果在侦查或者法庭审理案件时由于情势变更,其实施的行为被认定为已失去社会危害性的,则实施该犯罪的人可被免除责任。"第2款规定:"如果在侦查或者法庭审理案件时由于情势变更,行为人被认定已失去社会危险性的,则该实施犯罪的人可被免除责任。"(3) 因犯罪人积极悔改而免除责任。第 66 条第 1 款规定:"如果初次实施轻罪或者较重犯罪的人自首、真诚悔改、积极协助犯罪侦查和弥补犯罪所造成的损害的,可以免除责任。"第 2 款规定:"在本法典分则有关条款有特别明示的情况下,实施犯罪的人积极悔改的,应当免除责任。"(4) 与和解有关的免除刑事责任。第 66-1 条第 1 款规定,实施故意造成中度身体伤害(第 105 条)等犯罪的人,如果承认有罪、与受害者和解并且赔偿所造成的损害的,可以免除刑事责任。(5) 因疾病而免除责任。第 67 条第 1 款规定:"如果实施犯罪的人在作出判决前患上使其丧失认识其行为的意义或者丧失控制行为能力的精神障碍的,应当被免除责任。"(6) 基于大赦令免除责任。第 68 条第 1 款规定:"实施犯罪的人,可基于大赦令被免除责任。"

17. 刑罚免除事由

《乌兹别克斯坦共和国刑法典》规定了八种刑罚免除事由:(1) 因刑罚执行时效期间届满而免除。第 69 条规定,除了危害人类和平与安全罪等少数犯罪外,如果判决在从其生效之日起的下列期间内没有被执行的,被定罪人应当被免除主刑和附加刑。(2) 因行为人丧失社会危险而免除刑罚。第 70 条规定:"如果在法庭审理此案时,因为情势变更或者该人由于无可挑剔的行为、对待劳动或者学习的认真态度而被认定失去社会危险性的,可以免除该实施犯罪的人的刑罚。"(3) 因为犯罪人积极悔改而免除刑罚。第 71 条第 1 款规定:"如果初次实施轻罪或者较重犯罪的人自首、积极协助犯罪侦查和弥补犯罪所造成的损害的,法院可以免除刑罚。"第 2 款规定:"与其他人一起参与实施犯罪的人或者是有组织集团或犯罪团体成员的人,自首、真诚悔改并积极协助阻止、侦查犯罪或者确认、揭露组织犯或其他共同犯罪人,如果没有直接参与实施严重犯罪或者特别严重犯罪的,法院可以免除刑罚。"第 3 款规定:"在本法典分则有关条款有特别明示的情况下,实施犯罪的人积极悔改的,应当免除刑罚。"(4) 缓刑。第 72 条规定,在判处监禁、移交纪律惩戒单位、限制军职或者矫正劳动时，法院在考虑所实施犯罪的性质和程度、犯罪人的人格和案件其他情节后认为可以在不服刑但是监督其行为的情况下矫正被定罪人的，可以适用缓刑。（5）假释。第 73 条规定，被判处监禁、移交纪律惩戒单位、限制军职、限制自由或者矫正劳动的人，如果满足所处刑罚类型的既定制度要求并且以认真的态度对待劳动的，实际服刑达到规定期间的，可以适用假释。（6）替代为较轻的刑罚。第 74 条规定，对被判处监禁、限制自由或者矫正劳动的人，如果满足所处刑罚类型的既定制度要求并且以认真的态度对待劳动的，实际服刑达到规定期间的，法院可以较轻的刑罚替代未服部分的刑罚。（7）因疾病或者残疾而免除刑罚。第 75 条第 1 款规定："如果犯罪人在被作出判决后患上使其丧失认识其行为的意义或者丧失控制行为能力的精神障碍，以及患上妨碍其服刑的其他严重疾病的，应当被免除服刑。"（8）因大赦令或者特赦令而免除刑罚。第 76 条规定："根据大赦令或者特赦令，被定罪人可被全部或部分地免除主刑和未执行的附加刑、假释或者以较轻的刑罚替代未服部分的刑罚。"

由于水平所限，不当之处，敬请读者批评指正。

陈志军
2021 年 10 月

目 录
Contents

001	**总　则**	
001	**第一编　一般规定**	
001	第1章	刑法典的目标与原则
001	第1条	乌兹别克斯坦共和国的刑法立法
001	第2条	刑法典的目标
001	第3条	刑法典的原则
002	第4条	罪刑法定原则
002	第5条	法律面前人人平等原则
002	第6条	民主参与原则
002	第7条	人道主义原则
002	第8条	公正原则
002	第9条	过错责任原则
003	第10条	责任不可避免原则
003	第2章	刑法典的适用范围
003	第11条	刑法典对在乌兹别克领域内实施犯罪的人的适用
003	第12条	刑法典对在乌兹别克领域外实施犯罪的人的适用
004	第13条	法律的时间效力

004	第二编	责任的根据
004	第3章	犯罪
004	第14条	犯罪的概念
004	第15条	犯罪的分类
005	第16条	犯罪的责任及其根据
005	第4章	承担责任的人
005	第17条	自然人的责任
006	第18条	责任能力
006	第18-1条	不阻却责任能力的精神障碍患者的责任
007	第19条	醉态中实施的犯罪的责任
007	第5章	罪过
007	第20条	罪过类型
007	第21条	故意犯罪
007	第22条	过失犯罪
008	第23条	复合罪过犯罪
008	第24条	无过错造成损害
008	第6章	未完成罪
008	第25条	犯罪预备和犯罪未遂
008	第26条	自动放弃实施犯罪
009	第7章	共同犯罪
009	第27条	共同犯罪的概念
009	第28条	共同犯罪人的类型
009	第29条	共同犯罪的形式
009	第30条	共同犯罪的责任范围
010	第31条	连累犯
010	第8章	数罪
010	第32条	再次犯罪

011	第 33 条　并合罪
011	第 34 条　累犯
012	**第三编　排除行为犯罪性的事由**
012	**第 9 章　排除行为犯罪性的事由的概念和类型**
012	第 35 条　排除行为犯罪性的事由的概念
012	第 36 条　行为显著轻微
012	第 37 条　正当防卫
013	第 38 条　紧急避险
013	第 39 条　在抓捕实施危害社会行为的人时造成损害
013	第 40 条　执行命令或其他义务
014	第 41 条　合理的职业或经济冒险
014	第 41-1 条　身体或精神上的强制或者威胁
015	**第四编　刑罚及其目的**
015	**第 10 章　刑罚的概念、目的和种类**
015	第 42 条　刑罚的概念和目的
015	第 43 条　刑罚的体系
016	第 44 条　罚金
016	第 45 条　剥夺特定权利
017	第 45-1 条　强制社区服务
018	第 46 条　矫正劳动
018	第 47 条　限制军职
019	第 48 条（废止）
019	第 48-1 条　限制自由
020	第 49 条　移交纪律惩戒单位
020	第 50 条　监禁
022	第 51 条　终身监禁
023	第 52 条　剥夺军衔或者专门称号

023	第53条	（废止）
023	第11章	量刑
023	第54条	量刑的一般原则
023	第55条	减轻处罚情节
024	第56条	加重处罚情节
025	第57条	判处比法定刑更轻的刑罚
025	第57-1条	对积极悔改的犯罪人的量刑
026	第57-2条	对达成认罪协议的犯罪的量刑
026	第58条	对未完成罪和共同犯罪的量刑
027	第59条	对数罪的量刑
028	第60条	数个判决的刑罚合并
028	第61条	刑罚合并时的折抵规则
029	第62条	拘捕、羁押或者家中软禁的折抵规则
029	第63条	刑罚期间的计算
029	**第五编**	**责任和刑罚的免除**
029	第12章	责任免除的类型
029	第64条	因追究责任的时效期间届满而免除犯罪的责任
030	第65条	因为行为或者行为人失去社会危害性而免除责任
031	第66条	因犯罪人积极悔改而免除责任
031	第66-1条	与和解有关的免除刑事责任
032	第67条	因疾病而免除责任
032	第68条	基于大赦令而免除责任
033	第13章	刑罚免除的类型
033	第69条	因刑罚执行时效期间届满而免除
033	第70条	因行为人丧失社会危险而免除刑罚

034　第71条　因为犯罪人积极悔改而免除刑罚
034　第72条　缓刑
035　第73条　假释
036　第74条　替代为较轻的刑罚
037　第75条　因疾病或者残疾而免除刑罚
038　第76条　因大赦令或者特赦令而免除刑罚
038　**第14章　前科**
038　第77条　前科的法律意义
039　第78条　前科的消灭
039　第79条　前科的撤销
040　第80条　前科消灭或者撤销的期间计算

040　**第六编　未成年人责任的特殊规定**
040　**第15章　刑罚及其目的**
040　第81条　刑罚的体系
041　第82条　罚金
041　第82-1条　强制社区服务
042　第83条　矫正劳动
042　第84条（废止）
042　第84-1条　限制自由
042　第85条　监禁
043　第86条　量刑
044　**第16章　责任或者刑罚的免除**
044　第87条　适用强制处分免除责任或者刑罚
044　第88条　强制处分
044　第89条　假释
045　第90条　替代为较轻的刑罚

046　**第七编　强制治疗处分**

046	第17章	强制治疗处分的根据和适用
046	第91条	强制处分的目的
046	第92条	适用强制治疗处分的一般根据
047	第93条	强制治疗处分的种类
047	第94条	强制治疗处分的适用
048	第95条	强制治疗处分适用的延期、变更和终止
048	第96条	与刑罚并处的强制治疗处分的适用

049	**分　则**	
049	第一编	侵犯人身罪
049	第1章	侵害生命罪
049	第97条	故意杀人
050	第98条	在激情状态下故意杀人
050	第99条	母亲故意杀害新生婴儿
050	第100条	超过正当防卫必要限度的故意杀人
050	第101条	超过拘捕实施危害社会行为的人之必要措施的故意杀人
051	第102条	过失致人死亡
051	第103条	导致自杀
051	第103-1条	教唆自杀
052	第2章	侵害健康罪
052	第104条	故意造成严重身体伤害
053	第105条	故意造成中度身体伤害
054	第106条	在激情状态下故意造成严重或者中度身体伤害
055	第107条	超过正当防卫必要限度的故意造成严重身体伤害

055	第108条	超过拘捕实施危害社会行为的人之必要措施的故意造成严重身体伤害
055	第109条	故意造成轻度身体伤害
055	第110条	虐待
056	第111条	过失造成中度或者严重身体伤害
057	第3章	危及生命或者健康罪
057	第112条	威胁杀人或者使用暴力
057	第113条	传播性病或者艾滋病
058	第114条	非法堕胎
059	第115条	强迫妇女堕胎
059	第116条	疏于履行职业义务
060	第117条	见危不救
061	第4章	危害性自主罪
061	第118条	强奸
061	第119条	强迫以非自然形式满足性欲
062	第120条	男性同性鸡奸
062	第121条	强迫女性进行性行为
063	第5章	危害家庭、未成年人和风化罪
063	第122条	逃避供养未成年人或者残疾人
063	第123条	逃避赡养父母
064	第124条	偷换子女
064	第125条	泄露收养秘密
064	第125-1条	违反关于结婚年龄的法律
065	第126条	一夫多妻
065	第127条	引诱未成年人实施反社会行为
066	第127-1条	乞讨
067	第128条	与不满16周岁的人发生性行为

068	第128-1条	通过提供有形财物或财产利益与16至18周岁的人发生性行为
068	第129条	对不满16周岁的人的猥亵行为
068	第130条	制作、进口、传播、宣传、展览淫秽物品
069	第130-1条	制作、进口、传播、宣传、展览宣扬崇尚暴力或者残酷的物品
070	第131条	淫媒或者开设妓院
071	第132条	拆除、毁灭、破坏物质文化遗产
071	第133条	摘除尸体的器官或组织
072	第134条	亵渎坟墓
072	第6章	侵犯自由、名誉和尊严罪
072	第135条	贩运人口
073	第136条	强迫或者阻止妇女结婚
073	第137条	绑架
074	第138条	强制地非法剥夺自由
074	第139条	诽谤
075	第140条	侮辱
076	第7章	侵犯公民的宪法权利和自由罪
076	第141条	侵犯公民的平等
076	第141-1条	侵犯私生活的不可侵犯性
077	第141-2条	违反关于个人资料的立法
077	第142条	侵害公民住宅的不可侵犯性
078	第143条	侵犯信件、电话通话、电报或者其他通讯的保密性
078	第144条	违反关于个人和法人申诉的立法
079	第145条	侵犯宗教信仰自由

079	第146条	违反关于组织、举行选举或者全民公决的立法
080	第147条	妨碍行使选举权或者代理人权利
080	第148条	侵犯劳动权
081	第148-1条	违反不得雇用未成年人的规定
081	第148-2条	行政强制劳动
081	第149条	侵犯著作权或者发明权

082 **第二编 危害和平与安全罪**

082 **第8章 危害人类和平与安全罪**

082	第150条	鼓吹战争
082	第151条	侵略
082	第152条	违反战争法规和惯例
083	第153条	种族灭绝
083	第154条	雇佣军
083	第154-1条	接纳、招募为外国服兵役或者在安全、警察、军事司法或其他类似机构中服务
084	第155条	恐怖主义
085	第155-1条	不报告有关预备或者实行恐怖主义的信息和事实
085	第155-2条	为了进行恐怖主义活动接受培训、出境或者过境
086	第155-3条	资助恐怖主义
087	第156条	煽动民族、种族、部族或者宗教仇恨

088 **第9章 危害乌兹别克斯坦共和国罪**

088	第157条	背叛国家
088	第158条	侵犯乌兹别克斯坦共和国总统
089	第159条	侵犯乌兹别克斯坦共和国宪法秩序

090	第 160 条	间谍
090	第 161 条	破坏活动
090	第 162 条	泄露国家秘密
091	第 163 条	丢失含有国家或者军事秘密的文书
091	**第三编**	**经济领域的犯罪**
091	第 10 章	取得他人财物
091	第 164 条	抢劫
092	第 165 条	敲诈勒索
093	第 166 条	抢夺
094	第 167 条	以侵吞或者挪用方式侵占
095	第 168 条	诈骗
096	第 169 条	盗窃
097	第 11 章	不属于取得财物的犯罪
097	第 170 条	以欺骗或者滥用信任手段造成财产损失
098	第 171 条	获取或者出售以犯罪手段取得的财产
098	第 172 条	保护财产失职
099	第 173 条	故意毁灭或者损坏财产
100	第 174 条	（废止）
100	第 12 章	危害经济基础罪
100	第 175 条	进行损害乌兹别克斯坦共和国利益的交易
101	第 176 条	制造、出售伪造的货币、消费税税签或者有价证券
101	第 177 条	非法购买或者出售外国货币
102	第 178 条	隐匿外国货币
103	第 179 条	虚假经营
103	第 180 条	虚假破产
104	第 181 条	隐瞒破产

104	第181-1条	蓄意破产
105	第182条	违反海关立法
106	第183条	违反竞争法和反垄断法
106	第184条	逃避税款或者其他强制性缴费
107	第184-1条	违反预算和人员预算纪律
108	第185条	违反贵金属或者宝石的上交规则
108	第185-1条	违反有色金属及其碎片、废品的采购、获取、使用和销售规则
109	第185-2条	违反电能、热能、天然气、水的使用规则
110	第13章	与经济活动实施有关的犯罪
110	第186条	以出售为目的生产、储存、运输或者出售不符合安全要求的商品、执行不符合安全要求的工作或者提供不符合安全要求的服务
111	第186-1条	非法生产或者流通乙醇、酒精和烟草制品
112	第186-2条	非法生产或者流通从棉籽中获得的产品
113	第186-3条	以出售为目的生产、制造、购买、储存、运输或者出售不合格或者伪造的药品或医疗产品，在药店及其分支机构以外出售药品或者医疗产品，以及违反程序零售含有烈性物质的处方药品
115	第187条	（废止）
115	第188条	非法经营活动
115	第188-1条	吸收资金和（或）其他财产的非法活动
116	第189条	违反商品出售或者服务提供规则
117	第190条	无证照、无许可文书或者无告知从事经济活动
118	第191条	非法收集、披露或者使用信息

118	第 192 条	抹黑竞争对手
119	第 13-1 章	与妨碍、非法干涉企业活动有关的犯罪及侵犯经营主体权利和法益的其他犯罪
119	第 192-1 条	侵犯私人财产权
120	第 192-2 条	违反对经营主体的金融和经济活动进行检查和审计的程序
121	第 192-3 条	非法停止经营主体的活动和（或）其银行账户上的交易
122	第 192-4 条	强迫经营主体参加慈善活动和其他活动
123	第 192-5 条	违反许可法规和许可程序法规
123	第 192-6 条	非法地拒绝适用、不适用或者阻碍适用利益和优惠
124	第 192-7 条	不合理地拖延向经营主体和其他组织发放资金
124	第 192-8 条	非法要求提供有关经营主体账户资金使用情况的信息
125	第 192-9 条	商业贿赂
126	第 192-10 条	非国有商业组织或者其他非国有组织的雇员的贿赂
127	第 192-11 条	非国有商业组织或者其他非国有组织的公务员的滥用职权
128	**第四编**	**生态领域的犯罪**
128	第 14 章	环境保护和自然维护领域的犯罪
128	第 193 条	违反环境安全标准和要求
128	第 194 条	故意隐瞒或者歪曲环境污染信息
129	第 195 条	不采取措施消除环境污染后果
129	第 196 条	污染环境

130	第197条	违反土地、底土的使用条件或者其保护要求
130	第197-1条	不采取措施防止擅自占用灌溉土地
131	第198条	损毁作物、森林、树木或者其他植物
131	第199条	违反植物病虫害控制要求
132	第200条	违反兽医、兽医卫生的规则和标准
132	第201条	违反处理危险化学品的规则
132	第202条	违反利用动植物资源的程序
134	第202-1条	虐待动物
134	第203条	违反利用水或者水库的条件
134	第204条	违反自然保护区制度

135 第五编 妨害当局、管理机关和社会团体的管理秩序罪

135	第15章	妨害管理秩序罪
135	第205条	滥用权力或者职务权限
135	第206条	逾越权力或者职务权限
136	第206-1条	（废止）
136	第207条	玩忽职守
137	第208条	权力不作为
137	第209条	公务伪造
138	第210条	受贿
139	第211条	行贿
140	第212条	贿赂居间
141	第213条	向国家机关、有国家参与的组织或者公民自治组织的雇员行贿
142	第214条	国家机关、有国家参与的组织或者公民自治组织的雇员非法收受有形财物或者财产性利益
143	第215条	亵渎国家标志

143	第216条	非法建立社会团体或者宗教组织
143	第216-1条	引诱参加非法社会团体和宗教组织的活动
144	第216-2条	违反有关宗教组织的立法
144	第217条	违反组织、举行集会、群众大会、街头游行或者示威的程序
145	第218条	在紧急状态下领导禁止的罢工或者阻碍企业、机构或组织的运作
145	第219条	抵抗当局代表或者履行公民义务的人
146	第220条	扰乱监禁刑执行机构的运作
146	第221条	不服从刑罚执行机构的合法管理要求
147	第222条	从羁押或者监禁中脱逃
147	第223条	非法出入乌兹别克斯坦共和国
148	第224条	（废止）
148	第225条	逃避兵役或者替代役
148	第226条	违反行政监督规则
149	第227条	攫取、毁灭、破坏或者隐匿文书、图章、印鉴、表格、汽车及其挂车（半挂车）的国家牌照
150	第228条	制作、伪造文书、图章、印鉴、表格及其出售或使用
150	第228-1条	违反国家检测标识的制造和使用规则
151	第229条	专擅行为
151	第229-1条	擅自占用土地
152	第229-2条	违反传教程序
152	第229-3条	违反既定禁令（限制）建造、改建、大修房屋、建筑物或者其他设施
153	第229-4条	违反提供土地的程序

153	第229-5条	非法夺取土地
154	第229-6条	对灌溉土地或者其部分予以出售或者非法转让其上权利
155	**第16章**	**妨害司法罪**
155	第230条	对明知无罪的人追究刑事责任
155	第230-1条	伪造证据
156	第230-2条	伪造特工搜查活动结果
156	第231条	作出不公正的判决、决定或者裁定
156	第232条	不执行司法决定
157	第233条	非法处置被扣押财产
157	第234条	非法拘捕或者羁押
158	第235条	施加酷刑和其他残忍、不人道或有辱人格的处遇或者处罚
159	第236条	干扰侦查或者法院审理案件
159	第237条	诬告
160	第238条	伪证
160	第239条	泄露调查或者预审信息
160	第240条	刑事诉讼参与人逃避履行指定的义务
161	第241条	不报告或者隐瞒犯罪
161	第241-1条	故意隐瞒犯罪不予登记
162	**第六编**	**危害公共安全与公共秩序罪**
162	**第17章**	**危害公共安全罪**
162	第242条	组建犯罪团体
162	第243条	将犯罪所得合法化
162	第244条	聚众骚乱
163	第244-1条	制作、储存、传播或者展示包含威胁公共安全和公共秩序内容的材料

165	第244-2条	建立、领导、参加宗教极端主义、分裂主义、原教旨主义或其他被禁止的组织
165	第244-3条	非法制作、储存、进口或者传播含有宗教内容的材料
166	第244-4条	非法进口、出售、购买、储存或者使用无人机
166	第244-5条	传播有关检疫传染病和其他对人类有害的传染病传播的虚假信息
167	第244-6条	传播虚假信息
168	第245条	劫持人质
168	第246条	走私
169	第247条	非法攫取枪支、弹药、爆炸物或者爆炸装置
169	第248条	非法持有武器、弹药、爆炸物或者爆炸装置
170	第248-1条	违反无人驾驶飞机的储存和使用程序
171	第249条	疏于保管枪支或者弹药
171	第250条	违反处理爆炸物或者烟火产品的规则
171	第250-1条	非法流通烟火产品
172	第251条	非法攫取烈性或者有毒物质
173	第251-1条	非法流通烈性或者有毒物质
174	第252条	非法攫取放射性材料
175	第253条	违反放射性材料处理规则
175	第254条	非法处理放射性材料
176	第255条	违反核设施运行规则
176	第255-1条	针对生物武器、化学武器以及其他种类的大规模杀伤性武器的开发、生产、储存、获得、转让、持有、非法攫取和其他行为

177	第255-2条	破坏石油管道、天然气管道、油气产品管道
178	第256条	进行研究活动时违反安全规则
178	第257条	违反劳动保护规则
179	第257-1条	违反卫生立法或者传染病防治规则
179	第258条	违反采矿、建筑或者爆炸作业的安全规则
180	第259条	违反消防安全规则
180	第259-1条	不履行确保特别重要种类的物品受到保护的义务
181	第18章	危害交通和交通工具运行安全罪
181	第260条	违反铁路、海上、内河、空中交通的运行或者操纵安全规则
182	第260-1条	非法（未经授权）使用乌兹别克斯坦共和国领空
182	第261条	准许醉态中的人驾驶交通工具
183	第262条	违反交通设备的维修或者投入运行的规则
183	第263条	破坏铁路、海上、内河、空中交通工具或者交通线
184	第263-1条	以激光束干扰航空器运行
184	第264条	劫持或者占领列车、航空器、海船或者河船
185	第265条	违反国际飞行规则
185	第266条	违反车辆运行或者操纵安全规则
185	第267条	劫持车辆
186	第268条	违反确保交通运行安全的规则
186	第269条	违反机动车道路使用和保护规则
187	第19章	非法贩运麻醉药品或者精神药品罪
187	第270条	种植违禁植物

188	第 271 条	非法攫取麻醉药品、其类似物或者精神药物
189	第 272 条	(废止)
189	第 273 条	以出售为目的对麻醉药品、其类似物或者精神药物的非法制造、获取、储存、运输、其他行为及其出售
191	第 274 条	引诱吸食麻醉药品、其类似物或者精神药物
191	第 275 条	违反生产或者处理麻醉药品、其类似物或者精神药物的规则
191	第 276 条	非出于出售目的对麻醉药品、其类似物或者精神药物的非法制造、获取、储存和其他行为
192	第 20 章	妨害公共秩序罪
192	第 277 条	流氓行为
193	第 278 条	组织、进行赌博或其他基于风险的游戏
194	第 20-1 章	信息技术犯罪
194	第 278-1 条	违反信息化规则
195	第 278-2 条	非法（未经授权）访问计算机信息
195	第 278-3 条	以出售为目的制造、出售和传播用于非法（未经授权）访问计算机系统以及电信网络的特殊工具
196	第 278-4 条	修改计算机信息
196	第 278-5 条	破坏计算机
197	第 278-6 条	创建、使用或者传播有害程序
198	第 278-7 条	非法（未经授权）访问电信网络
198	**第七编**	**妨害军事服役秩序罪**
198	第 21 章	破坏指挥服从秩序与军事荣誉罪
198	第 279 条	不服从
199	第 280 条	未执行命令

199	第281条	抵抗长官或者强迫长官违背职责
199	第282条	威胁长官
199	第283条	造成身体伤害
200	第284条	下属侮辱长官或者长官侮辱下属
200	第285条	违反关于无隶属关系的军人之间的相互关系的条令规则
201	第286条	掠夺
201	第22章	妨害服兵役秩序罪
201	第287条	擅离部队或服役地点
202	第288条	逃离部队
202	第289条	放弃遇险的军舰
202	第290条	以自残或者其他方式逃避兵役
203	第291条	违反警卫值勤规则
203	第292条	违反执行内务或者驻军巡逻的规则
203	第293条	违反战斗值勤规则
204	第294条	违反执行边防勤务的规则
204	第23章	妨害军用财产的保管或者使用秩序罪
204	第295条	挥霍、损失或者破坏军用财产
205	第296条	毁灭或者损坏军用财产
205	第297条	违反武器和对他人具有高度危险的物质、物品的处理规则
206	第298条	违反驾驶或者操作车辆的规则
206	第299条	违反飞行或者飞行准备规则
206	第300条	违反舰艇航行规则
206	第24章	军事渎职罪
206	第301条	滥用权力、逾越权力或者权力不作为
207	第302条	玩忽职守
208	第八编	术语的法律含义

乌兹别克斯坦共和国刑法典

(1994年9月22日第2012-XII号乌兹别克斯坦共和国法律通过，1995年4月1日起施行，截至2021年10月12日先后进行了96次修正)

总　　则

第一编　一般规定

第1章　刑法典的目标与原则

第1条　乌兹别克斯坦共和国的刑法立法

乌兹别克斯坦共和国刑法立法以宪法和公认的国际法准则为根据，由本法典组成。

第2条　刑法典的目标

《刑法典》的目标是，保护个人的权利和自由、社会和国家利益、财产、自然环境、人类和平与安全免受犯罪侵害和预防犯罪，以及培养公民遵守宪法和共和国法律的精神。

为了实现这些目标，本法典确定了构成犯罪的危害社会行为的责任根据和原则，规定了可适用于实施危害社会行为的人的刑罚和其他具有法律影响的处分。

第3条　刑法典的原则

《刑法典》以罪刑法定、法律面前人人平等、民主参与、人道主义、公正、过错责任和责任不可避免原则为基础。

第4条　罪刑法定原则

行为的犯罪性、可罚性及其实施的其他法律后果，仅由《刑法典》确定。

除非经过法院依法作出判决，任何人不得被认定实施了某一犯罪并受到处罚。被定罪人应当享有法律规定的权利和承担法律规定的义务。

第5条　法律面前人人平等原则

实施犯罪的人，不论其性别、种族、民族、语言、宗教、社会出身、个人和社会地位，具有相同的权利和义务，在法律面前一律平等。

第6条　民主参与原则

在法律规定的情况下，社会团体、公民自治组织或者集体可以参与对犯罪人的矫正。

第7条　人道主义原则

刑罚和其他具有法律影响的处分不得以造成肉体痛苦和侮辱人格尊严为目的。

对实施犯罪的人，应当判处或者适用对其矫正和预防新的犯罪而言必要且充分之刑罚或者其他具有法律影响的处分。

只有在通过适用本法典分则相关条款所规定的较轻的刑罚不能实现刑罚目的的情况下，才能适用严厉的刑罚处分。

第8条　公正原则

适用于犯罪人的刑罚或者其他法律具有影响的处分必须是公正的，即它必须与犯罪的严重程度、犯罪人的过错程度和人格的社会危险性相适应。

任何人不得因为同一犯罪两次承担刑事责任。

第9条　过错责任原则

一个人只对在法定程序中证明其在实施中有过错的危害社会行

为承担责任。

第 10 条 责任不可避免原则

其行为被证明符合犯罪构成的每一个人，都应当承担责任。

第 2 章 刑法典的适用范围

第 11 条 刑法典对在乌兹别克领域内实施犯罪的人的适用

在乌兹别克斯坦领域内实施犯罪的人，应当根据本法典承担责任。

在乌兹别克斯坦领域内实施犯罪，应当是指：

a) 行为在乌兹别克斯坦领域内开始、完成或者中断的；

b) 行为实施于乌兹别克斯坦领域外但犯罪结果发生于乌兹别克斯坦领域内的；

c) 行为实施于乌兹别克斯坦领域内但犯罪结果发生于乌兹别克斯坦领域外的；

d) 行为作为整体或者随同其他行为一起构成部分实施于乌兹别克斯坦领域内的犯罪的。

在犯罪实施于位于乌兹别克斯坦领域外并且不是某外国领域内的航空器、海船或者河船上的情况下，如果该航空器或者船舶悬挂乌兹别克斯坦国旗或者被移交给乌兹别克斯坦港口（空港）的，应当根据本法典承担责任。

根据现行的法律、国际条约或者协定不受乌兹别克斯坦法院管辖的外国公民，如果在乌兹别克斯坦共和国领域内实施犯罪的，其责任问题应当以国际法为基础解决。

第 12 条 刑法典对在乌兹别克领域外实施犯罪的人的适用

乌兹别克斯坦共和国公民和常住于乌兹别克斯坦的无国籍人在其他国家领域内实施犯罪，如果其未被犯罪地所在国家的法院判决处刑的，应当根据本法典承担责任。

除非国际条约或者协定另有规定，否则乌兹别克斯坦公民不得因为在外国领域内实施犯罪而被引渡。

只有在国际条约或者协定有规定的情况下，外国公民以及非常住乌兹别克斯坦的无国籍人，才根据本法典对其在乌兹别克斯坦领域外实施的犯罪承担责任。

第13条　法律的时间效力

行为的犯罪性和可罚性，根据其实施时生效的法律确定。如果本法典的条款将某犯罪的完成时刻规定为作为或者不作为的完成时刻的，犯罪实施的时间是指危害社会行为的实施时间。如果本法典的条款将某犯罪的完成时刻规定为犯罪结果的发生时刻的，犯罪实施的时间是指犯罪结果的发生时间。

规定对行为除罪化、减轻刑罚或者以其他方式改善犯罪人处境的法律，有溯及力，即适用于在该法律施行之前实施该相应行为之人，其中包括正在服刑或者虽已经服刑完毕但仍有犯罪前科之人。

规定对行为犯罪化、加重刑罚或者以其他方式恶化犯罪人处境的法律，没有溯及力。

第二编　责任的根据

第3章　犯罪

第14条　犯罪的概念

犯罪，是指被本法典以规定处以刑罚所禁止的有过错的危害社会行为（作为或者不作为）。

对本法典保护的客体造成损害或者产生造成损害的现实危险的行为，视为危害社会行为。

第15条　犯罪的分类

根据社会危害性的性质和程度，犯罪可分为轻罪、较重犯罪、严重犯罪和特别严重犯罪。

轻罪，包括法定刑为不超过3年监禁的故意犯罪，以及法定刑不超过 5 年监禁的过失犯罪。[1]

较重犯罪，是指法定刑为超过 3 年但不超过 5 年监禁的故意犯罪，以及法定刑超过 5 年监禁的过失犯罪。[2]

严重犯罪，包括法定刑为超过 5 年但不超过 10 年监禁的故意犯罪。

特别严重犯罪，是指法定刑为超过 10 年的监禁或者终身监禁的故意犯罪。[3]

第 16 条　犯罪的责任及其根据

犯罪的责任，是实施危害社会行为的法律后果，表现为法院对在犯罪实施中有过错的人宣告有罪、适用刑罚或者其他具有法律影响的处分。

责任的根据，是实施符合本法典所规定犯罪的全部犯罪构成要件的行为。

第 4 章　承担责任的人

第 17 条　自然人的责任

在实施犯罪时已满 16 周岁的精神正常的自然人，应当承担责任。

在实施犯罪时已满 13 周岁的人，只应对具有加重情节的故意杀人（本法典第 97 条第 2 款）承担责任。

在实施犯罪时已满 14 周岁的人，应对本法典第 97 条、第 98 条、第 104 条至第 106 条、第 118 条、第 119 条、第 137 条、第 164 条至第 166 条、第 169 条、第 173 条第 2 款和第 3 款、第 220 条、第

---

[1] 第 15 条第 2 款被 2001 年 8 月 29 日第 254-Ⅱ号乌兹别克斯坦共和国法律修正（2001 年第 9-10 号奥利马日利斯公报第 165 条）。

[2] 第 15 条第 3 款被 2001 年 8 月 29 日第 254-Ⅱ号乌兹别克斯坦共和国法律修正（2001 年第 9-10 号奥利马日利斯公报第 165 条）。

[3] 第 15 条第 5 款被 2007 年 7 月 11 日第 99 号乌兹别克斯坦共和国法律修正（2007 年第 6 号奥利马日利斯议会公报第 248 页）。

222 条、第 247 条、第 252 条、第 263 条、第 267 条、第 271 条、第 277 条第 2 款和第 3 款规定的犯罪承担责任。

在实施犯罪时已满 18 周岁的人,应对本法典第 122 条、第 123 条、第 125-1 条、第 127 条、第 127-1 条、第 128-1 条、第 144 条、第 146 条、第 193 条至第 195 条、第 205 条至第 210 条、第 225 条、第 226 条、第 230 条至第 232 条、第 234 条、第 235 条、第 279 条至第 302 条规定的犯罪承担责任。[1]

实施犯罪时不满 18 周岁的人,根据一般规定并考虑本法典总则第六编的特殊规定承担责任。

第 18 条　责任能力[2]

有责任能力的人,是指在实施犯罪时能够认识自己的作为(不作为)的社会危害性并且能够控制其作为(不作为)的人。

在实施危害社会行为时处于无责任能力状态,即由于慢性或暂时性精神障碍、痴呆或者其他精神障碍而不能认识自己的作为(不作为)的意义或者不能控制其作为(不作为)的,不应承担责任。

在无责任能力状态下实施了危害社会行为的人,可以由法院适用强制治疗处分。

第 18-1 条　不阻却责任能力的精神障碍患者的责任[3]

有责任能力的人,在实施犯罪时因为精神障碍不能完全认识自己的作为(不作为)的意义或者不能控制其作为(不作为)的,应当承担责任。

对不阻却责任能力的精神障碍患者,法院可与刑罚一起适用强

---

[1] 第 17 条第 4 款被 2019 年 1 月 10 日第 514 号乌兹别克斯坦共和国法律修正(国家立法数据库 2019 年 1 月 10 日第 03/19/514/2450 号);第 17 条第 4 款被 2021 年 2 月 12 日第 673 号乌兹别克斯坦共和国法律修正(国家立法数据库 2021 年 2 月 13 日第 03/21/673/0112 号)。

[2] 第 18 条的正文被 2019 年 9 月 12 日第 567 号乌兹别克斯坦共和国法律修正(国家立法数据库 2019 年 9 月 13 日第 03/19/567/3737 号)。

[3] 第 18-1 条由 2019 年 9 月 12 日第 567 号乌兹别克斯坦共和国法律新增(国家立法数据库 2019 年 9 月 13 日第 03/19/567/3737 号)。

制治疗处分。

第19条　醉态中实施的犯罪的责任〔1〕

在醉酒时或者在麻醉药品、其类似物、精神药物或影响智力和意志活动的其他物质的影响下实施犯罪的人，不应免除责任。这种情况不能作为认定该人无责任能力的理由。

第5章　罪过

第20条　罪过类型

故意或过失地实施本法典所规定的危害社会行为的人，可被认定为有罪过。

第21条　故意犯罪

对于本法典的条款将危害社会行为的完成之时规定为犯罪完成的犯罪，如果实施犯罪的人明知该行为的危害性并且希望实施的，应被认为是故意犯罪。

对于本法典的条款将危害社会结果的发生之时规定为犯罪完成的犯罪，可以出于直接故意或者间接故意实施。

如果实施犯罪的人明知其行为的社会危害性、预见到其危害社会结果并且希望其发生的，是直接故意犯罪。

如果实施犯罪的人明知其行为的社会危害性、预见到其危害社会结果并且有意识地放任其发生的，是间接故意犯罪。

第22条　过失犯罪

因为过于自信或者疏忽大意而实施危害社会行为的，是过失犯罪。

如果实施犯罪的人已经预见到其行为会发生危害社会并且依法应受处罚的结果的可能性，但却有意识地无视预防措施、不合理地期待这些结果不会发生的，是过失自信实施犯罪。

---

〔1〕　第19条的正文被2018年10月22日第503号乌兹别克斯坦共和国法律修正（国家立法数据库2018年10月23日第03/18/503/2080号）。

如果实施犯罪的人没有预见到其行为会发生危害社会并且依法应受处罚的结果的可能性，但是其本来应当并且能够预见的，是疏忽大意实施犯罪。

第23条 复合罪过犯罪

作为故意实施犯罪的结果，实施人过失地造成其他危害社会结果，而法律对之规定了更重的责任的，该犯罪应被视为是故意实施的。

第24条 无过错造成损害

如果实施行为的人没有、不应且不能认识其行为的社会危害性，或者没有预见其社会危害结果并且根据案件的情况不应和不能预见的，该行为应被视为是无过错实施的。

第6章 未完成罪

第25条 犯罪预备和犯罪未遂

犯罪预备，是指为实行或者掩饰故意犯罪制造条件，在着手实行前因为行为人意志以外的情况而中断的行为。

犯罪未遂，是指已经着手实行故意犯罪，由于行为人意志以外的情况犯罪未完成。

对犯罪预备和犯罪未遂，应当根据本法典分则中既遂犯罪的相同条款追究责任。

第26条 自动放弃实施犯罪

自动放弃实施犯罪，是指行为人在认识到完成犯罪的可能性的情况下终止犯罪的预备行为或者终止犯罪的实行，以及在认识到犯罪结果发生可能性的情况下阻止该结果的发生。

自动放弃实施犯罪的，免除责任。

如果自动放弃完成犯罪的人所实际实施的行为符合其他犯罪构成的全部要件的，应当根据本法典承担责任。

第 7 章　共同犯罪

第 27 条　共同犯罪的概念
共同犯罪，是指两个或者两个以上的人共同参与实施故意犯罪。

第 28 条　共同犯罪人的类型
实行犯以及组织犯、教唆犯、帮助犯，是共同犯罪人。

实行犯，是指全部或部分地，直接实行犯罪或者利用根据本法典不承担责任的他人或以其他手段实行犯罪的人。

组织犯，是指领导犯罪的预备或者实行的人。

教唆犯，是指唆使实施犯罪的人。

帮助犯，是指以建议、指点、提供资金或者排除障碍的方式帮助犯罪实施，或者事先承诺隐匿犯罪人、犯罪工具、犯罪痕迹、犯罪手段、通过犯罪所得的物品或者事先承诺购买或出售此类物品的人。

第 29 条　共同犯罪的形式
共同犯罪有以下形式：简单共同犯罪；复杂共同犯罪；有组织集团；犯罪团体。

简单共同犯罪，是指两个或者更多的人在无事先通谋的情况下参与实施犯罪。

复杂共同犯罪，是指两个或者更多的人基于事先通谋参与实施犯罪。

有组织集团，是指两个或者更多的人为共同的犯罪活动而事先联合组成的集团。

犯罪团体，是指两个或者更多的有组织集团为从事犯罪活动而事先组成的联合体。

第 30 条　共同犯罪的责任范围
组织犯、教唆犯和帮助犯，应当根据本法典分则中实行犯的相同条款追究责任。

组织犯以及有预谋的团伙、有组织集团和犯罪团体的成员，应对其参与预备或者实行的所有犯罪承担责任。

组建有组织集团或犯罪团体或者领导有组织集团或犯罪团体的人，应对该集团或团体实施的其故意所能涵括的所有犯罪承担责任。

对其他共同犯罪人的故意所不能涵括的行为，只应由实施者承担责任。

如果组织犯、教唆犯或者帮助犯及时地采取其力所能及的一切措施阻止犯罪的实行从而自动放弃犯罪的，免除其对共同犯罪的责任。

第31条 连累犯

在无事先承诺如此的情况下，不向有关当局告发确切知悉的预备的、实行的或者完成的犯罪的，只有在本法典第155-1条和第241条有规定的情况下，才应当追究责任。[1]

在无事先承诺如此的情况下，隐匿犯罪人、犯罪痕迹、犯罪工具、犯罪手段、通过犯罪所得的物品的，只有在本法典第241条有规定的情况下，才应当追究责任。

犯罪嫌疑人或者被告人的近亲属，不应当对无事先承诺的不告发或者隐匿承担责任。

第8章 数罪

第32条 再次犯罪

再次犯罪，是指非同时实施分则同一条款规定的或在本法典有特别规定的情况下实施分则其他条文规定的两个或者更多个未被判决有罪的犯罪。

如果行为人先前实施的行为已被免除责任或者刑罚的，则该犯罪不被视为是再次犯罪。

涵括于概括的故意、指向同一目的并且整体构成一个连续犯的一系列相同的犯罪行为，不应视为是再次犯罪。

---

〔1〕 第31条第1款被2016年4月25日第405号乌兹别克斯坦共和国法律修正（2016年第17号乌兹别克斯坦共和国立法汇编第173条）。

表现为持续地实现继续犯的犯罪构成特征的长期不履行职责的犯罪，不应被视为是再次犯罪。

第33条 并合罪

实施本法典分则不同条文或者同一条文不同款两个或更多个犯罪行为，而行为人未因其中一个行为被判决有罪并且应当对之承担责任的，视为并合罪。

如果所实施的行为符合本法典分则同一条文不同款所规定的犯罪要件的，应当根据该条文中规定刑罚最为严厉的款承担责任。

第34条 累犯

累犯，是指曾经因为实施故意犯罪被判决有罪又实施新的故意犯罪的人。

危险累犯，是曾经因为故意犯罪被判决有罪，又实施分则同一条款规定的或在本法典有特别规定的情况下分则其他条文规定的新的故意犯罪的人。

特别危险累犯，是指曾经因为故意犯罪被判处不低于5年监禁又实施下列新的故意犯罪的人：

a）曾经因为特别严重犯罪被判决有罪一次或者曾经因为严重犯罪被判决有罪两次并且每次均被判处不低于5年监禁，又实施特别严重犯罪的；

b）曾经因为严重犯罪被判决有罪两次或者因为严重犯罪和特别严重犯罪（不论先后顺序）被判决有罪两次，并且每次均被判处不低于5年监禁，又实施严重犯罪的。

一个人可以通过法院判决被认定为特别危险累犯。

在考虑认定某人为特别危险累犯的问题时，基于外国法院判决的前科也能考虑在内。

在考虑认定某人为特别危险累犯的问题时，不应考虑其不满18周岁时实施的犯罪的前科以及根据法定程序已被消灭或撤销的前科。

本法典分则规定了犯罪由特别危险累犯实施的责任的条文，应当适用于行为人在实施该犯罪之前已经按照法定程序被认定为特别危险累犯的情形。

第三编　排除行为犯罪性的事由

第9章　排除行为犯罪性的事由的概念和类型

第35条　排除行为犯罪性的事由的概念

排除行为犯罪性的事由，是指符合本法典规定的要件的因为缺乏社会危害性、违法性或者罪过而不构成犯罪的行为。

排除行为犯罪性的事由是：行为显著轻微；正当防卫；紧急避险；在抓捕实施危害社会行为的人时造成损害；执行命令或其他义务；合理的职业或经济冒险；由于受到身体或精神上的强制或者威胁所实施的行为。[1]

第36条　行为显著轻微

尽管作为或者不作为符合本法典规定为犯罪的行为的要件，但由于其显著轻微而没有社会危害性的，不应视为犯罪。

第37条　正当防卫

在正当防卫（即通过对侵害人造成损害，保护本人或者他人的人身或权利、社会或者国家的利益免受不法侵害）状态下实施的行为，如果没有超过正当防卫的限度的，不是犯罪。

如果防卫与侵害的性质和危险明显不相当的，是超出正当防卫限度。

无论是否能够向他人或当局寻求帮助或者是否能够以任何其他方式避免侵害，均享有防卫权。

意图造成损害而故意挑起侵害的，不是正当防卫。

---

〔1〕　第35条第2款被2018年1月9日第459号乌兹别克斯坦共和国法律修正（国家立法数据库2018年1月10日第03/18/459/0536号）。

第 38 条　紧急避险[1]

在紧急避险（即为了避免威胁本人或者他人的人身或其他权利、社会或者国家的利益的危险并且该危险在这种情况下无法以其他方法消除）状态下实施的损害权利和法益的行为，如果所造成的损害不超过其所避免的损害的，不是犯罪。

如果没有超过其限度的，在紧急避险状态下实施的行为是正当的。

如果危险能以其他方法避免或者所造成的损害超过所避免的损害的，超出紧急避险的限度视为对权利和法益的侵害。

当评价在紧急避险状态下所实施的行为的合法性时，应当考虑所避免的危险的性质和程度、损害发生的现实性和接近性、该人避免损害的身体能力、在当时情况下的心理状态以及案件的其他情况。

第 39 条　在抓捕实施危害社会行为的人时造成损害

在抓捕实施危害社会行为的人以便将其移交有权机关时造成损害，如果没有超过抓捕所必需的措施的，不是犯罪。

过度的抓捕措施，是指所抓捕手段、方法与被抓捕人所实施行为的危害以及抓捕时的情势明显不相当，故意地对被抓捕人造成非抓捕所必要的损害的措施。

当评价在抓捕实施危害社会行为的人时造成损害的合法性时，应考虑逃避抓捕的行为、被抓捕人的力量和能力、被抓捕人的精神状态以及与抓捕行为有关的其他情况。

获得特别授权的人以及被害人或者其他公民，都有抓捕实施危害社会行为的人的权利。

第 40 条　执行命令或其他义务

在合法地执行命令、其他指示以及公务时造成损害的，不是犯罪。

---

[1] 第 38 条第 5 款被 2018 年 1 月 9 日第 459 号乌兹别克斯坦共和国法律废止（国家立法数据库 2018 年 1 月 10 日第 03/18/459/0536 号）。

执行明知是非法的命令或者其他指示而实施犯罪的，应当基于一般根据承担责任。

如果命令、指示或者公务是被非法分派的，不执行或者违反命令、指示或者公务的人不应承担责任。只有在其实际实施的行为符合其他犯罪构成的全部要件的情况下，才产生责任。

第 41 条　合理的职业或经济冒险

为了实现对社会有益之目的，在合理的职业或经济冒险中，对权利和法益造成损害的，不是犯罪。

如果所实施的行动符合现代科学技术知识和经验、所设定的目标无法通过不伴随风险的行为实现并且实施冒险的人采取了防止对权利和依法保护利益的损害的必要措施的，该冒险被视为是合理的。

在具有合理的职业或经济冒险的情况下，即使预期的对社会有益的结果未实现并且所造成的损害超出了所追求的社会有益目的的，对所造成的损害也不产生责任。

如果明知冒险伴随有导致人员死亡、环境灾难或者其他严重后果之危险的，该冒险不应被视为是合理的。

经营主体不向银行和其他金融机构履行为其提供伴随经营风险或者其他商业风险的服务（包括发放贷款）的合同义务，不是让银行和其他金融机构的雇员承担刑事责任的根据。[1]

第 41-1 条　身体或精神上的强制或者威胁[2]

由于身体或精神上的强制或者使用这种强制的威胁对本法典保护的权利和利益造成损害，如果行为人因为这种强制或威胁不能控制其作为（不作为）的，不是犯罪。

如果行为人仍能够控制其作为（不作为）的，对由于身体或精神上的强制对本法典保护的权利和利益造成损害的刑事责任问题，

---

〔1〕 第 41 条第 5 款由 2012 年 12 月 29 日第 345 号乌兹别克斯坦共和国法律增补（2013 年第 1 号乌兹别克斯坦共和国立法汇编第 1 条）。

〔2〕 第 41-1 条第 2 款由 2018 年 1 月 9 日第 459 号乌兹别克斯坦共和国法律新增（国家立法数据库 2018 年 1 月 10 日第 03/18/459/0536 号）。

考虑本法典第 38 条的规定予以解决。

第四编　刑罚及其目的

第 10 章　刑罚的概念、目的和种类

第 42 条　刑罚的概念和目的

刑罚，是指以剥夺或者限制被定罪人在法律规定中的特定权利和自由为内容，由法院代表国家对被定罪人判处的强制处分。

应当为了矫正、阻止犯罪活动的继续以及防止被定罪人和其他人实施新的犯罪而适用刑罚。

第 43 条　刑罚的体系

对于因实施犯罪行为而被定罪的人，可以适用下列主刑：

a）罚金；

b）剥夺特定权利；

b1）强制社区服务；[1]

c）矫正劳动；

d）限制军职；

e）（废止）；[2]

e1）限制自由；[3]

f）移交纪律惩戒单位；

g）监禁；

---

〔1〕 第 43 条第 1 款 b1 项被 2017 年 3 月 29 日第 421 号乌兹别克斯坦共和国法律修正（2017 年第 13 号乌兹别克斯坦共和国立法汇编第 194 条）。

〔2〕 第 43 条第 1 款 e 项被 2017 年 3 月 29 日第 421 号乌兹别克斯坦共和国法律废止（2017 年第 13 号乌兹别克斯坦共和国立法汇编第 194 条）。

〔3〕 第 43 条第 1 款 e1 项由 2015 年 8 月 10 日第 389 号乌兹别克斯坦共和国法律增补（2015 年第 32 号乌兹别克斯坦共和国立法汇编第 425 条）。

h）终身监禁。[1]

除了主刑外，对被定罪人还可以适用剥夺军衔或者专门称号之附加刑。[2]

限制军职或者移交纪律惩戒单位之刑罚，只能适用于军人。

剥夺特定权利既可以作为主刑适用，也可以作为附加刑适用。

第44条 罚金

罚金，是指对被定罪人判处的向国库缴纳本法典规定金额的金钱处罚。

罚金的幅度为5个至600个基本计算单位。[3]

如果被定罪人在规定的强制执行期限内逃避缴纳罚金，或者由于债务人缺乏可以取消抵押品赎回权的财产而无法在规定的强制执行期限内征收罚金的；同样，如果在宽限期间届满后仍未缴纳罚金或者违反分期缴纳罚金的条件的，则法院以强制社区服务、矫正劳动、限制军职、限制自由或者监禁替代未支付的罚金。在这种情况下，按照2.5小时强制社区服务替代1个基本计算单位罚金的比例量定强制社区服务，但期间不得超过480小时；矫正劳动、限制军职、限制自由或者监禁的比例为1个月替代16个基本计算单位罚金，但期间不得超过3年。[4]

第45条 剥夺特定权利

剥夺特定权利，是指在法院确定的期间内禁止被定罪人在企业、

---

[1] 第43条第1款h项被2007年7月11日第99号乌兹别克斯坦共和国法律修正（2007年第6号奥利马日利斯议会公报第248条）。

[2] 第43条第2款被2001年8月29日第254-Ⅱ号乌兹别克斯坦共和国法律修正（2001年第9-10号奥利马日利斯公报第165条）。

[3] 第44条第2款被2019年12月3日第586号乌兹别克斯坦共和国法律修正（国家立法数据库2019年12月4日第03/19/586/4106号）。基本计算单位的俄文为базовых расчетных величин，英文为basic calculated unit，根据价格变化等因素每月调整，等于一定金额的乌兹别克苏姆（UZS）。——译者注

[4] 第44条第3款被2019年12月3日第586号乌兹别克斯坦共和国法律修正（国家立法数据库2019年12月4日第03/19/586/4106号）。

机构、组织中担任职务或者从事一项或多项活动。此类职务或者活动的类型应当由法院在作出判决时确定。

对于与被定罪人担任的职务或者从事的活动直接相关的犯罪，剥夺特定权利作为主刑适用的，期间为1年至5年；作为附加刑适用的，期间为1年至3年。

如果没有对被定罪人适用剥夺特定权利作为主刑的，法院可将其作为本法典分则相应条款所规定的任何种类刑罚的附加刑予以适用。

在将剥夺特定权利作为监禁或者移交纪律惩戒单位的附加刑判处时，不但适用于被定罪人服主刑的整个期间，而且适用于判决所确定的期间。在该刑罚作为其他主刑的附加刑并且被判缓刑的情况下，其刑期从判刑生效之日起计算。[1]

除了导致人员死亡或者其他严重后果的情形外，不得对从事经营活动的人判处剥夺从事经营活动的权利之刑罚。[2]

第45-1条 强制社区服务[3]

强制社区服务是指强制被定罪人参加履行无偿的社区服务。如果被定罪人有工作或者学习的，则在其工作或者学习的闲余时间提供强制社区服务。

被定罪人履行强制社区服务的地点（对象）和强制社区服务的类型，由负责执行该刑罚的机关确定。

强制社区服务的期间为120小时至480小时，每天服务时间不超过4个小时，在不超过6个月的期间内完成；在存在被定罪人无法控制的事由的情况下，在1年以内完成。

强制性社区服务不适用于已达到退休年龄的人、未满16周岁的

---

[1] 第45条第4款被2017年3月29日第421号乌兹别克斯坦共和国法律修正（2017年第13号乌兹别克斯坦共和国立法汇编第194条）。

[2] 第45条第5款由2016年12月29日第418号乌兹别克斯坦共和国法律增补（2017年第1号乌兹别克斯坦共和国立法汇编第1条）。

[3] 第45-1条由2017年3月29日第421号乌兹别克斯坦共和国法律新增（2017年第13号乌兹别克斯坦共和国立法汇编第194条）。

人、孕妇、育有未满 3 周岁子女的妇女、一类和二类残疾人、军人、外国公民和非长期居住于乌兹别克斯坦共和国的人。

在被定罪人逃避服刑的情况下，法院将按照以 1 日限制自由或者监禁对应 4 小时强制社区的比例，以限制自由或者监禁替代强制社区服务的未服期间。逃避的时间不应计算在服刑期间内。

第 46 条　矫正劳动

矫正劳动，是指强制被定罪人参加扣除其 10% 至 30% 的工资给国家的劳动，根据法院判决在被定罪人的工作地点或者负责该刑罚执行的机构决定的其他地点进行。

矫正劳动期间为 6 个月至 3 年。

矫正劳动不得适用于达到退休年龄的人、残疾人、孕妇、育有未满 3 周岁子女的妇女、军人。[1]

如果逃避矫正劳动的期间累计达所判刑期的 1/10 以上的，法院应当以相同期间的限制自由或者监禁替代矫正劳动的未服期间。逃避的时间不应计算在服刑期间内。[2]

第 47 条　限制军职

限制军职，是指在法院确定的期间内，暂时剥夺根据合同服兵役的军人的特定权利和利益并且扣除其 10% 至 30% 的工资给国家。[3]

在本法典分则条款有规定的情况下，限制军职的适用期间为 2 个月至 3 年。对轻罪或者没有造成严重后果的过失犯罪，法院可以考虑案件的情节和被定罪人的人格，适用相同期间的限制军职替代

---

〔1〕　第 46 条第 3 款被 2016 年 12 月 23 日第 411 号乌兹别克斯坦共和国法律修正（2016 年第 39 号乌兹别克斯坦共和国立法汇编第 457 条）。

〔2〕　第 46 条第 4 款被 2015 年 8 月 10 日 389 号乌兹别克斯坦共和国法律修正（2015 年第 32 号乌兹别克斯坦共和国立法汇编第 425 条）。

〔3〕　第 47 条第 1 款被 2009 年 12 月 22 日第 238 号乌兹别克斯坦共和国法律修正（2009 年第 52 号乌兹别克斯坦共和国立法汇编第 553 条）。

不超过3年的监禁或者矫正劳动。[1]

在限制军职服刑期间，被定罪人不能晋升职务、军衔或者专门称号，并且服刑期间不得计入授予其他军衔或专门称号或者授予养老金所需的服役期间。

第48条　（废止）[2]

第48-1条　限制自由[3]

限制自由，是指法院对被定罪人规定彻底禁止其以任何借口离开住所或者限制其在一天中的特定时间离开住所。

限制自由的期间为1个月至5年，并在法院确定的机构的监督下服刑。对被定罪人自由的限制和在住所地服刑的条件，由法院考虑到其所实施行为的性质和防止其逃避执行法院决定予以确定。[4]

考虑所适用禁止（限制）的特殊性，法院可以对被定罪人施加以下附加禁止（限制）：

a）不访问特定场所；

b）不参加群体性事件和其他事件；

c）不从事特定活动；

d）不拥有或者持有特定物品；

e）不驾驶车辆；

f）未经罪犯监督机构同意，不得改变住所、工作和（或）学习地点，不得离开相关行政区域；

g）不与特定人建立联系；

h）不使用包括互联网在内的通讯工具；

---

〔1〕 第47条第2款被2017年3月29日第421号乌兹别克斯坦共和国法律修正（2017年第13号乌兹别克斯坦共和国立法汇编第194条）。

〔2〕 第48条被2017年3月29日第421号乌兹别克斯坦共和国法律废止（2017年第13号乌兹别克斯坦共和国立法汇编第194条）。

〔3〕 第48-1条由2015年8月10日第389号乌兹别克斯坦共和国法律新增（2015年第32号乌兹别克斯坦共和国立法汇编第425条）。

〔4〕 第48-1条第2款被2017年3月29日第421号乌兹别克斯坦共和国法律修正（2017年第13号乌兹别克斯坦共和国立法汇编第194条）。

i）不喝酒精饮料。

对被判处限制自由的人，法院可以施加赔偿其所造成的物质和精神损害、获得工作或学习的义务以及有助于其矫正的其他义务。

如果被判处限制自由的人在服刑期间悔改自己的犯罪行为、坚定地走上了矫正道路并且赔偿所造成的物质和精神损害的，法院可以完全或部分地取消之前对被定罪人适用的禁令（限制）。

在被定罪人恶意逃避限制自由的服刑以及不履行法院赋予其义务的情况下，法院可以用另一种刑罚替代限制自由的未服刑期。逃避的时间不应计算在服刑期间内。

限制自由不应适用于军人、外国公民以及在乌兹别克斯坦共和国没有长久住所的人。

第49条　移交纪律惩戒单位

移交纪律惩戒单位，是指通过将应征服兵役的军人置于内务制度更为严格的专门军队单位，在法院确定的期间内暂时剥夺其特定权利和利益。[1]

在本法典分则条款有规定的情况下，移交纪律惩戒单位的期间为3个月至1年。法院可以考虑案件的情节和被定罪人的人格，适用相同期间的移交纪律惩戒单位替代不超过3年的监禁。

第50条　监禁

监禁，是指将被定罪人置于改造营或者监狱，使其与社会隔离。

除本条第3款规定的情况外，监禁的期间为1个月至20年。[2]

长期监禁的期间为超过20年但不超过25年，只能适用于有加重情节的故意杀人（本法典第97条第2款）和恐怖主义（本法典第155条第3款）。[3]

---

〔1〕　第49条第1款被2009年12月22日第238号乌兹别克斯坦共和国法律修正（2009年第52号乌兹别克斯坦共和国立法汇编第553条）。

〔2〕　第50条第2款被2017年3月29日第421号乌兹别克斯坦共和国法律修正（2017年第13号乌兹别克斯坦共和国立法汇编第194条）。

〔3〕　第50条第3款由2007年7月11日第99号乌兹别克斯坦共和国法律增补（2007年第6号奥利马日利斯议会公报第248条）。

长期监禁不能适用于女性、实施犯罪时不满18周岁的人和已满60周岁的男性。[1]

在本法典第60条规定的数罪并罚的情况下，可以判处25年以下监禁。

对被判处监禁的60周岁以上的男性和被判处监禁的女性，刑期不得超过本法典分则有关条款规定的监禁最高期间的2/3。[2]

被判处监禁的男性在下列地点服刑：

a) 因为轻罪、过失犯罪或者故意的较重犯罪被判处监禁的人——在矫正村；[3]

b) 首次因为故意的严重犯罪和特别严重犯罪被判处监禁的人——在普通管束的改造营；[4]

c) 曾经因故意犯罪服过监禁刑或者正在服监禁刑并且再次因故意犯罪而被定罪的人——在严格管束的改造营；[5]

d) 特别危险累犯——在特别管束的改造营。被判处终身监禁的人以及通过特赦方式被替代为监禁的人，也在特别管束的改造营服刑。[6]

---

[1] 第50条第4款由2007年7月11日第99号乌兹别克斯坦共和国法律增补（2007年第6号奥利马日利斯议会公报第248条）。

[2] 第50条第6款被2015年8月10日389号乌兹别克斯坦共和国法律修正（2015年第32号乌兹别克斯坦共和国立法汇编第425条）。

[3] 第50条第5款a项被2003年12月12日第568-Ⅱ号乌兹别克斯坦共和国法律修正（2004年第1-2号奥利马日利斯公报第18条）。

[4] 第50条第5款b项被2003年12月12日第568-Ⅱ号乌兹别克斯坦共和国法律修正（2004年第1-2号奥利马日利斯公报第18条）。

[5] 第50条第5款c项被2003年12月12日第568-Ⅱ号乌兹别克斯坦共和国法律修正（2004年第1-2号奥利马日利斯公报第18条）；第50条第5款c项被2016年12月23日第411号乌兹别克斯坦共和国法律修正（2016年第39号乌兹别克斯坦共和国立法汇编第457条）。

[6] 第50条第7款d项被2007年7月11日第99号乌兹别克斯坦共和国法律修正（2007年第6号奥利马日利斯议会公报第248条）。

被判处监禁的女性在下列地点服刑：[1]

a）因为轻罪、过失犯罪或者故意的较重犯罪的——在矫正村；

b）因为严重犯罪和特别严重犯罪的——在普通管束的改造营；

c）曾经因故意犯罪服过监禁刑并且再次因实施特别严重犯罪被定罪的人，以及被认定为特别危险累犯的人——在严格管束的改造营。

对下列人员，可以判处其不超过5年的部分监禁在监狱服刑：

a）特别危险累犯；

b）实施严重犯罪或者特别严重犯罪并且因此被判处超过5年监禁的人。

对孕妇、育有不满3周岁子女的女性以及依法有资格获得退休金的人，不得因为实施轻罪、过失犯罪和故意的较重犯罪判处监禁。[2]

如果被法院指定在矫正村服刑的罪犯持续地违反羁押制度的，法院将其移交给普通管束的改造营服未服刑期。[3]

第51条　终身监禁[4]

终身监禁，是指将被定罪人置于特别管束改造营无限期地与社会隔离的一种例外的刑罚处分。

终身监禁只能适用于有加重情节的故意杀人（本法典第97条第2款）和恐怖主义（本法典第155条第3款）。

终身监禁不能适用于女性、在未满18周岁时实施犯罪的人和已满60周岁的男性。

---

[1]　第50条第6款被2003年12月12日第568-Ⅱ号乌兹别克斯坦共和国法律修正（2004年第1-2号奥利马日利斯公报第18条）。

[2]　第50条第8款由2003年12月12日第568-Ⅱ号乌兹别克斯坦共和国法律增补（2004年第1-2号奥利马日利斯公报第18条）。

[3]　第50条第9款由2003年12月12日第568-Ⅱ号乌兹别克斯坦共和国法律增补（2004年第1-2号奥利马日利斯公报第18条）。

[4]　第51条被2007年7月11日第99号乌兹别克斯坦共和国法律修正（2007年第6号奥利马日利斯议会公报第248条）。

第 52 条　剥夺军衔或者专门称号

在具有军衔或者专门称号的人因为严重犯罪或者特别严重犯罪而被定罪时，可以根据法院判决剥夺其军衔或者专门称号。

在拥有乌兹别克斯坦共和国的最高军衔或专门称号或者国家奖励的人因为严重犯罪或者特别严重犯罪而被定罪时，可根据法院基于判决所提出的建议剥夺军衔、称号或者奖励。

第 53 条　（废止）[1]

第 11 章　量刑

第 54 条　量刑的一般原则

根据法定程序被认定构成犯罪的人，应受刑罚处罚。法院应当根据本法典总则的规定，在分则条款对所实施的犯罪规定的刑事责任范围内量刑。

在量刑时，法院应当考虑所实施犯罪的社会危害的性质和程度、犯罪动机、所造成伤害的性质和程度、犯罪人的人格、减轻和加重情节。

第 55 条　减轻处罚情节

减轻处罚情节是：

a）自首、真诚悔改或者积极协助犯罪侦查；
b）自愿赔偿所造成的损失；
c）由于当前个人、家庭或其他的困难境况而犯罪；
d）在胁迫下或者由于经济、职务或其他的依赖关系而犯罪；
e）在因为受害人的暴力、严重侮辱或者其他非法行为所导致的激情状态下实施犯罪；
f）超过正当防卫、紧急避险、在抓捕实施危害社会行为的人时造成损害、正当的职业或者经济冒险的限度实施犯罪的；

---

[1]　第 53 条被 2001 年 8 月 29 日第 254-Ⅱ号乌兹别克斯坦共和国法律废止（2001 年第 9-10 号奥利马日利斯公报第 165 条）。

g）未成年人实施犯罪；

h）孕妇实施犯罪；

i）在受害人的非法或者不道德行为的影响下实施犯罪。

法院可以将本条没有规定的其他情节认定为减轻处罚情节。

如果减轻处罚情节被本法典分则条款规定为犯罪构成的要件的，在量刑时不应被考虑。

第 56 条　加重处罚情节

犯罪实施的下列情节应被视为加重处罚情节：

a）针对行为人明知处于怀孕状态的妇女实施；

b）针对未成年人、老年人或者处于无自理能力状态的人实施；

c）针对履行公务职责或者公民义务的人或者其近亲属与其履责有关而实施；

d）针对在物质、服务或者其他方面对行为人存在依赖关系的人实施；

e）以特别残忍的方式实施；

f）以具有公共危险的方法实施；

g）利用儿童或者有精神障碍的人实施；[1]

h）导致严重后果；

i）利用公共灾害状况、在紧急状态期间或者在聚众骚乱进行中实施；

j）出于贪利或者其他卑劣动机；

k）基于种族或者民族的敌视或仇恨；

l）由有预谋的团伙、有组织集团或者犯罪团伙实施；

m）曾经因为故意犯罪被判决有罪后再次实施该罪或者实施新的故意犯罪；

n）在醉酒或者麻醉药品、其类似物、精神药物或影响认知和

---

〔1〕 第 56 条第 1 款 g 项被 2019 年 9 月 12 日第 567 号乌兹别克斯坦共和国法律修正（国家立法数据库 2019 年 9 月 13 日第 03/19/567/3737 号）。

意志活动的其他物质的作用下实施。[1]

根据犯罪的性质，法院有权不将本条第 1 款规定的任何情节认定为加重处罚情节。

在量刑时，法院不能将本条没有规定的情节认定为加重处罚情节。

如果加重处罚情节被本法典分则条款规定为犯罪构成的要件的，在量刑时不应被考虑。

第 57 条　判处比法定刑更轻的刑罚

在特殊情况下，考虑到显著地降低所实施犯罪的社会危害程度的情节，法院可以对所指犯罪判处低于本法典分则条文规定下限的刑罚或者该条文没有规定的另一种较轻的刑罚。

出于同样的理由，法院可以放弃判处本法典分则条文规定必须适用的附加刑。

表现行为整体、行为人的性格、罪过的程度和形式、犯罪前后的行为表现、犯罪的原因以及使犯罪容易发生的条件之特征的情节，可以被认定为显著地降低所实施犯罪的社会危害程度的情节。

第 57-1 条　对积极悔改的犯罪人的量刑[2]

如果具有本法典第 55 条第 1 款 a 项和 b 项规定的减轻处罚情节，并且没有本法典第 56 条第 1 款规定的加重处罚情节的，刑罚的期间或者数量不得超过本法典分则有关条款规定刑罚上限的 2/3。该规则不适用于有加重情节的故意杀人（本法典第 97 条第 2 款）和恐怖主义（本法典第 155 条第 3 款）。

---

〔1〕　第 56 条第 1 款 n 项被 2018 年 10 月 22 日第 503 号乌兹别克斯坦共和国法律修正（国家立法数据库 2018 年 10 月 23 日第 03/18/503/2080 号）。

〔2〕　第 57-1 由 2010 年 5 月 18 日第 245 号乌兹别克斯坦共和国法律新增（2010 年第 20 号乌兹别克斯坦共和国立法汇编第 147 条）；第 57-1 条的条旨被 2010 年 12 月 27 日第 277 号乌兹别克斯坦共和国法律修正（2010 年第 52 号乌兹别克斯坦共和国立法汇编第 509 条）。

第 57-2 条　对达成认罪协议的犯罪的量刑[1]

对达成认罪协议的犯罪，刑罚的期间或者数量不得超过本法典分则有关条款规定刑罚上限的 1/2。

第 58 条　对未完成罪和共同犯罪的量刑

在对未完成罪量刑时，在量刑一般原则的指导下，法院还应当考虑犯罪的严重程度、犯罪意图的实现程度和犯罪未完成的原因。

对犯罪预备和犯罪未遂，刑罚的期间或者数量不得超过本法典分则有关条款规定刑罚上限的 3/4。此规则不适用于对下列犯罪的量刑：[2]

a）特别危险累犯、有组织集团或者犯罪团体的成员；

b）危害和平与安全罪以及下列犯罪的未完成罪：[3]

有加重情节的故意杀人；

对行为人明知不满 14 周岁的受害人实施强奸或者强制以非自然方式满足性欲；

走私核武器、化学武器、生物武器、其他种类的大规模杀伤性武器和明知能用于其制造的材料、设备以及放射性材料。

对未完成罪，不能判处终身监禁。[4]

在对共同犯罪量刑时，法院应当考虑每一个共同犯罪人参与的性质和程度。与一个共同犯罪人的人格有关的减轻或者加重处罚情节，只能在对该共同犯罪人量刑时予以考虑。

---

〔1〕 第 57-2 由 2021 年 2 月 18 日第 675 号乌兹别克斯坦共和国法律新增（国家立法数据库 2021 年 2 月 18 日第 03/21/675/0126 号）。

〔2〕 第 58 条第 2 款由 2008 年 4 月 11 日第 152 号乌兹别克斯坦共和国法律增补（2008 年第 16 号乌兹别克斯坦共和国立法汇编第 116 条）。

〔3〕 第 58 条第 2 款 b 项被 2016 年 4 月 25 日第 405 号乌兹别克斯坦共和国法律修正（2016 年第 17 号乌兹别克斯坦共和国立法汇编第 173 条）。

〔4〕 第 58 条第 3 款由 2007 年 7 月 11 日第 99 号乌兹别克斯坦共和国法律增补（2007 年第 6 号奥利马日利斯议会公报第 248 条）。本款刚增补时为第 2 款，在现在的第 2 款增补后依次变为第 3 款。

第 59 条 对数罪的量刑[1]

当一个人实施了分则不同条款所规定的两个或者更多个均尚未被定罪的犯罪时，法院应当根据本法典第 54 条规定的规则对每一个犯罪量刑，然后以较重者吸收较轻者的方式或者全部或部分累加的方式对并合罪量刑。

如果并合罪只包括轻罪和较重犯罪的，则最后的刑罚以较重者吸收较轻者的方式或者全部或部分累加的方式量定。在这种情况下，最终量定的刑罚不得超过对所实施的最严重犯罪规定的刑罚期间或数量的上限。

如果并合罪包括至少一个严重犯罪或者特别严重犯罪的，则最后的刑罚应当在本法典总则对此类刑罚规定的限度内以全部或部分累加的方式量定。

如果对所实施犯罪中的一个犯罪判处终身监禁的，最后的刑罚以终身监禁吸收较轻刑罚的方式量定。[2]

如果对所实施犯罪中的一个犯罪判处长期监禁的，则最后的刑罚以全部或部分累加的方式或者以较重刑罚吸收较轻刑罚的方式量定。[3]

在对并合罪的不同种类刑罚进行合并时，以较重的刑种为基础根据本法典第 61 条规定的规则量定最后的刑罚。

法院可以将对单个犯罪科处的附加刑与并合罪的主刑并处。在其中，最终量定的作为附加刑的剥夺特定权利的期间不得超过本法典第 45 条规定的期间上限。

如果在案件的裁判作出后，被定罪人在第一个案件的裁判作出之前实施的另一罪行也被证实构成犯罪的，根据相同的规则量刑。

---

[1] 第 59 条被 2004 年 8 月 27 日第 671-Ⅱ号乌兹别克斯坦共和国法律修正（2004 年第 37 号乌兹别克斯坦共和国立法汇编第 408 条）。

[2] 第 50 条第 4 款由 2007 年 7 月 11 日第 99 号乌兹别克斯坦共和国法律增补（2007 年第 6 号奥利马日利斯议会公报第 248 条）。

[3] 第 50 条第 5 款由 2007 年 7 月 11 日第 99 号乌兹别克斯坦共和国法律增补（2007 年第 6 号奥利马日利斯议会公报第 248 条）。

在这种情况下，第一个判决已服的刑罚应当从法院对并合罪所量定的刑期中扣除。

第 60 条　数个判决的刑罚合并

如果被定罪人在判决作出之后但服刑完毕之前实施新的犯罪的，则法院将该判决未服的刑罚与新判决所处的刑罚合并。

在对数个判决的不同种类的刑罚合并时，以较重的刑种为基础根据本法典第 61 条规定的规则量定最后的刑罚。

如果对其中一个是被判处终身监禁的判决的数个判决合并的，则最后的刑罚以终身监禁吸收较轻刑罚的方式量定。[1]

如果对其中一个是被判处长期监禁的判决的数个判决合并的，则最后的刑罚以较重刑罚吸收较轻刑罚的方式或者以全部或部分累加的方式量定。[2]

如果判处附随从罪犯工资扣除不同数额的矫正劳动或者限制军职的数个判决合并的，仅对刑罚的期间进行合并。

之前的判决未执行的附加刑，与数个判决并合所量定的主刑并处。

第 61 条　刑罚合并时的折抵规则 [3]

在将不同种类的主刑合并时，1 日监禁相当于：

a）1 日限制自由或者移交纪律惩戒单位；

b）3 日矫正劳动或者限制军职；

c）4 个小时强制社区服务。

在罚金或者剥夺特定权利与监禁、移交纪律惩戒单位、限制自由、限制军职、矫正劳动、强制社区服务并合时，应被独立执行。

---

〔1〕 第 60 条第 3 款由 2007 年 7 月 11 日第 99 号乌兹别克斯坦共和国法律增补（2007 年第 6 号奥利马日利斯议会公报第 248 条）。

〔2〕 第 60 条第 4 款由 2007 年 7 月 11 日第 99 号乌兹别克斯坦共和国法律增补（2007 年第 6 号奥利马日利斯议会公报第 248 条）。

〔3〕 第 61 条的正文被 2017 年 3 月 29 日第 421 号乌兹别克斯坦共和国法律修正（2017 年第 13 号乌兹别克斯坦共和国立法汇编第 194 条）。

第 62 条　拘捕、羁押或者家中软禁的折抵规则

在量刑时,法院应当将 1 日拘捕、羁押或者家中软禁折抵:
a) 1 日限制自由、移交纪律惩戒单位或者监禁;
b) 3 日矫正劳动或者限制军职;
c) 4 个小时强制社区服务。

对已被拘捕、羁押或者家中软禁的人处以罚金时,法院应当以 1 日拘捕、羁押、家中软禁折抵等于 1/2 个基本计算单位金额的罚金。[1]

第 63 条　刑罚期间的计算[2]

剥夺特定权利、矫正劳动、限制军职、限制自由、移交纪律惩戒单位、监禁的刑罚期间以月和年计算。当刑罚替代、折抵或者合并时,其期间可以日计算。

强制社区服务的刑期以小时计算。[3]

第五编　责任和刑罚的免除

第 12 章　责任免除的类型

第 64 条　因追究责任的时效期间届满而免除犯罪的责任

如果从实施犯罪之日起下列期间届满的,免除责任:[4]
a) 2 年——实施轻罪;
b) 4 年——实施较重犯罪;

---

[1] 第 62 条第 2 款被 2019 年 12 月 3 日第 586 号乌兹别克斯坦共和国法律修正(国家立法数据库 2019 年 12 月 4 日第 03/19/586/4106 号)。

[2] 第 63 条的正文被 2015 年 8 月 10 日第 389 号乌兹别克斯坦共和国法律修正(2015 年第 32 号乌兹别克斯坦共和国立法汇编第 425 条)。

[3] 第 63 条第 2 款由 2017 年 3 月 29 日第 421 号乌兹别克斯坦共和国法律增补(2017 年第 13 号乌兹别克斯坦共和国立法汇编第 194 条)。

[4] 第 64 条第 1 款被 2018 年 7 月 20 日第 485 号乌兹别克斯坦共和国法律修正(国家立法数据库 2018 年 7 月 21 日第 03/18/485/1552 号)。

c) 8年——实施严重犯罪；

d) 14年——实施特别严重犯罪。

时效期间的计算从犯罪实施之日起直至判决生效时止。

如果实施犯罪并且已被追究刑事责任的人逃避侦查或者审判的，则时效期间中止。时效期间从该人被抓捕或者自首之时继续。

如果实施严重犯罪或者特别严重犯罪的人在本条规定的期间届满之前实施新的故意犯罪的，时效期间中断。在这种情况下，时效期间的计算从新的犯罪实施之日重新开始。在其他情况下，如果该人在时效期间届满之前实施新的犯罪的，则每项犯罪的时效期间应当独立计算。

如果从实施轻罪或者较重犯罪之时起经过10年，或者从实施严重犯罪或者特别严重犯罪之时起经过25年的，不承担责任。[1]

对实施本法典分则条款允许判处终身监禁的犯罪的人适用时效的问题，应当由法院决定。如果法院认为不能适用时效的，则判处监禁以替代终身监禁。[2]

本条规定的时效期间不适用于实施了本法典第150条至第157条、第158条第1款、第159条第3款和第4款、第160条、第161条和第244-2条规定的犯罪的人。[3]

第65条　因为行为或者行为人失去社会危害性而免除责任

如果在侦查或者法庭审理案件时由于情势变更，其实施的行为被认定为已失去社会危害性的，则实施该犯罪的人可被免除责任。

如果在侦查或者法庭审理案件时由于情势变更，行为人被认定已失去社会危险性的，则该实施犯罪的人可被免除责任。

---

〔1〕 第64条第5款被2018年7月20日第485号乌兹别克斯坦共和国法律修正（国家立法数据库2018年7月21日第03/18/485/1552号）。

〔2〕 第64条第6款被2007年7月11日第99号乌兹别克斯坦共和国法律修正（2007年第6号奥利马日利斯议会公报第248条）。

〔3〕 第64条第7款被2018年7月20日第485号乌兹别克斯坦共和国法律修正（国家立法数据库2018年7月21日第03/18/485/1552号）。

第 66 条　因犯罪人积极悔改而免除责任[1]

如果初次实施轻罪或者较重犯罪的人自首、真诚悔改、积极协助犯罪侦查和弥补犯罪所造成的损害的，可以免除责任。

在本法典分则有关条款有特别明示的情况下，实施犯罪的人积极悔改的，应当免除责任。

第 66-1 条　与和解有关的免除刑事责任[2]

实施本法典下列条款规定的犯罪的人，如果承认有罪、与受害者和解并且赔偿所造成的损害的，可以免除刑事责任：第 105 条（故意造成中度身体伤害）、第 106 条（在激情状态下故意造成严重或者中度身体伤害）、第 107 条（超过正当防卫必要限度的故意造成严重身体伤害）、第 108 条（超过拘捕实施危害社会行为的人之必要措施的故意造成严重身体伤害）、第 109 条（故意造成轻度身体伤害）、第 110 条第 1 款（虐待）、第 111 条（过失造成中度或者严重身体伤害）、第 113 条第 1 款和第 2 款（传播性病或者艾滋病）、第 115 条（强迫妇女堕胎）、第 116 条第 1 款和第 2 款（疏于履行职业义务）、第 117 条第 1 款（见危不救）、第 121 条（强迫女性进行性行为）、第 122 条（逃避供养未成年人或者残疾人）、第 123 条（逃避赡养父母）、第 125 条（泄露收养秘密）、第 136 条（强迫或者阻止妇女结婚）、第 138 条第 1 款（强制非法剥夺自由）、第 139 条第 1 款和第 2 款（诽谤）、第 140 条第 1 款和第 2 款（侮辱）、第 141-1 条第 1 款（侵犯私生活的不可侵犯性）、第 141-2 条（违反关于个人资料的立法）、第 143 条（侵犯信件、电话通话、电报或者其他通讯的保密性）、第 148 条（侵犯劳动权）、第 149 条（侵犯著作权或者发明权）、第 167 条第 1 款（以侵吞或者挪用方式

---

〔1〕　第 66 条被 2010 年 12 月 27 日第 277 号乌兹别克斯坦共和国法律修正（2010 年第 52 号乌兹别克斯坦共和国立法汇编第 509 条）。

〔2〕　第 66-1 条由 2001 年 8 月 29 日第 254-Ⅱ号乌兹别克斯坦共和国法律新增（2001 年第 9-10 号奥利马日利斯公报第 165 条）；第 66-1 条的正文被 2004 年 8 月 27 日第 671-Ⅱ号乌兹别克斯坦共和国法律修正（2004 年第 37 号乌兹别克斯坦共和国立法汇编第 408 条）。

侵占）、第 168 条第 1 款（诈骗）、第 169 条第 1 款（盗窃）、第 170 条第 2 款 b 项和 c 项（以欺骗或者滥用信任手段造成财产损失）、第 172 条（保护财产失职）、第 173 条第 1 款（故意毁灭或者损坏财产）、第 180 条（虚假破产）、第 181 条（隐瞒破产）、第 185-2 条（违反电能、热能、天然气、水的使用规则）、第 189 条（违反商品出售或者服务提供规则）、第 191 条（非法收集、披露或者使用信息）、第 192 条（抹黑竞争对手）、第 229 条（专擅行为）、第 256 条第 1 款和第 2 款（进行研究活动时违反安全规则）、第 257 条第 1 款（违反劳动保护规则）、第 258 条第 1 款（违反采矿、建筑或者爆炸作业的安全规则）、第 259 条第 1 款（违反消防安全规则）、第 260 条第 1 款（违反铁路、海上、内河、空中交通的运行或者操纵安全规则）、第 266 条（违反车辆运行或者操纵安全规则）、第 268 条（违反确保交通运行安全的规则）、第 277 条第 1 款（流氓行为）和第 298 条第 1 款（违反驾驶或者操作车辆的规则）。[1]

实施严重犯罪或者特别严重犯罪的前科未被消灭或者撤销的人，不得因为和解而免除刑事责任。

第 67 条　因疾病而免除责任

如果实施犯罪的人在作出判决前患上使其丧失认识其行为的意义或者丧失控制行为能力的精神障碍的，应当被免除责任。[2]

对这种人，法院可以适用强制治疗处分。

在康复的情况下，如果本法典第 64 条规定的从法院适用强制治疗处分之日起计算的时效期间未届满的，该人应当承担责任。

第 68 条　基于大赦令而免除责任

实施犯罪的人，可基于大赦令被免除责任。

---

〔1〕　第 66-1 条第 1 款被 2019 年 7 月 8 日第 548 号乌兹别克斯坦共和国法律修正（国家立法数据库 2019 年 7 月 9 日第 03/19/548/3395 号）。

〔2〕　第 67 条第 1 款被 2019 年 9 月 12 日第 567 号乌兹别克斯坦共和国法律修正（国家立法数据库 2019 年 9 月 13 日第 03/19/567/3737 号）。

第13章 刑罚免除的类型

第69条 因刑罚执行时效期间届满而免除

如果判决在从其生效之日起的下列期间内没有被执行的,被定罪人应当被免除主刑和附加刑:

a) 3年——判处3年以下监禁或者其他非监禁刑的;
b) 5年——判处5年以下监禁的;
c) 10年——判处10年以下监禁的;
d) 15年——判处超过10年监禁的。

如果被定罪的人逃避刑罚的执行的,本条规定的时效期间应当加倍,从逃避刑罚之日起计算,但不得超过25年。

如果该人在本条规定的期间届满之前实施新的故意犯罪的,时效期间中断。在这种情况下,时效期间的计算从新的犯罪实施之时重新开始。

如果从刑罚被判处以来已经超过25年的,刑罚不能被执行。

对判处终身监禁的人适用时效的问题,由法院决定。如果法院认为不能不适用时效的,则将终身监禁替代为监禁。[1]

本条规定的时效期限不适用于被认定构成本法典第150条至第157条、第158条第1款、第159条第3款和第4款、第160条、第161条和第244-2条规定的犯罪的人。[2]

第70条 因行为人丧失社会危险而免除刑罚

如果在法庭审理此案时,因为情势变更或者该人由于无可挑剔的行为、对待劳动或者学习的认真态度而被认定失去社会危险性的,可以免除该实施犯罪的人的刑罚。

---

〔1〕 第69条第5款被2007年7月11日第99号乌兹别克斯坦共和国法律修正(2007年第6号奥利马日利斯议会公报第248条)。

〔2〕 第69条第6款被2018年7月20日第485号乌兹别克斯坦共和国法律修正(国家立法数据库2018年7月21日第03/18/485/1552号)。

第 71 条　因为犯罪人积极悔改而免除刑罚[1]

如果初次实施轻罪或者较重犯罪的人自首、积极协助犯罪侦查和弥补犯罪所造成的损害的，法院可以免除刑罚。

与其他人一起参与实施犯罪的人或者是有组织集团或犯罪团体成员的人，自首、真诚悔改并积极协助阻止、侦查犯罪或者确认、揭露组织犯或其他共同犯罪人，如果没有直接参与实施严重犯罪或者特别严重犯罪的，法院可以免除刑罚。

在本法典分则有关条款有特别明示的情况下，实施犯罪的人积极悔改的，应当免除刑罚。

第 72 条　缓刑

在判处监禁、移交纪律惩戒单位、限制军职或者矫正劳动时，法院在考虑所实施犯罪的性质和程度、犯罪人的人格和案件其他情节后认为可以在不服刑但是监督其行为的情况下矫正被定罪人的，可以认为该判决是附条件的。在这种情况下，如果在法院指定的考验期内没有出现撤销缓刑的事由的，法院决定不执行所判处的刑罚。

考验期为 1 年至 3 年，从判决之日起算。如果缓刑判决是上级法院作出的，也应从该日期开始计算考验期。

在缓刑的情况下，如果有充分的理由，法院可以责令被定罪人赔偿所造成的损害、获得工作或学习、向负责监督被缓刑人的机构报告住所、工作或学习地点的变化、定期到这些机构注册、不访问特定场所、在特定时间待在住所、接受酗酒、吸毒成瘾、滥用药物或者性病的治疗。

对被缓刑人行为的监督由内务机关执行，军人由军事单位和机构级别较高的指挥官执行。

在考验期内，根据负责监督被缓刑人行为的机构的建议，法院可以全部或部分地取消之前对被缓刑人规定的义务或者予以补充。

如果在考验期内被定罪人不履行法院赋予的义务，或者违反公

---

[1]　第 71 条被 2010 年 12 月 27 日第 277 号乌兹别克斯坦共和国法律修正（2010 年第 52 号乌兹别克斯坦共和国立法汇编第 509 条）。

共秩序或劳动纪律需要受行政处罚或纪律处分的，根据负责监督其行为的机构的建议，法院可以作出撤销缓刑并执行判决所处刑罚的裁决。

除不满18周岁的人、一类和二类残疾人、女性以及已满60周岁的人外，缓刑不能适用于因特别严重犯罪被认定有罪的人和曾经因为故意犯罪被判处监禁的人。[1]

如果被定罪人在考验期实施新的犯罪的，法院应当根据本法典第60条规定的规则对其量刑。

第73条 假释

假释可以适用于被判处监禁、移交纪律惩戒单位、限制军职、限制自由或者矫正劳动的人。未服的附加刑也可以被免除。[2]

如果被定罪人满足本条第1款所指刑罚类型的既定制度要求并且以认真的态度对待劳动的，可以适用假释。

在被定罪人实际服刑达到下列标准之后，可以适用假释：[3]

a）对轻罪或者较重犯罪，不少于法院所处刑期的1/3；

b）对严重犯罪和故意犯罪，如果该人曾经因为故意犯罪被判处监禁的，不少于法院所处刑期的1/2；

c）对特别严重犯罪，以及之前被假释或者其刑罚被替代为较轻刑罚但在该刑罚未服部分期间又实施新的故意犯罪的人，不少于法院所处刑期的2/3。

假释不适用于：

a）被判处终身监禁或者长期监禁的人；[4]

---

[1] 第72条第7款被1996年12月27日第357-Ⅰ号乌兹别克斯坦共和国法律修正（1997年第2号奥利马日利斯公报第56条）。

[2] 第73条第1款被2015年8月10日第389号乌兹别克斯坦共和国法律修正（2015年第32号乌兹别克斯坦共和国立法汇编第425条）。

[3] 第73条第3款被2001年8月29日第254-Ⅱ号乌兹别克斯坦共和国法律修正（2001年第9-10号奥利马日利斯公报第165条）。

[4] 第73条第4款a项由2007年7月11日第99号乌兹别克斯坦共和国法律增补（2007年第6号奥利马日利斯议会公报第248条）。

b）特别危险累犯；

c）组织犯、有组织集团或者犯罪团体的成员；

d）被认定构成下列犯罪的人：有加重情节的故意杀人；对行为人明知不满14周岁的受害人实施强奸或者强制以非自然方式满足性欲；危害乌兹别克斯坦共和国；危害人类和平与安全；走私核武器、化学武器、生物武器、其他种类的大规模杀伤性武器和明知能用于其制造的材料、设备以及放射性材料。[1]

在已被假释的人在刑罚的未服刑部分期间实施新的故意犯罪的情况下，法院应当根据本法典第60条规定的规则对其量刑。

第74条　替代为较轻的刑罚

对被判处监禁、限制自由或者矫正劳动的人，法院可以较轻的刑罚替代未服部分的刑罚。[2]

如果被定罪人满足本条第1款所指刑罚类型的既定制度要求并且以认真的态度对待劳动的，可以较轻的刑罚替代未服部分的刑罚。

在被定罪人实际服刑达到下列标准之后，可以较轻的刑罚替代未服部分的刑罚：[3]

a）对轻罪或者较重犯罪，不少于法院所处刑期的1/4；

b）对严重犯罪和故意犯罪，如果该人曾经因为故意犯罪被判处监禁的，不少于法院所处刑期的1/3；

c）对特别严重犯罪，以及之前被假释或者其刑罚被替代为较轻刑罚但在该刑罚未服部分期间又实施新的故意犯罪的人，不少于法院所处刑期的1/2。

当用矫正劳动替代监禁或限制自由的未服刑罚时，以监禁或限

---

[1]　第73条第4款d项由2007年7月11日第99号乌兹别克斯坦共和国法律增补（2007年第6号奥利马日利斯议会公报第248条）。

[2]　第74条第1款被2015年8月10日第389号乌兹别克斯坦共和国法律修正（2015年第32号乌兹别克斯坦共和国立法汇编第425条）。

[3]　第74条第3款被2001年8月29日第254-Ⅱ号乌兹别克斯坦共和国法律修正（2001年第9-10号奥利马日利斯公报第165条）。

制自由的未服期间为其刑期。[1]

用较轻的刑罚替代未服部分的刑罚，不适用于本法典第 73 条第 4 款所列人员。

刑罚被较轻刑罚替代的人，在较轻刑罚服刑达到相应比例后，可根据本法典第 73 条的规定的规则被假释。

如果刑罚被较轻刑罚替代的人，在该刑罚的未服刑部分期间实施新的犯罪的，法院应当根据本法典第 60 条规定的规则对其量刑。[2]

第 75 条　因疾病或者残疾而免除刑罚

如果犯罪人在被作出判决后患上使其丧失认识其行为的意义或者丧失控制行为能力的精神障碍，以及患上妨碍其服刑的其他严重疾病的，应当被免除服刑。[3]

对本条第 1 款所列的人，法院可以适用强制治疗处分。

在康复的情况下，如果本法典第 69 条规定的从法院适用强制治疗处分之日起计算的时效期间未届满的，针对该人的刑罚可以被执行。

如果因健康原因被认为不适合服兵役的，被判处移交纪律惩戒单位或者限制军职的军人应当被免除服刑。女军事人员应被免除限制军职和与获得产假有关的刑罚的服刑。

在服强制社区服务或者矫正劳动期间丧失工作能力或者达到退休年龄的人，以及在服这类刑罚期间获得产假的女性，应被免除服刑。[4]

---

［1］　第 74 条第 4 款被 2015 年 8 月 10 日第 389 号乌兹别克斯坦共和国法律修正（2015 年第 32 号乌兹别克斯坦共和国立法汇编第 425 条）。

［2］　第 74 条第 7 款被 2018 年 4 月 18 日第 476 号乌兹别克斯坦共和国法律修正（国家立法数据库 2018 年 4 月 19 日第 03/18/476/1087 号）。

［3］　第 75 条第 1 款被 2019 年 9 月 12 日第 567 号乌兹别克斯坦共和国法律修正（国家立法数据库 2019 年 9 月 13 日第 03/19/567/3737 号）。

［4］　第 75 条第 5 款被 2017 年 3 月 29 日第 421 号乌兹别克斯坦共和国法律修正（2017 年第 13 号乌兹别克斯坦共和国立法汇编第 194 条）。

第76条　因大赦令或者特赦令而免除刑罚

根据大赦令或者特赦令，被定罪人可被全部或部分地免除主刑和未执行的附加刑、假释或者以较轻的刑罚替代未服部分的刑罚。

如果根据大赦令或者特赦令被适用假释或者未服部分的刑罚被较轻的刑罚替代的人，在刑罚未服期间届满前实施新的故意犯罪的，法院应当根据本法典第60条规定的规则对其量刑。

被判处终身监禁的人在所处的刑罚实际服刑25年后，可以提出特赦请求；如果在服刑期间被定罪的人坚定地走上了矫正道路、没有因违反既定制度而受到纪律处分、以认真的态度对待劳动和学习、积极参与开展教育活动的，在所处的刑罚实际服刑20年后，可以提出特赦请求。[1]

被判处长期监禁的人在所处的刑罚实际服刑20年后，可以提出特赦请求；如果在服刑期间被定罪的人坚定地走上了矫正道路、没有因违反既定制度而受到纪律处分、以认真的态度对待劳动和学习、积极参与开展教育活动的，在所处的刑罚实际服刑15年后，可以提出特赦请求。[2]

第14章　前科

第77条　前科的法律意义

前科是一个人因为其所实施的行为而被宣告有罪的事实所产生的法律身份。

自判处刑罚的有罪判决生效之日起，应当认为该人被宣告有罪。被法院免处刑罚的人，不应视为被宣告有罪。

前科在本法典规定的情形下具有法律意义，并且只有在某人实施新的犯罪时才有法律意义。

---

〔1〕　第76条第3款由2007年7月11日第99号乌兹别克斯坦共和国法律增补（2007年第6号奥利马日利斯议会公报第248条）。

〔2〕　第76条第4款由2007年7月11日第99号乌兹别克斯坦共和国法律增补（2007年第6号奥利马日利斯议会公报第248条）。

前科被消灭或者撤销,将终止与之有关的所有法律后果。

已经服刑完毕的行为因为法律的修正不再被认为是犯罪,以及服刑完毕后前科因此消灭的,不应被视为有前科。

第78条 前科的消灭

前科因为下列原因消灭:

a)缓刑的考验监督期间届满;

b)强制社区服务、限制军职或者移交纪律惩戒单位服刑完毕;[1]

c)罚金被缴纳以及剥夺特定权利或矫正劳动服刑完毕后满1年;

d)限制自由服刑完毕后满2年;[2]

e)不超过5年的监禁服刑完毕后满4年;

f)超过5年但不超过10年的监禁服刑完毕后满7年;

g)超过10年但不超过15年的监禁服刑完毕后满10年。

第79条 前科的撤销

如果某人在监禁刑服刑完毕后没有受到行政处罚或者纪律处分,在至少经历本法典第78条规定期间的1/2后,基于社会团体、公民自治组织、集体或者该人本人的请求,法院可以撤销其前科。

被宣告构成本法典第178条至第184条、第185条至第185-2条、第189条至第192条的犯罪的人,如果没有给国家造成特别巨大的损失的,在至少经历本法典第78条规定期间的1/4后,法院可以撤销其前科。[3]

服监禁刑15年或者更长时间的人以及特别危险累犯,如果在服刑完毕后15年内未实施新的犯罪的,法院可以撤销其前科。

---

[1] 第78条b项被2017年3月29日第421号乌兹别克斯坦共和国法律修正(2017年第13号乌兹别克斯坦共和国立法汇编第194条)。

[2] 第78条d项被2017年3月29日第421号乌兹别克斯坦共和国法律修正(2017年第13号乌兹别克斯坦共和国立法汇编第194条)。

[3] 第79条第2款由2012年12月29日第345号乌兹别克斯坦共和国法律增补(2013年第1号乌兹别克斯坦共和国立法汇编第1条)。

如果有本法典第 13 条第 2 款规定的事由的，可以撤销前科。

前科可以基于特赦令或者大赦令被撤销。

第 80 条　前科消灭或者撤销的期间计算[1]

前科消灭或者撤销的期间，从主刑和附加刑均被服刑或者执行完毕之日起计算。

如果某人按照法定程序被假释或者其刑罚被替代为较轻刑罚的，前科的消灭期间应当以该被假释或者被替代为较轻刑罚的人实际所服刑罚为基础计算。

如果判决所处的刑罚被法院根据本法典第 44 条和第 46 条规定的事由替代为另一种刑罚的，前科的消灭期间应当以实际所服刑或者执行的刑罚为基础计算。

如果服刑完毕的人在前科消灭期间届满前再次实施犯罪的，则前科消灭期间的进程中断。第一次犯罪的前科消灭期间，应当在最后一次犯罪的刑罚（主刑和附加刑）实际服刑完毕后重新计算。

第六编　未成年人责任的特殊规定

第 15 章　刑罚及其目的

第 81 条　刑罚的体系

下列主刑可以适用于未满 18 岁实施犯罪的人：

a）罚金；

a1）强制社区服务；[2]

b）矫正劳动；

---

〔1〕第 80 条第 4 款由 1996 年 12 月 27 日第 357-Ⅰ号乌兹别克斯坦共和国法律增补（1997 年第 2 号奥利马日利斯公报第 56 条）。

〔2〕第 81 条第 1 款 a1 项由 2017 年 3 月 29 日第 421 号乌兹别克斯坦共和国法律增补（2017 年第 13 号乌兹别克斯坦共和国立法汇编第 194 条）。

c）（废止）；[1]

c1）限制自由；[2]

d）监禁。

附加刑不能适用于未满 18 岁实施犯罪的人。

第 82 条　罚金

罚金的幅度为 2 个至 20 个基本计算单位。[3]

如果被定罪的人逃避在 6 个月内缴纳罚金的，法院将以 2 小时强制社区服务折算 1 个基本计算单位罚金的比例以强制社区服务代替未被缴纳的罚金，或者以 1 个月矫正劳动折算 2 个基本计算单位罚金的比例以矫正劳动替代未被缴纳的罚金。[4]

第 82-1 条　强制社区服务 [5]

强制社区服务只适用于体格健全的未成年人，期间为 60 小时至 240 小时。强制社区服务不应损害未成年人的健康和道德发展，也不应打乱学习过程。

除非法律另有规定，否则年龄在 16 周岁至 18 周岁的人被执行强制社区服务的期间不得超过 6 个月、每天不得超过 2 小时，在存在被定罪人无法控制的事由时最长不得超过 1 年。

如果被定罪的人逃避服刑的，法院将以限制自由或监禁代替强制社区服务的未服刑期间，比例为 1 日限制自由或监禁折算 4 小时强制社区服务。逃避时间不计入服刑期间。

---

[1]　第 81 条第 1 款 c 项被 2017 年 3 月 29 日第 421 号乌兹别克斯坦共和国法律废止（2017 年第 13 号乌兹别克斯坦共和国立法汇编第 194 条）。

[2]　第 81 条第 1 款 c1 项由 2017 年 3 月 29 日第 421 号乌兹别克斯坦共和国法律增补（2017 年第 13 号乌兹别克斯坦共和国立法汇编第 194 条）。

[3]　第 82 条第 1 款被 2019 年 12 月 3 日第 586 号乌兹别克斯坦共和国法律修正（国家立法数据库 2019 年 12 月 4 日第 03/19/586/4106 号）。

[4]　第 82 条第 2 款被 2019 年 12 月 3 日第 586 号乌兹别克斯坦共和国法律修正（国家立法数据库 2019 年 12 月 4 日第 03/19/586/4106 号）。

[5]　第 82-1 条由 2017 年 3 月 29 日第 421 号乌兹别克斯坦共和国法律新增（2017 年第 13 号乌兹别克斯坦共和国立法汇编第 194 条）。

第 83 条 矫正劳动

矫正劳动只适用于在工作地点的体格健全的未成年人,如果犯罪人没有工作的,在其住所地的负责执行该刑罚的机构所确定的其他地方执行,期间为 1 个月至 1 年。[1]

如果未成年人逃避执行所适用的矫正劳动期间累计达 1/10 的,法院将以限制自由或监禁代替未服刑期间,比例为 1 日限制自由或监禁折算 3 日矫正劳动。[2]

第 84 条 (废止)[3]

第 84-1 条 限制自由[4]

限制自由作为对未成年罪犯适用的主刑,期间为 6 个月至 2 年。

第 85 条 监禁[5]

除本法典第 86 条第 2 款、第 3 款和第 4 款规定的情况外,对未成年人的监禁期间为 6 个月至 10 年。

在 13 周岁至 16 周岁之间实施犯罪的人,可判处以下监禁:

a)(废止);[6]

b)严重犯罪——6 年以下监禁;

c)特别严重犯罪——10 年以下监禁。

在 16 周岁至 18 周岁之间实施犯罪的人,可判处以下监禁:

---

[1] 第 83 条第 1 款被 1996 年 12 月 27 日第 357-Ⅰ号乌兹别克斯坦共和国法律修正(1997 年第 2 号奥利马日利斯公报第 56 条)。

[2] 第 83 条第 2 款被 2017 年 3 月 29 日第 421 号乌兹别克斯坦共和国法律修正(2017 年第 13 号乌兹别克斯坦共和国立法汇编第 194 条)。

[3] 第 84 条被 2017 年 3 月 29 日第 421 号乌兹别克斯坦共和国法律废止(2017 年第 13 号乌兹别克斯坦共和国立法汇编第 194 条)。

[4] 第 84-1 条由 2015 年 8 月 10 日第 389 号乌兹别克斯坦共和国法律新增(2015 年第 32 号乌兹别克斯坦共和国立法汇编第 425 条)。

[5] 第 85 条第 6 款和第 7 款被 2003 年 12 月 12 日第 568-Ⅱ号乌兹别克斯坦共和国法律废止(2004 年第 1-2 号奥利马日利斯公报第 18 条)。

[6] 第 85 条第 2 款 a 项被 2008 年 9 月 24 日第 182 号乌兹别克斯坦共和国法律废止(2008 年第 39 号乌兹别克斯坦共和国立法汇编第 391 条)。

a）（废止）；[1]

b）严重犯罪——7年以下监禁；

c）特别严重犯罪——10年以下监禁。

未成年人实施轻罪、过失犯罪或者故意的较重犯罪的，不得处以监禁形式的刑罚。[2]

对在作出判决时未满18周岁的人，应当判决在教养院中监禁。[3]

第86条 量刑

在对未成年人量刑时，在法院量刑的一般原则的指导下，还应考虑其发育程度、生活和教养条件、健康状况、犯罪动机、成年人的影响以及影响其人格的其他情况。

对在13周岁至16周岁之间实施犯罪的人，并合罪的监禁，可在10年以下判处；并且如果其中一个犯罪属于特别严重犯罪的，可在12年以下判处。

对在13周岁至18周岁之间实施犯罪的人，并合罪的监禁，可在12年以下判处；并且如果其中一个犯罪属于特别严重犯罪的，可在15年以下判处。

对在13周岁至18周岁之间实施犯罪的人，并合罪的监禁，不得超过15年。

在对未成年人判处监禁或者矫正劳动时，如果存在本法典第72条规定的理由和条件的，法院可以判处缓刑。

---

[1] 第85条第3款a项被2008年9月24日第182号乌兹别克斯坦共和国法律废止（2008年第39号乌兹别克斯坦共和国立法汇编第391条）。

[2] 第85条第4款被2003年12月12日第568-Ⅱ号乌兹别克斯坦共和国法律修正（2004年第1-2号奥利马日利斯公报第18条）。

[3] 第85条第5款被2003年12月12日第568-Ⅱ号乌兹别克斯坦共和国法律修正（2004年第1-2号奥利马日利斯公报第18条）。

第 16 章　责任或者刑罚的免除

第 87 条　适用强制处分免除责任或者刑罚

对初次实施轻罪的未成年人，如果考虑所实施行为的性质、行为人的人格以及案件的其他情节，认为不判处刑罚即可予以矫正的，可以免除责任，将其资料移交给少年事务跨部门委员会。[1]

对初次实施规定处以不超过 5 年监禁的较重犯罪或者再次实施轻罪的未成年人，如果有本条第 1 款所规定的理由的，法院必须就对其免除刑罚并适用强制处分的问题进行讨论。

如果未成年人的年龄发育明显滞后，使其不能完全认识所实施行为的意义的，法院必须就适用强制处分替代刑罚的合理性问题进行讨论。

第 88 条　强制处分

适用于未成年人的强制处分是：

a）赋予以法院确定的形式向受害人道歉的义务；

b）赋予已满 16 周岁的人以其自身财力或劳动补偿或者消除所造成损失的义务。如果损失不超过 10 个基本计算单位的，可以适用该处分。在其他情况下，损失应当通过民法途径赔偿；[2]

c）将未成年人安置于特殊教育机构中。

未成年人在特殊教育机构中停留的期间和条件，由乌兹别克斯坦共和国的法律确定。

第 89 条　假释

对因不满 18 周岁时所实施的犯罪被判处监禁、限制自由或者矫正劳动的人，法院可以予以假释。[3]

---

〔1〕 第 87 条第 1 款被 2017 年 9 月 14 日第 446 号乌兹别克斯坦共和国法律修正（2017 年第 37 号乌兹别克斯坦共和国立法汇编第 978 条）。

〔2〕 第 88 条第 1 款 b 项被 2019 年 12 月 3 日第 586 号乌兹别克斯坦共和国法律修正（国家立法数据库 2019 年 12 月 4 日第 03/19/586/4106 号）。

〔3〕 第 89 条第 1 款被 2015 年 8 月 10 日第 389 号乌兹别克斯坦共和国法律修正（2015 年第 32 号乌兹别克斯坦共和国立法汇编第 425 条）。

如果被定罪人满足本条第 1 款所指刑罚类型的既定制度要求并且以认真的态度对待劳动或学习的，可以适用假释。

在实际服刑达到下列标准之后，可以适用假释：[1]

a）对轻罪或者较重犯罪，不少于所处刑期的 1/4；

b）对严重犯罪，不少于所处刑期的 1/3；

c）对特别严重犯罪以及曾经因为故意犯罪被判处监禁的人又实施的故意犯罪，不少于所处刑期的 1/2。

如果已被假释的人在刑罚的未服刑部分期间实施新的故意犯罪的，法院应当根据本法典第 60 条和第 86 条的规定对其量刑。

第 90 条　替代为较轻的刑罚

对因不满 18 周岁时所实施的犯罪被判处监禁、限制自由或者矫正劳动的人，可以较轻的刑罚替代未服的刑罚。[2]

如果被定罪人满足本条第 1 款所指刑罚类型的既定制度要求并且以认真的态度对待劳动或学习的，可以较轻的刑罚替代未服的刑罚。

在实际服刑达到下列标准之后，可以较轻的刑罚替代未服的刑罚：[3]

a）对轻罪或者较重犯罪，不少于所处刑期的 1/5；

b）对严重犯罪，不少于所处刑期的 1/4；

c）对特别严重犯罪以及曾经因为故意犯罪被判处监禁的人又实施的故意犯罪，不少于所处刑期的 1/3。

当用矫正劳动替代监禁或限制自由的未服刑罚时，以监禁或限制自由的未服期间为其刑期。[4]

---

[1] 第 89 条第 3 款被 2001 年 8 月 29 日第 254-Ⅱ号乌兹别克斯坦共和国法律修正（2001 年第 9-10 号奥利马日利斯公报第 165 条）。

[2] 第 90 条第 1 款被 2015 年 8 月 10 日第 389 号乌兹别克斯坦共和国法律修正（2015 年第 32 号乌兹别克斯坦共和国立法汇编第 425 条）。

[3] 第 90 条第 3 款被 2001 年 8 月 29 日第 254-Ⅱ号乌兹别克斯坦共和国法律修正（2001 年第 9-10 号奥利马日利斯公报第 165 条）。

[4] 第 90 条第 4 款被 2015 年 8 月 10 日第 389 号乌兹别克斯坦共和国法律修正（2015 年第 32 号乌兹别克斯坦共和国立法汇编第 425 条）。

刑罚被较轻刑罚替代的人，在较轻刑罚服刑达到相应比例后，可根据本法典第89条的规定被假释。

如果刑罚被较轻刑罚替代的人，在该刑罚的未服刑部分期间实施新的犯罪的，法院应当根据本法典第60条和第86条的规定对其量刑。[1]

第七编　强制治疗处分

第17章　强制治疗处分的根据和适用

第91条　强制处分的目的[2]

对实施了危害社会行为的患有精神疾病的人，为了对其进行治疗和防止其实施新的危害社会行为，可以对其适用强制治疗处分。

对酗酒、药物依赖、药物滥用、不阻却责任能力的精神障碍者，为了治疗和创造有助于实现刑罚目的的条件，法院可以与刑罚一起对其适用强制治疗处分。

第92条　适用强制治疗处分的一般根据[3]

对在精神错乱状态下实施危害社会行为者，或者实施了犯罪但在作出判决前或者在服刑期间罹患精神障碍因此丧失认识其行为的意义或者控制其行为之能力者，如果法院根据其精神状况并且考虑到其所实施行为的性质，认为对社会存在危险的，可以适用强制治疗处分。

---

[1] 第90条第6款被2018年4月18日第476号乌兹别克斯坦共和国法律修正（国家立法数据库2018年4月19日第03/18/476/1087号）。

[2] 第91条的正文被2019年9月12日第567号乌兹别克斯坦共和国法律修正（国家立法数据库2019年9月13日第03/19/567/3737号）。

[3] 第92条的正文被2019年9月12日第567号乌兹别克斯坦共和国法律修正（国家立法数据库2019年9月13日第03/19/567/3737号）。

第 93 条　强制治疗处分的种类[1]

强制治疗处分包括：

a）在住所地的神经精神病诊所（区（市）精神病医生办公室）进行强制门诊监管和治疗；

b）在住所地的普通精神病院的部门进行普通监管的强制治疗；

c）在普通精神病院的专门康复部门进行强制治疗；

d）在严格监管的精神病医院进行强制治疗；

e）在向刑罚执行机构和罪犯专门医院提供医疗和预防护理的部门进行强制门诊监管和治疗。

第 94 条　强制治疗处分的适用[2]

对于无疾病恶化迹象的精神障碍患者以及暂时性疼痛性精神障碍患者，可以规定其在住所地的神经精神病诊所（区（市）精神病医生办公室）进行强制门诊监管和治疗，以防止疾病复发和实施新的危害社会行为。

精神障碍者存在与其需要能在一般根据基础上进行的治疗的状况有关的社会危险性，可以规定其在住所地的普通精神病院的部门进行普通监管的强制治疗。

精神障碍者存在与其在多数情况下需要不能在自愿基础上进行的康复措施的状态有关的社会危险性，可以规定其在普通精神病院的专门康复部门进行强制治疗。对于其行为错乱使得无法在普通精神病院进行必要的治疗和康复措施的具有特别社会危险的患有精神障碍者，可以规定其在严格监管的精神病医院进行强制治疗。在严格监管的精神病医院，精神障碍患者被严格隔离并加以监护。

对在实施犯罪时因为精神障碍不能完全认识其作为（不作为）的意义或者控制其行为的不阻却责任能力的患有精神障碍者，可以

---

[1] 第 93 条的正文被 2019 年 9 月 12 日第 567 号乌兹别克斯坦共和国法律修正（国家立法数据库 2019 年 9 月 13 日第 03/19/567/3737 号）。

[2] 第 94 条的正文被 2019 年 9 月 12 日第 567 号乌兹别克斯坦共和国法律修正（国家立法数据库 2019 年 9 月 13 日第 03/19/567/3737 号）。

与刑罚一并判处其在向刑罚执行机构和罪犯专门医院提供医疗和预防护理的部门进行强制门诊监管和治疗。

第 95 条　强制治疗处分适用的延期、变更和终止[1]

对患有精神障碍者的强制治疗处分适用的延长、变更或者终止,由法院基于精神病医生委员会的结论作出决定;对在向刑罚执行机构和罪犯专门医院提供医疗和预防护理的部门进行强制治疗的此类患者,由法院根据医疗咨询委员会的结论作出决定。

如果患有精神障碍者不需要采取强制治疗处分以及强制治疗处分被终止的,法院可以将该人移交卫生机关,以在一般根据基础上进行治疗或者转交给社会福利机构的问题作出决定。

法院根据医疗咨询委员会的结论,终止对酗酒、药物依赖、药物滥用者与刑罚并处的强制治疗处分。

第 96 条　与刑罚并处的强制治疗处分的适用[2]

如果犯罪是被酗酒、药物依赖、药物滥用、不阻却责任能力的精神障碍者实施的,在有医疗意见的情况下,法院可以与刑罚一起对其适用强制治疗处分。[3]

本条第 1 款所列人员被判处不涉及剥夺自由的刑罚的,应在医疗机构中接受强制治疗。

本条第 1 款所列人员被判处剥夺自由的刑罚的,应在服刑地点接受治疗;在释放后,如果有必要继续治疗,在一般根据基础上在医疗机构中接受治疗。[4]

---

[1]　第 95 条被 2019 年 9 月 12 日第 567 号乌兹别克斯坦共和国法律修正(国家立法数据库 2019 年 9 月 13 日第 03/19/567/3737 号)。

[2]　第 96 条的条旨被 2019 年 9 月 12 日第 567 号乌兹别克斯坦共和国法律修正(国家立法数据库 2019 年 9 月 13 日第 03/19/567/3737 号)。

[3]　第 96 条第 1 款被 2019 年 9 月 12 日第 567 号乌兹别克斯坦共和国法律修正(国家立法数据库 2019 年 9 月 13 日第 03/19/567/3737 号)。

[4]　第 96 条第 3 款被 2017 年 3 月 29 日第 421 号乌兹别克斯坦共和国法律修正(2017 年第 13 号乌兹别克斯坦共和国立法汇编第 194 条)。

分 则

第一编 侵犯人身罪

第1章 侵害生命罪

第97条 故意杀人

故意杀人的——

处10年至15年监禁。

具有加重情节的故意杀人,即:[1]

a) 针对两人或者更多人实施的;

b) 针对行为人明知处于怀孕状态的妇女实施的;

c) 针对行为人明知处于无自理能力状态的人实施的;

d) 针对履行公务职责或者公民义务的人或者其近亲属与其履责有关而实施的;

e) 以危及其他人生命的方式实施的;

f) 在聚众骚乱中实施的;

g) 以特别残忍的方式实施的;

h) 伴随有强奸或者以非自然形式的强制性交的;

i) 出于贪利动机的;

j) 基于民族或者种族仇恨实施的;

---

[1] 第97条第2款的处罚由2007年7月11日第99号乌兹别克斯坦共和国法律修正(2007年第6号奥利马日利斯议会公报第248条)。

k）出于流氓动机的；

l）出于宗教偏见实施的；

m）为了获得器官等的移植或者利用尸体的组成部分而实施的；

n）为了掩盖其他犯罪或者便利于其他犯罪的实施而实施的；

o）由团伙实施、由有组织集团的成员实施或者为了有组织集团的利益实施的；

p）是被再次实施或者由危险累犯实施的；

q）由特别危险累犯实施的——

处 15 年至 25 年监禁或者终身监禁。

第 98 条　在激情状态下故意杀人

在因被害人的非法暴力、严重侮辱或者其他非法行为所导致的突发强烈激情状态下，故意杀人的——

处 2 年至 5 年限制自由或者 5 年以下监禁。[1]

第 99 条　母亲故意杀害新生婴儿

母亲在分娩过程中或者分娩后即刻，故意杀害其新生婴儿的——

处 1 年至 3 年限制自由或者 3 年以下监禁。[2]

第 100 条　超过正当防卫必要限度的故意杀人

超过正当防卫限度故意杀人的——

处 3 年以下矫正劳动、1 年至 3 年限制自由或者 3 年以下监禁。[3]

第 101 条　超过拘捕实施危害社会行为的人之必要措施的故意杀人

超过拘捕实施危害社会行为的人的必要措施故意杀人的——

---

〔1〕 第 98 条的处罚被 2015 年 8 月 10 日第 389 号乌兹别克斯坦共和国法律修正（2015 年第 32 号乌兹别克斯坦共和国立法汇编第 425 条）。

〔2〕 第 99 条的处罚被 2015 年 8 月 10 日第 389 号乌兹别克斯坦共和国法律修正（2015 年第 32 号乌兹别克斯坦共和国立法汇编第 425 条）。

〔3〕 第 100 条的处罚被 2015 年 8 月 10 日第 389 号乌兹别克斯坦共和国法律修正（2015 年第 32 号乌兹别克斯坦共和国立法汇编第 425 条）。

处 3 年以下矫正劳动、1 年至 3 年限制自由或者 3 年以下监禁。[1]

第 102 条　过失致人死亡

过失致人死亡的——

处 2 年以下矫正劳动、1 年至 3 年限制自由或者 3 年以下监禁。[2]

过失导致两人或者更多人死亡的——

处 2 年至 3 年矫正劳动、3 年至 5 年限制自由或者 3 年至 5 年监禁。[3]

第 103 条　导致自杀[4]

以威胁、虐待或者持续地侮辱人的名誉和尊严为手段，导致他人自杀或者自杀未遂的——

处 3 年至 7 年监禁。

该行为的实施具有下列情形的：

a）针对在经济上或者其他方面依赖于行为人的人实施的；

b）针对未成年人或者行为人明知处于怀孕状态的妇女实施的；

c）由有预谋的团伙实施的；

d）利用电信网络以及全球信息网络互联网实施的——

处 3 年至 7 年监禁。

第 103-1 条　教唆自杀[5]

教唆自杀，即通过说服、欺骗或其他方式鼓动他人决意自杀，

---

[1] 第 101 条的处罚被 2015 年 8 月 10 日第 389 号乌兹别克斯坦共和国法律修正（2015 年第 32 号乌兹别克斯坦共和国立法汇编第 425 条）。

[2] 第 102 条第 1 款的处罚被 2015 年 8 月 10 日第 389 号乌兹别克斯坦共和国法律修正（2015 年第 32 号乌兹别克斯坦共和国立法汇编第 425 条）。

[3] 第 102 条第 2 款的处罚被 2015 年 8 月 10 日第 389 号乌兹别克斯坦共和国法律修正（2015 年第 32 号乌兹别克斯坦共和国立法汇编第 425 条）。

[4] 第 103 条的正文被 2017 年 6 月 13 日第 436 号乌兹别克斯坦共和国法律修正（2017 年第 24 号乌兹别克斯坦共和国立法汇编第 487 条）。

[5] 第 103-1 条由 2017 年 6 月 13 日第 436 号乌兹别克斯坦共和国法律新增（2017 年第 24 号乌兹别克斯坦共和国立法汇编第 487 条）。

如果该人自杀或者自杀未遂的——

处 2 年至 5 年限制自由或者 5 年以下监禁。

该行为的实施具有下列情形的：

a) 针对未成年人或者行为人明知处于怀孕状态的妇女实施的；

b) 由有预谋的团伙实施的；

c) 利用电信网络以及全球信息网络互联网实施的——

处 5 年至 7 年监禁。

第 2 章　　侵害健康罪

第 104 条　故意造成严重身体伤害

故意造成身体伤害，在造成伤害时危及生命，或者造成视力、语言、听觉或者器官的功能完全丧失，或者附随永久丧失超过 33% 的一般劳动能力的精神的或其他健康障碍，或者堕胎，或者永久的身体畸形的——[1]

处 3 年至 5 年限制自由或者 3 年至 5 年监禁。[2]

故意造成严重身体伤害，有下列情形的：[3]

a) 针对行为人明知处于怀孕状态的妇女实施的；

b) 针对履行公务职责或者公民义务的人或者其近亲属与其履责有关而实施的；

c) 以特别残忍方式实施的；

d) 在聚众骚乱中实施的；

e) 出于贪利动机的；

f) 出于流氓动机的；

---

〔1〕 第 104 条第 1 款的罪状被 2019 年 9 月 12 日第 567 号乌兹别克斯坦共和国法律修正（国家立法数据库 2019 年 9 月 13 日第 03/19/567/3737 号）。

〔2〕 第 104 条第 1 款被 2015 年 8 月 10 日第 389 号乌兹别克斯坦共和国法律修正（2015 年第 32 号乌兹别克斯坦共和国立法汇编第 425 条）。

〔3〕 根据 2020 年 11 月 5 日第 645 号乌兹别克斯坦共和国法律（国家立法数据库 2020 年 11 月 6 日第 03/20/645/1469 号），第 104 条第 2 款中的 j 项被替换为 j 项和 k 项。

g）基于民族或者种族仇恨实施的；
h）出于宗教偏见实施的；
i）为了获得器官等的移植而实施的；
j）由团伙实施的；
k）使用武器或者能用作冷兵器的物品实施的——

处5年至8年监禁。[1]

故意造成严重身体伤害，有下列情形的：

a）针对两人或者更多人实施的；
b）是被再次实施、由危险累犯实施或者由曾经实施过本法典第97条的故意杀人的人实施的；
c）由特别危险累犯实施的；
d）由有组织集团的成员实施或者为了有组织集团的利益实施的；
e）导致被害人死亡的——

处8年至10年监禁。[2]

第105条 故意造成中度身体伤害

故意造成身体伤害，在造成伤害时对生命没有危险，并且没有造成本法典第104条规定的后果，但造成了持续超过21日但不超过4个月的长期健康障碍或者较重的永久丧失一般劳动能力（10%至30%）的——

处360小时以下强制社区服务、3年以下矫正劳动、1年至3年限制自由或者3年以下监禁。[3]

---

[1] 第104条第2款的处罚被2001年8月29日第254-Ⅱ号乌兹别克斯坦共和国法律修正（2001年第9-10号奥利马日利斯公报第165条）。

[2] 第104条第3款的处罚被2001年8月29日第254-Ⅱ号乌兹别克斯坦共和国法律修正（2001年第9-10号奥利马日利斯公报第165条）。

[3] 第105条第1款的处罚被2017年3月29日第421号乌兹别克斯坦共和国法律修正（2017年第13号乌兹别克斯坦共和国立法汇编第194条）。

故意造成中度身体伤害，有下列情形的：[1]

a）针对两人或者更多人实施的；

b）针对行为人明知处于怀孕状态的妇女实施的；

c）针对履行公务职责或者公民义务的人或者其近亲属与其履责有关而实施的；

d）以特别残忍方式实施的；

e）在聚众骚乱中实施的；

f）出于贪利动机的；

g）基于民族或者种族仇恨实施的；

h）出于宗教偏见实施的；

i）由团伙或者有组织集团的成员为了集团的利益实施的；

j）是被再次实施、由危险累犯实施或者由曾经实施过本法典第 104 条的故意导致严重身体伤害或本法典第 97 条的故意杀人的人实施的；

k）由特别危险累犯实施的；

l）使用武器或者能用作冷兵器的物品实施的——

处 3 年至 5 年限制自由或者 3 年至 5 年监禁。[2]

第 106 条　在激情状态下故意造成严重或者中度身体伤害

在因被害人的不法暴力、严重侮辱或者被害人已经造成或可能造成行为人或行为人的关系密切人死亡或健康损害的其他不法行为所造成的突发强烈激情状态下，故意造成严重或者中度身体伤害的——

处 50 个至 100 个基本计算单位罚金、360 小时以下强制社区服务、2 年以下矫正劳动、1 年至 3 年限制自由或者 3 年以下监禁。[3]

---

〔1〕 根据 2020 年 11 月 5 日第 645 号乌兹别克斯坦共和国法律（国家立法数据库 2020 年 11 月 6 日第 03/20/645/1469 号），第 104 条第 2 款中的 k 项被替换为 k 项和 l 项。

〔2〕 第 105 条第 2 款被 2015 年 8 月 10 日第 389 号乌兹别克斯坦共和国法律修正（2015 年第 32 号乌兹别克斯坦共和国立法汇编第 425 条）。

〔3〕 第 106 条第 1 款的处罚被 2019 年 12 月 3 日第 586 号乌兹别克斯坦共和国法律修正（国家立法数据库 2019 年 12 月 4 日第 03/19/586/4106 号）。

第 107 条　超过正当防卫必要限度的故意造成严重身体伤害

超过正当防卫必要限度，故意造成严重身体伤害的——

处 50 个至 100 个基本计算单位罚金、300 小时以下强制社区服务或者 2 年以下矫正劳动。[1]

第 108 条　超过拘捕实施危害社会行为的人之必要措施的故意造成严重身体伤害

超过拘捕实施危害社会行为的人之必要措施，故意造成严重身体伤害的——

处 25 个至 50 个基本计算单位罚金、300 小时以下强制社区服务或者 2 年以下矫正劳动。[2]

第 109 条　故意造成轻度身体伤害

故意造成轻度身体伤害，未导致短期健康障碍或者轻度的永久残疾，在因该行为被适用行政处罚后又实施的——

处 25 个以下基本计算单位罚金、240 小时以下强制社区服务或者 1 年以下矫正劳动。[3]

故意造成轻度身体伤害，导致持续期间超过 6 日但不超过 21 日的短期健康障碍或者轻度的永久残疾的——

处 25 个至 50 个基本计算单位罚金、2 年以下矫正劳动、1 年以下限制自由或者 1 年以下监禁。[4]

第 110 条　虐待

经常地实施殴打或者其他具有折磨性质的行为，如果没有造成

---

[1] 第 107 条的处罚被 2019 年 12 月 3 日第 586 号乌兹别克斯坦共和国法律修正（国家立法数据库 2019 年 12 月 4 日第 03/19/586/4106 号）。

[2] 第 108 条的处罚被 2019 年 12 月 3 日第 586 号乌兹别克斯坦共和国法律修正（国家立法数据库 2019 年 12 月 4 日第 03/19/586/4106 号）。

[3] 第 109 条第 1 款的处罚被 2019 年 12 月 3 日第 586 号乌兹别克斯坦共和国法律修正（国家立法数据库 2019 年 12 月 4 日第 03/19/586/4106 号）。

[4] 第 109 条第 2 款的处罚被 2019 年 12 月 3 日第 586 号乌兹别克斯坦共和国法律修正（国家立法数据库 2019 年 12 月 4 日第 03/19/586/4106 号）。

本法典第 104 条、第 105 条规定的后果的——

处 50 个至 100 个基本计算单位罚金、360 小时以下强制社区服务、2 年以下矫正劳动、1 年至 3 年限制自由或者 3 年以下监禁。[1]

该行为：

a）针对未成年人实施的；

b）针对行为人明知处于怀孕状态的妇女实施的；

c）针对行为人明知处于无自理能力状态的人实施的——

处 360 小时至 480 小时强制社区服务、2 年至 3 年矫正劳动、2 年至 5 年限制自由或者 5 年以下监禁。[2]

第 111 条　过失造成中度或者严重身体伤害

过失造成中度身体伤害的——

处 25 个以下基本计算单位罚金、300 小时以下强制社区服务或者 2 年以下矫正劳动。[3]

过失造成严重身体伤害的——

处 25 个至 50 个基本计算单位罚金、300 小时至 360 小时强制社区服务或者 2 年至 3 年矫正劳动。[4]

过失造成两人或者更多人中度或者严重身体伤害的——

处 50 个至 75 个基本计算单位罚金或者 360 小时至 480 小时强制社区服务。[5]

---

[1]　第 110 条第 1 款的处罚被 2019 年 12 月 3 日第 586 号乌兹别克斯坦共和国法律修正（国家立法数据库 2019 年 12 月 4 日第 03/19/586/4106 号）。

[2]　第 110 条第 2 款的处罚被 2017 年 3 月 29 日第 421 号乌兹别克斯坦共和国法律修正（2017 年第 13 号乌兹别克斯坦共和国立法汇编第 194 条）。

[3]　第 111 条第 1 款的处罚被 2019 年 12 月 3 日第 586 号乌兹别克斯坦共和国法律修正（国家立法数据库 2019 年 12 月 4 日第 03/19/586/4106 号）。

[4]　第 111 条第 2 款的处罚被 2019 年 12 月 3 日第 586 号乌兹别克斯坦共和国法律修正（国家立法数据库 2019 年 12 月 4 日第 03/19/586/4106 号）。

[5]　第 111 条第 3 款的处罚被 2019 年 12 月 3 日第 586 号乌兹别克斯坦共和国法律修正（国家立法数据库 2019 年 12 月 4 日第 03/19/586/4106 号）。

第 3 章　危及生命或者健康罪

第 112 条　威胁杀人或者使用暴力

威胁杀害或者使用暴力，如果有充分的理由担忧该威胁会被实施的——

处 25 个以下基本计算单位罚金、240 小时以下强制社区服务或者 1 年以下矫正劳动。[1]

该行为的实施具有下列情形的：

a）由特别危险累犯实施的；

b）由有组织集团的成员实施或者为了有组织集团的利益实施的——

处 25 个至 50 个基本计算单位罚金、240 小时至 300 小时强制社区服务、1 年至 2 年矫正劳动、1 年以下限制自由或者 1 年以下监禁。[2]

与履行公务职责或者公民义务的人呢的履责有关而针对其本人或近亲属实施该行为的——

处 300 小时至 360 小时强制社区服务、2 年至 3 年矫正劳动、1 年至 3 年限制自由或者 1 年至 3 年监禁。[3]

第 113 条　传播性病或者艾滋病[4]

故意使他人陷于染上性病的危险的——

处 25 个以下基本计算单位罚金、240 小时以下强制社区服务或

---

[1] 第 112 条第 1 款的处罚被 2019 年 12 月 3 日第 586 号乌兹别克斯坦共和国法律修正（国家立法数据库 2019 年 12 月 4 日第 03/19/586/4106 号）。

[2] 第 112 条第 2 款的处罚被 2019 年 12 月 3 日第 586 号乌兹别克斯坦共和国法律修正（国家立法数据库 2019 年 12 月 4 日第 03/19/586/4106 号）。

[3] 第 112 条第 3 款的处罚被 2017 年 3 月 29 日第 421 号乌兹别克斯坦共和国法律修正（2017 年第 13 号乌兹别克斯坦共和国立法汇编第 194 条）。

[4] 第 113 条的条旨被 2010 年 5 月 24 日第 248 号乌兹别克斯坦共和国法律修正（2010 年第 21 号乌兹别克斯坦共和国立法汇编第 161 条）。

者1年以下矫正劳动。[1]

明知其患有性病而传染他人的——

处50个至100个基本计算单位罚金、240小时至360小时强制社区服务、2年以下矫正劳动、1年至3年限制自由或者3年以下监禁。[2]

本条第1款或者第2款的行为：

a）针对两人或者更多人实施的；

b）针对未成年人实施的——

处360小时至480小时强制社区服务、3年至5年限制自由或者3年至5年监禁。[3]

故意地使他人陷于艾滋病感染危险或者感染艾滋病的——

处5年至8年监禁。[4]

由于不履行或者不适当履行其职业义务，导致他人感染艾滋病的——

处100个至200个基本计算单位罚金、360小时至480小时强制社区服务、2年以下矫正劳动、2年至5年限制自由或者5年以下监禁。[5]

第114条 非法堕胎

产科医生或者妇科医生，在医疗机构以外或者在有医学禁忌症的情况下实施人工终止妊娠（堕胎）的——

处25个以下基本计算单位罚金、3年以下剥夺特定权利、240

---

[1] 第113条第1款的处罚被2019年12月3日第586号乌兹别克斯坦共和国法律修正（国家立法数据库2019年12月4日第03/19/586/4106号）。

[2] 第113条第2款的处罚被2019年12月3日第586号乌兹别克斯坦共和国法律修正（国家立法数据库2019年12月4日第03/19/586/4106号）。

[3] 第113条第3款的处罚被2017年3月29日第421号乌兹别克斯坦共和国法律修正（2017年第13号乌兹别克斯坦共和国立法汇编第194条）。

[4] 第113条第4款的处罚被2001年8月29日第254-Ⅱ号乌兹别克斯坦共和国法律修正（2001年第9-10号奥利马日利斯公报第165条）。

[5] 第113条第5款的处罚被2019年12月3日第586号乌兹别克斯坦共和国法律修正（国家立法数据库2019年12月4日第03/19/586/4106号）。

小时以下强制社区服务或者 1 年以下矫正劳动。[1]

没有许可证的人实施堕胎的——

处 25 个至 50 个基本计算单位罚金、240 小时至 300 小时强制社区服务或者 1 年至 2 年矫正劳动。[2]

实施本条第 1 款或者第 2 款的行为，过失地导致：

a）被害人死亡的；

b）其他严重后果的——

处 2 年至 3 年矫正劳动、2 年至 5 年限制自由或者 5 年以下监禁。[3]

第 115 条　强迫妇女堕胎

强迫妇女人工终止妊娠，如果该堕胎被实施的——

处 50 个以下基本计算单位罚金、300 小时以下强制社区服务或者 2 年以下矫正劳动。[4]

第 116 条　疏于履行职业义务

由于对待职业义务的疏忽或者轻率态度，不履行或者不适当地履行其职业义务，导致中度或者严重身体伤害的——

处 3 年以下剥夺特定权利、300 小时以下强制社区服务或者 2 年以下矫正劳动。[5]

根据法律或者专业规则负有义务的人无正当理由地不向病人提供帮助，导致中度或者严重身体伤害的——

---

[1] 第 114 条第 1 款的处罚被 2019 年 12 月 3 日第 586 号乌兹别克斯坦共和国法律修正（国家立法数据库 2019 年 12 月 4 日第 03/19/586/4106 号）。

[2] 第 114 条第 2 款的处罚被 2019 年 12 月 3 日第 586 号乌兹别克斯坦共和国法律修正（国家立法数据库 2019 年 12 月 4 日第 03/19/586/4106 号）。

[3] 第 114 条第 3 款的处罚被 2015 年 8 月 10 日第 389 号乌兹别克斯坦共和国法律修正（2015 年第 32 号乌兹别克斯坦共和国立法汇编第 425 条）。

[4] 第 115 条的处罚被 2019 年 12 月 3 日第 586 号乌兹别克斯坦共和国法律修正（国家立法数据库 2019 年 12 月 4 日第 03/19/586/4106 号）。

[5] 第 116 条第 1 款的处罚被 2017 年 3 月 29 日第 421 号乌兹别克斯坦共和国法律修正（2017 年第 13 号乌兹别克斯坦共和国立法汇编第 194 条）。

处 100 个至 200 个基本计算单位罚金、3 年至 5 年剥夺特定权利、300 小时至 360 小时强制社区服务或者 2 年至 3 年矫正劳动。[1]

实施本条第 1 款或者第 2 款的行为，过失地导致人员死亡的——

处 2 年至 5 年限制自由或者 5 年以下监禁。[2]

本条第 1 款或者第 2 款规定的行为过失地导致：

a）大量人员死亡的；

b）其他严重后果的——

处 5 年至 8 年监禁。

第 117 条　见危不救

对处于危及生命或者健康的状态并且失去采取措施自救能力的人不予援助，如果行为人有义务和有能力向其提供援助或者是行为人自己使其陷入危险状态的，导致中度或者重度身体伤害的——

处 300 小时以下强制社区服务或者 2 年以下矫正劳动。[3]

该行为导致人员死亡的——

处 2 年以下矫正劳动、1 年至 3 年限制自由或者 3 年以下监禁。[4]

该行为导致：

a）大量人员死亡的；

b）其他严重后果的——

---

[1] 第 116 条第 2 款的处罚被 2019 年 12 月 3 日第 586 号乌兹别克斯坦共和国法律修正（国家立法数据库 2019 年 12 月 4 日第 03/19/586/4106 号）。

[2] 第 116 条第 3 款的处罚被 2017 年 3 月 29 日第 421 号乌兹别克斯坦共和国法律修正（2017 年第 13 号乌兹别克斯坦共和国立法汇编第 194 条）。

[3] 第 117 条第 1 款的处罚被 2017 年 3 月 29 日第 421 号乌兹别克斯坦共和国法律修正（2017 年第 13 号乌兹别克斯坦共和国立法汇编第 194 条）。

[4] 第 117 条第 2 款的处罚被 2017 年 3 月 29 日第 421 号乌兹别克斯坦共和国法律修正（2017 年第 13 号乌兹别克斯坦共和国立法汇编第 194 条）。

处 3 年至 5 年限制自由或者 3 年至 5 年监禁。[1]

第 4 章　危害性自主罪

第 118 条　强奸

强奸，即使用暴力、威胁或者利用受害人的无自理能力状态与其性交的——

处 3 年至 7 年监禁。

强奸：

a）针对两人或者更多人实施的；

b）是被再次实施、由危险累犯实施或者由曾经实施过本法典第 119 条犯罪的人实施的；

c）由团伙实施的；

d）伴随有杀害威胁的；——

处 7 年至 10 年监禁。

强奸：

a）针对行为人明知未满 18 周岁的人实施的；

b）对近亲属实施的；

c）由聚众骚乱参与者实施的；

d）由特别危险累犯实施的；

e）造成严重后果的——

处 10 年至 15 年监禁。

强奸行为人明知是不满 14 周岁的人的——

处 15 年至 20 年监禁。[2]

第 119 条　强迫以非自然形式满足性欲

使用暴力、威胁或者利用受害人的无自理能力状态，以非自然

---

[1] 第 117 条第 3 款的处罚被 2015 年 8 月 10 日第 389 号乌兹别克斯坦共和国法律修正（2015 年第 32 号乌兹别克斯坦共和国立法汇编第 425 条）。

[2] 第 118 条第 4 款的处罚被 2001 年 8 月 29 日第 254-Ⅱ号乌兹别克斯坦共和国法律修正（2001 年第 9-10 号奥利马日利斯公报第 165 条）。

的形式满足性欲的——

处 3 年至 7 年监禁。

该行为：

a）针对两人或者更多人实施的；

b）是被再次实施、由危险累犯实施或者由曾经实施过本法典第 118 条犯罪的人实施的；

c）由团伙实施的；

d）伴随有杀害威胁的——

处 3 年至 7 年监禁。

本条第 1 款或者第 2 款规定的行为：

a）对行为人明知不满 18 周岁的人实施的；

b）对近亲属实施的；

c）由聚众骚乱参与者实施的；

d）由特别危险累犯实施的；

e）造成严重后果的——

处 10 年至 15 年监禁。

本条规定的行为是针对行为人明知是不满 14 周岁的人实施的——

处 15 至 20 年监禁。[1]

第 120 条　男性同性鸡奸

男性同性鸡奸，即在没有使用暴力的情况下一个男性和另一个男性满足性欲的——

处 1 年至 3 年限制自由或者 3 年以下监禁。[2]

第 121 条　强迫女性进行性行为

强迫在职务、经济或其他方面对其存在依赖关系的女性进行性

---

[1] 第 119 条第 4 款的处罚被 1998 年 8 月 29 日第 681-Ⅰ号乌兹别克斯坦共和国法律修正（1998 年第 9 号奥利马日利斯公报第 181 条）。

[2] 第 120 条的处罚被 2015 年 8 月 10 日第 389 号乌兹别克斯坦共和国法律修正（2015 年第 32 号乌兹别克斯坦共和国立法汇编第 425 条）。

交或者以非自然形式满足性欲的——

处 300 小时以下强制社区服务或者 2 年以下矫正劳动。[1]

该行为同时有性交和以非自然形式满足性欲的——

处 300 小时至 480 小时强制社区服务、2 年至 3 年矫正劳动、3 年至 5 年限制自由或者 3 年至 5 年监禁。[2]

第 5 章　危害家庭、未成年人和风化罪

第 122 条　逃避供养未成年人或者残疾人[3]

逃避供养，即对根据法院判决或法院命令收取的供养需要经济援助的未成年人或残疾人的金钱，不支付总计超过两个月，在因该行为被适用行政处罚后又实施的——

处 2 年以下矫正劳动或者 1 年以下监禁。

该行为由危险累犯实施的——

处 2 年至 3 年矫正劳动或者 3 年以下监禁。

如果行为人全额支付供养费义务的欠款的，免除责任。

第 123 条　逃避赡养父母[4]

逃避赡养，即成年人对根据法院判决收取的赡养失去劳动能力并且需要经济援助的父母或代理父母的金钱，不支付总计超过两个月，在因该行为被适用行政处罚后又实施的——

处 3 年以下矫正劳动或者 1 年以下监禁。

如果行为人全额支付了赡养费义务的欠款的，免除责任。

---

[1]　第 121 条第 1 款的处罚被 2017 年 3 月 29 日第 421 号乌兹别克斯坦共和国法律修正（2017 年第 13 号乌兹别克斯坦共和国立法汇编第 194 条）。

[2]　第 121 条第 2 款的处罚被 2017 年 3 月 29 日第 421 号乌兹别克斯坦共和国法律修正（2017 年第 13 号乌兹别克斯坦共和国立法汇编第 194 条）。

[3]　第 122 条被 2018 年 1 月 9 日第 459 号乌兹别克斯坦共和国法律修正（国家立法数据库 2018 年 1 月 10 日第 03/18/459/0536 号）。

[4]　第 123 条被 2018 年 1 月 9 日第 459 号乌兹别克斯坦共和国法律修正（国家立法数据库 2018 年 1 月 10 日第 03/18/459/0536 号）。

第 124 条　偷换子女

出于贪利或者其他卑劣动机故意偷换婴儿的——

处 25 个至 50 个基本计算单位罚金、360 小时至 480 小时强制社区服务、3 年至 5 年限制自由或者 3 年至 5 年监禁。[1]

第 125 条　泄露收养秘密

违背养父母、养子女或者监护托管机构的意志，故意地泄露受法律保护的收养秘密或者收养孤儿或被剥夺父母照料的儿童的秘密的——

处 50 个至 100 个基本计算单位罚金、300 小时以下强制社区服务或者 2 年以下矫正劳动。[2]

该行为：

a）由因为其职业活动或者公职负有保密义务的人实施的；

b）出于贪利或者其他卑劣动机实施的；

c）造成严重后果的——

处 100 个至 200 个基本计算单位罚金、300 小时至 360 小时强制社区服务或者 2 年至 3 年矫正劳动。[3]

第 125-1 条　违反关于结婚年龄的法律 [4]

与未达到结婚年龄的人建立事实上的婚姻关系，在因该行为被适用行政处罚后又实施的——

处 20 个至 30 个基本计算单位罚金、240 小时以下强制社区服

---

[1] 第 124 条的处罚被 2019 年 12 月 3 日第 586 号乌兹别克斯坦共和国法律修正（国家立法数据库 2019 年 12 月 4 日第 03/19/586/4106 号）。

[2] 第 125 条第 1 款的处罚被 2019 年 12 月 3 日第 586 号乌兹别克斯坦共和国法律修正（国家立法数据库 2019 年 12 月 4 日第 03/19/586/4106 号）。

[3] 第 125 条第 2 款的处罚被 2019 年 12 月 3 日第 586 号乌兹别克斯坦共和国法律修正（国家立法数据库 2019 年 12 月 4 日第 03/19/586/4106 号）。

[4] 第 125-1 条由 2013 年 4 月 30 日第 352 号乌兹别克斯坦共和国法律新增（2013 年第 18 号乌兹别克斯坦共和国立法汇编第 233 条）。

务或者1年以下矫正劳动。[1]

父母或者代理父母的人让未达到结婚年龄的人结婚,在因该行为被适用行政处罚后又实施的——

处30个至50个基本计算单位罚金、240小时至300小时强制社区服务或者2年以下矫正劳动。[2]

举行与未达到结婚年龄的人缔结婚姻的宗教仪式,在因该行为被适用行政处罚后又实施的——

处50个至100个基本计算单位罚金、300小时至360小时强制社区服务或者3年以下矫正劳动。[3]

第126条 一夫多妻

一夫多妻制,即在一个共同的家庭中与两个或更多妇女同居的——

处50个至100个基本计算单位罚金、3年以下矫正劳动、1年至3年限制自由或者3年以下监禁。[4]

第127条 引诱未成年人实施反社会行为

引诱未成年人参与使用非麻醉药品、其类似物或者精神药物但影响智力和意识活动的酒精饮料、物质或者药剂,在因该行为被适

---

[1] 第125-1条第1款的处罚被2017年3月29日第421号乌兹别克斯坦共和国法律修正(2017年第13号乌兹别克斯坦共和国立法汇编第194条);被2019年12月3日第586号乌兹别克斯坦共和国法律修正(国家立法数据库2019年12月4日第03/19/586/4106号)。

[2] 第125-1条第2款的处罚被2017年3月29日第421号乌兹别克斯坦共和国法律修正(2017年第13号乌兹别克斯坦共和国立法汇编第194条);被2019年12月3日第586号乌兹别克斯坦共和国法律修正(国家立法数据库2019年12月4日第03/19/586/4106号)。

[3] 第125-1条第3款的处罚被2017年3月29日第421号乌兹别克斯坦共和国法律修正(2017年第13号乌兹别克斯坦共和国立法汇编第194条);被2019年12月3日第586号乌兹别克斯坦共和国法律修正(国家立法数据库2019年12月4日第03/19/586/4106号)。

[4] 第126条的处罚被2019年12月3日第586号乌兹别克斯坦共和国法律修正(国家立法数据库2019年12月4日第03/19/586/4106号)。

用行政处罚后又实施的——[1]

处 100 个至 200 个基本计算单位罚金、360 小时以下强制社区服务、2 年以下矫正劳动、1 年至 3 年限制自由或者 3 年以下监禁。[2]

引诱未成年人参与使用麻醉药品、其类似物或者精神药物的——

处 360 小时至 480 小时强制社区服务、3 年至 5 年限制自由或者 3 年至 5 年监禁。[3]

引诱未成年人参与犯罪，或者本条第 2 款规定的行为的实施具有下列情形的：

a）由曾经实施非法贩运麻醉药品或者精神药物罪的人实施的；

b）针对两个或者更多的未成年人实施的；

c）在用于学龄儿童或者学生教育、体育或者公共活动的教育机构或其他场所实施的——

处 5 年至 10 年监禁。

第 127-1 条　乞讨[4]

在机场、火车站、公园、游乐园、市场、大型购物中心以及邻近地区、机动车的临时存放场所、街道、体育场、属于公路组成部分的站点、道路、物质文化遗产对象所在地、各种类型的公共交通工具和其他公共场所，主动地乞讨金钱、食物和其他财物，在因该行为被适用行政处罚后又实施的——

处 240 小时以下强制社区服务、2 年以下矫正劳动、1 年以下限

---

[1] 第 127 条第 1 款的罪状被 2019 年 1 月 9 日第 514 号乌兹别克斯坦共和国法律修正（国家立法数据库 2019 年 1 月 10 日第 03/19/514/2450 号）。

[2] 第 127 条第 1 款的处罚被 2019 年 12 月 3 日第 586 号乌兹别克斯坦共和国法律修正（国家立法数据库 2019 年 12 月 4 日第 03/19/586/4106 号）。

[3] 第 127 条第 2 款的处罚被 2017 年 3 月 29 日第 421 号乌兹别克斯坦共和国法律修正（2017 年第 13 号乌兹别克斯坦共和国立法汇编第 194 条）。

[4] 第 127-1 条由 2019 年 1 月 9 日第 514 号乌兹别克斯坦共和国法律新增（国家立法数据库 2019 年 1 月 10 日第 03/19/514/2450 号）。

制自由或者 1 年以下监禁。

引诱未成年人、老人、患有精神障碍的人、残疾人和其他人乞讨，或者以强迫使用非麻醉药品、其类似物或者精神药物但影响人的智力和意识活动的酒精饮料、物质的手段引诱他人乞讨，在因该行为被适用行政处罚后又实施的——

处 100 个至 200 个基本计算单位罚金、360 小时以下强制社区服务、2 年以下矫正劳动、1 年至 3 年限制自由或者 3 年以下监禁。[1]

本条第 1 款或者第 2 款规定的行为：

a）是被再次实施或者由危险累犯实施的；

b）由有组织集团实施或者为了有组织集团的利益实施的；

c）以强迫他人使用麻醉药品及其类似物或者精神药物的方式实施的——

处 3 年至 5 年监禁。

第 128 条　与不满 16 周岁的人发生性行为

与行为人明知未满 16 周岁的人进行性交或者以非自然形式满足性欲的——

处 360 小时以下强制社区服务、2 年以下矫正劳动、1 年至 3 年限制自由或者 3 年以下监禁。[2]

该行为的实施具有下列情形的：

a）是被再次实施或者由危险累犯实施的；

b）是由曾经实施本法典第 118 条或者第 119 条规定的犯罪的人实施的——

处 3 年至 5 年限制自由或者 3 年至 5 年监禁。[3]

---

[1] 第 127-1 条第 2 款的处罚被 2019 年 12 月 3 日第 586 号乌兹别克斯坦共和国法律修正（国家立法数据库 2019 年 12 月 4 日第 03/19/586/4106 号）。

[2] 第 128 条第 1 款的处罚被 2017 年 3 月 29 日第 421 号乌兹别克斯坦共和国法律修正（2017 年第 13 号乌兹别克斯坦共和国立法汇编第 194 条）。

[3] 第 128 条第 2 款的处罚被 2015 年 8 月 10 日第 389 号乌兹别克斯坦共和国法律修正（2015 年第 32 号乌兹别克斯坦共和国立法汇编第 425 条）。

第 128-1 条　通过提供有形财物或财产利益与 16 至 18 周岁的人发生性行为[1]

通过提供有形财物或财产利益，与明知未满 18 周岁的 16 至 18 周岁的人进行性交或者以非自然形式满足性欲的——

处 300 小时以下强制社区服务、2 年以下矫正劳动、2 年以下限制自由或者 2 年以下监禁。

第 129 条　对不满 16 周岁的人的猥亵行为

在未使用暴力的情况下，对行为人明知未满 16 周岁的人实施猥亵行为的——

处 300 小时以下强制社区服务、2 年以下矫正劳动、1 年以下限制自由或者 1 年以下监禁。[2]

该行为以使用暴力或者威胁实施的——

处 2 年至 3 年矫正劳动、2 年至 5 年限制自由或者 5 年以下监禁。[3]

第 130 条　制作、进口、传播、宣传、展览淫秽物品[4]

意图传播、宣传、展览而制作、进口淫秽物品，或者宣传、展览、传播淫秽物品（包括在大众传媒、电信网络或者全球信息网络互联网中），在因该行为被适用行政处罚后又实施的——[5]

处 400 个至 600 个基本计算单位罚金、360 小时以下强制社区服

---

[1]　第 128-1 条由 2021 年 2 月 12 日第 673 号乌兹别克斯坦共和国法律新增（国家立法数据库 2021 年 2 月 13 日第 03/21/673/0112 号）。

[2]　第 129 条第 1 款的处罚被 2017 年 3 月 29 日第 421 号乌兹别克斯坦共和国法律修正（2017 年第 13 号乌兹别克斯坦共和国立法汇编第 194 条）。

[3]　第 129 条第 2 款的处罚被 2015 年 8 月 10 日第 389 号乌兹别克斯坦共和国法律修正（2015 年第 32 号乌兹别克斯坦共和国立法汇编第 425 条）。

[4]　第 130 条被 2012 年 4 月 12 日第 324 号乌兹别克斯坦共和国法律修正（2012 年第 15 号乌兹别克斯坦共和国立法汇编第 166 条）。

[5]　第 130 条第 1 款的罪状被 2020 年 12 月 25 日第 658 号乌兹别克斯坦共和国法律修正（国家立法数据库 2020 年 12 月 26 日第 03/20/658/1670 号）。

务或者3年以下矫正劳动。[1]

该行为的实施具有下列情形的：

a) 是被再次实施或者由危险累犯实施的；

b) 由有预谋的团伙实施的——

处360小时至480小时强制社区服务、1年至3年限制自由或者3年以下监禁。[2]

意图传播、宣传、展览而制作、进口带有对未成年人的描述或图像或者涉及未成年人作为淫秽行为的表演者的淫秽物品，或者宣传、展览、传播这种淫秽物品的——

处3年至5年限制自由或者3年至5年监禁。[3]

第130-1条 制作、进口、传播、宣传、展览宣扬崇尚暴力或者残酷的物品[4]

意图传播、宣传、展览而制作、进口宣扬崇尚暴力或者残酷的物品，或者传播、宣传、展览这种物品（包括在大众传媒、电信网络或者全球信息网络互联网中），在因该行为被适用行政处罚后又实施的——

处400个至600个基本计算单位罚金、360小时以下强制社区服务或者3年以下矫正劳动。[5]

该行为的实施具有下列情形的：

a) 是被再次实施或者由危险累犯实施的；

---

[1] 第130条第1款的处罚被2019年12月3日第586号乌兹别克斯坦共和国法律修正（国家立法数据库2019年12月4日第03/19/586/4106号）。

[2] 第130条第2款的处罚被2017年3月29日第421号乌兹别克斯坦共和国法律修正（2017年第13号乌兹别克斯坦共和国立法汇编第194条）。

[3] 第130条第3款的处罚被2015年8月10日第389号乌兹别克斯坦共和国法律修正（2015年第32号乌兹别克斯坦共和国立法汇编第425条）。

[4] 第130-1条由2012年4月12日第324号乌兹别克斯坦共和国法律新增（2012年第15号乌兹别克斯坦共和国立法汇编第166条）。

[5] 第130-1条第1款的处罚被2019年12月3日第586号乌兹别克斯坦共和国法律修正（国家立法数据库2019年12月4日第03/19/586/4106号）。

b）由有预谋的团伙实施的——

处360小时至480小时强制社区服务、1年至3年限制自由或者3年以下监禁。[1]

第131条　淫媒或者开设妓院[2]

出于贪利或者其他卑劣动机实施淫媒活动的——

处25个至50个基本计算单位罚金、360小时以下强制社区服务或者3年以下矫正劳动。[3]

开设或者经营妓院的——

处50个至75个基本计算单位罚金、360小时至480小时强制社区服务、1年至3年限制自由或者3年以下监禁。[4]

本条第1款或者第2款规定的行为由有预谋的团伙实施的——

处75个至100个基本计算单位罚金、3年至5年限制自由或者3年至5年监禁。[5]

本条第1款或者第2款规定的行为：

a）有未成年人参与的；

b）是被重复实施、由危险累犯实施或者曾经实施本法典第135条或者第137条的犯罪的人实施的；

c）由有组织集团实施或者为了有组织集团的利益实施的——

处5年至8年监禁。

---

〔1〕 第130-1条第2款的处罚被2017年3月29日第421号乌兹别克斯坦共和国法律修正（2017年第13号乌兹别克斯坦共和国立法汇编第194条）。

〔2〕 第131条被2016年4月25日第405号乌兹别克斯坦共和国法律修正（2016年第17号乌兹别克斯坦共和国立法汇编第173条）。

〔3〕 第131条第1款的处罚被2019年12月3日第586号乌兹别克斯坦共和国法律修正（国家立法数据库2019年12月4日第03/19/586/4106号）。

〔4〕 第131条第2款的处罚被2019年12月3日第586号乌兹别克斯坦共和国法律修正（国家立法数据库2019年12月4日第03/19/586/4106号）。

〔5〕 第131条第3款的处罚被2019年12月3日第586号乌兹别克斯坦共和国法律修正（国家立法数据库2019年12月4日第03/19/586/4106号）。

第 132 条　拆除、毁灭、破坏物质文化遗产[1]

拆除、毁灭、破坏受国家保护的物质文化遗产，造成损失较大的——

处 100 个至 300 个基本计算单位罚金、360 小时以下强制社区服务或者 3 年以下矫正劳动。[2]

拆除、毁灭、破坏受国家保护的物质文化遗产，造成损失巨大的——

处 300 个至 500 个基本计算单位罚金、360 小时至 480 小时强制社区服务、1 年至 3 年限制自由或者 3 年以下监禁。[3]

在对所造成的经济损失予以三倍赔偿的情况下，不应适用限制自由和监禁之刑罚。

第 133 条　摘除尸体的器官或组织

在未经逝者生前同意或者未得到其近亲属同意的情况下，摘除逝者的器官或组织用于满足移植目的或者保存用于科学或教育目的的——

处 25 个至 50 个基本计算单位罚金、5 年以下剥夺特定权利、360 小时以下强制社区服务或者 3 年以下矫正劳动。[4]

该行为的实施具有下列情形的：

a）出于贪利或者其他卑劣动机的；

b）是被再次实施或者由危险累犯实施的——

---

[1] 第 132 条被 2018 年 4 月 18 日第 476 号乌兹别克斯坦共和国法律修正（国家立法数据库 2018 年 4 月 19 日第 03/18/476/1087 号）。

[2] 第 132 条第 1 款的处罚被 2019 年 12 月 3 日第 586 号乌兹别克斯坦共和国法律修正（国家立法数据库 2019 年 12 月 4 日第 03/19/586/4106 号）。

[3] 第 132 条第 2 款的处罚被 2019 年 12 月 3 日第 586 号乌兹别克斯坦共和国法律修正（国家立法数据库 2019 年 12 月 4 日第 03/19/586/4106 号）。

[4] 第 133 条第 1 款的处罚被 2019 年 12 月 3 日第 586 号乌兹别克斯坦共和国法律修正（国家立法数据库 2019 年 12 月 4 日第 03/19/586/4106 号）。

处3年至5年限制自由或者3年至5年监禁。[1]

第134条 亵渎坟墓

亵渎坟墓或者尸体，或者移除尸体上、坟墓上或墓葬中的物品的——

处50个至100个基本计算单位罚金、3年以下矫正劳动、3年至5年限制自由或者3年至5年监禁。[2]

第6章 侵犯自由、名誉和尊严罪

第135条 贩运人口[3]

贩运人口，即买卖人或者意图对其进行剥削而予以招募、运送、转交、藏匿或接收的——

处3年至5年限制自由或者3年至5年监禁。[4]

该行为的实施具有下列情形的：

a) 以绑架、使用暴力、威胁使用暴力或者其他形式的强制实施的；

b) 针对两人或者更多人实施的；

c) 针对行为人明知处于无自理能力状态的人实施的；

d) 针对在经济上或者其他方面依赖于行为人的人实施的；

e) 是被再次实施或者由危险累犯实施的；

f) 由有预谋的团伙实施的；

g) 利用公务职位实施的；

h) 将被害人越过乌兹别克斯坦共和国国家边界转移或者在国

---

[1] 第133条第2款的处罚被2017年3月29日第421号乌兹别克斯坦共和国法律修正（2017年第13号乌兹别克斯坦共和国立法汇编第194条）。

[2] 第134条的处罚被2019年12月3日第586号乌兹别克斯坦共和国法律修正（国家立法数据库2019年12月4日第03/19/586/4106号）。

[3] 第135条被2008年9月16日第179号乌兹别克斯坦共和国法律修正（2008年第37-38号乌兹别克斯坦共和国立法汇编第366条）。

[4] 第135条第1款的处罚被2015年8月10日第389号乌兹别克斯坦共和国法律修正（2015年第32号乌兹别克斯坦共和国立法汇编第425条）。

外非法拘禁的；

i）使用伪造的文书，以及以扣押、藏匿或销毁证明受害人身份的文书的方式实施的；

j）为了获得器官等的移植——

处5年至8年监禁。

该行为：

a）对行为人明知不满18周岁的人实施的；

b）导致被害人死亡或者其他严重后果的；

c）由特别危险累犯实施的；

d）由有组织集团实施或者为了有组织集团的利益实施的——

处8年至12年监禁。

第136条 强迫或者阻止妇女结婚

强迫妇女结婚或者继续同居，或者意图违背其意志结婚而绑架妇女，以及阻止妇女结婚的——

处25个以下基本计算单位罚金、360小时以下强制社区服务、3年以下矫正劳动、1年至3年限制自由或者3年以下监禁。[1]

第137条 绑架

绑架他人，但不符合本法典第245条规定的构成特征的——

处3年至5年限制自由或者3年至5年监禁。[2]

该行为：

a）针对未成年人实施的；

b）出于贪利或者其他卑劣动机的；

c）由有预谋的团伙实施的；

d）是被再次实施或者由危险累犯实施的——

---

[1] 第136条的处罚被2019年12月3日第586号乌兹别克斯坦共和国法律修正（国家立法数据库2019年12月4日第03/19/586/4106号）。

[2] 第137条第1款的处罚被2015年8月10日第389号乌兹别克斯坦共和国法律修正（2015年第32号乌兹别克斯坦共和国立法汇编第425条）。

处 5 年至 10 年监禁。[1]

该行为：

a) 由特别危险累犯实施的；

b) 造成严重后果的——

处 10 年至 15 年监禁。[2]

第 138 条　强制地非法剥夺自由

强制地非法剥夺他人自由的——

处 50 个以下基本计算单位罚金、360 小时以下强制社区服务、3 年以下矫正劳动、1 年至 3 年限制自由或者 3 年以下监禁。[3]

该行为的实施：

a) 导致身体伤害的；

b) 将被害人置于危及生命或者健康的条件下的——

处 3 年至 5 年限制自由或者 3 年至 5 年监禁。[4]

第 139 条　诽谤

诽谤，即故意散布损坏他人名誉的虚假信息，在因该行为被适用行政处罚后又实施的——

处 200 个以下基本计算单位罚金、300 小时以下强制社区服务或者 2 年以下矫正劳动。[5]

诽谤以印刷或者其他方式复制的文本实施（包括在大众传媒、电信网络或者全球信息网络互联网上发布）的——

---

[1] 第 137 条第 2 款的处罚被 2001 年 8 月 29 日第 254-Ⅱ号乌兹别克斯坦共和国法律修正（2001 年第 9-10 号奥利马日利斯公报第 165 条）。

[2] 第 137 条第 3 款的处罚被 2001 年 8 月 29 日第 254-Ⅱ号乌兹别克斯坦共和国法律修正（2001 年第 9-10 号奥利马日利斯公报第 165 条）。

[3] 第 138 条第 1 款的处罚被 2019 年 12 月 3 日第 586 号乌兹别克斯坦共和国法律修正（国家立法数据库 2019 年 12 月 4 日第 03/19/586/4106 号）。

[4] 第 138 条第 2 款的处罚被 2015 年 8 月 10 日第 389 号乌兹别克斯坦共和国法律修正（2015 年第 32 号乌兹别克斯坦共和国立法汇编第 425 条）。

[5] 第 139 条第 1 款的处罚被 2019 年 12 月 3 日第 586 号乌兹别克斯坦共和国法律修正（国家立法数据库 2019 年 12 月 4 日第 03/19/586/4106 号）。

处 200 个至 400 个基本计算单位罚金、300 小时至 360 小时强制社区服务、2 年至 3 年矫正劳动或者 1 年以下限制自由。[1]

诽谤：

a）同时指控实施了严重或者特别严重犯罪的；
b）导致严重后果的；
c）由危险累犯实施的；
d）出于贪利或者其他卑劣动机——

处 300 个至 500 个基本计算单位罚金、300 小时至 400 小时强制社区服务或者 1 年至 3 年限制自由。[2]

第 140 条　侮辱

侮辱，即以不体面的形式侮辱他人的名誉和尊严，在因该行为被适用行政处罚后又实施的——

处 200 个以下基本计算单位罚金、240 小时以下强制社区服务或者 1 年以下矫正劳动。[3]

侮辱以印刷或者其他方式复制的文本实施（包括在大众传媒、电信网络或者全球信息网络互联网上发布）的——

处 200 个至 400 个基本计算单位罚金、240 小时至 300 小时强制社区服务或者 1 年至 2 年矫正劳动。[4]

侮辱：

a）因为被害人履行公务职责或者公民义务而实施的；
b）由危险累犯或者曾被认定构成诽谤罪的人实施的——

处 400 个至 600 个基本计算单位罚金、2 年至 3 年矫正劳动或者

---

[1] 第 139 条第 2 款被 2020 年 12 月 25 日第 658 号乌兹别克斯坦共和国法律修正（国家立法数据库 2020 年 12 月 26 日第 03/20/658/1670 号）。

[2] 第 139 条第 3 款的处罚被 2020 年 12 月 25 日第 658 号乌兹别克斯坦共和国法律修正（国家立法数据库 2020 年 12 月 26 日第 03/20/658/1670 号）。

[3] 第 140 条第 1 款的处罚被 2019 年 12 月 3 日第 586 号乌兹别克斯坦共和国法律修正（国家立法数据库 2019 年 12 月 4 日第 03/19/586/4106 号）。

[4] 第 140 条第 2 款的处罚被 2019 年 12 月 3 日第 586 号乌兹别克斯坦共和国法律修正（国家立法数据库 2019 年 12 月 4 日第 03/19/586/4106 号）。

1年以下限制自由。[1]

第7章　侵犯公民的宪法权利和自由罪

第141条　侵犯公民的平等

依据公民的性别、种族、民族、语言、宗教、社会出身、信仰、个人地位、社会地位，直接或间接地侵犯或限制其权利，或者直接或间接地确立其特权的——

处50个以下基本计算单位罚金、3年以下剥夺特定权利、300小时以下强制社区服务或者2年以下矫正劳动。[2]

该行为以使用暴力实施的——

处300小时至360小时强制社区服务、2年至3年矫正劳动、1年至3年限制自由或者3年以下监禁。[3]

第141-1条　侵犯私生活的不可侵犯性[4]

在未经同意的情况下，非法收集或者传播构成个人秘密或者家庭秘密的有关他人私生活的信息，在因该行为被适用行政处罚后又实施的——

处50个至100个基本计算单位罚金、300小时以下强制社区服务或者2年以下矫正劳动。[5]

该行为：

a）导致严重后果的；

---

〔1〕　第140条第3款的处罚被2020年12月25日第658号乌兹别克斯坦共和国法律修正（国家立法数据库2020年12月26日第03/20/658/1670号）。

〔2〕　第141条第1款的处罚被2019年12月3日第586号乌兹别克斯坦共和国法律修正（国家立法数据库2019年12月4日第03/19/586/4106号）。

〔3〕　第141条第2款的处罚被2017年3月29日第421号乌兹别克斯坦共和国法律修正（2017年第13号乌兹别克斯坦共和国立法汇编194条）。

〔4〕　第141-1条由2016年12月23日第411号乌兹别克斯坦共和国法律新增（2016年第39号乌兹别克斯坦共和国立法汇编457条）。

〔5〕　第141-1条第1款的处罚被2019年12月3日第586号乌兹别克斯坦共和国法律修正（国家立法数据库2019年12月4日第03/19/586/4106号）。

b）出于贪利动机实施的；

c）由危险累犯实施的——

处100个至200个基本计算单位罚金、300小时至360小时强制社区服务、2年至3年矫正劳动、1年至3年限制自由或者3年以下监禁。[1]

第141-2条　违反关于个人资料的立法[2]

非法收集、系统化、存储、更改、添加、使用、提供、传播、转让、去个性化和销毁个人资料，在因该行为被适用行政处罚后又实施的——

处50个以下基本计算单位罚金、3年以下剥夺特定权利或者2年以下矫正劳动。[3]

该行为：

a）由有预谋的团伙实施的；

b）是被再次实施或者由危险累犯实施的；

c）出于贪利或者其他卑劣动机实施的；

d）利用公务职位实施的；

e）造成严重后果的——

处50个至100个基本计算单位罚金、2年至3年矫正劳动、1年至3年限制自由或者3年以下监禁。[4]

第142条　侵害公民住宅的不可侵犯性

违反其中居住者的意志，伴有暴力地非法闯入住宅的——

---

〔1〕 第141-1条第2款的处罚被2019年12月3日第586号乌兹别克斯坦共和国法律修正（国家立法数据库2019年12月4日第03/19/586/4106号）。

〔2〕 第141-2条由2019年7月8日第548号乌兹别克斯坦共和国法律新增（国家立法数据库2019年7月9日第03/19/548/3395号）。

〔3〕 第141-2条第1款的处罚被2019年12月3日第586号乌兹别克斯坦共和国法律修正（国家立法数据库2019年12月4日第03/19/586/4106号）。

〔4〕 第141-2条第2款的处罚被2019年12月3日第586号乌兹别克斯坦共和国法律修正（国家立法数据库2019年12月4日第03/19/586/4106号）。

处 3 年以下矫正劳动、2 年至 5 年限制自由或者 5 年以下监禁。[1]

第 143 条　侵犯信件、电话通话、电报或者其他通讯的保密性

故意侵犯通信、电话通话、电报或者其他通讯的保密性，在因该行为被适用行政处罚后又实施的——

处 25 个以下基本计算单位罚金、3 年以下剥夺特定权利、360 小时以下强制社区服务或者 3 年以下矫正劳动。[2]

第 144 条　违反关于个人和法人申诉的立法 [3]

非法拒绝受理和审查个人和法人的申诉、在无正当理由的情况下违反审查的期限、不发送书面或电子形式的答复、作出与个人和法人申诉立法相抵触的决定、不确保恢复个人和法人被侵犯的权利、不执行与受理的申诉有关的决定、在未经同意的情况下泄露因为申诉而知悉的有关个人私生活或法人活动的信息以及对个人和法人申诉立法的其他违反，从而对公民和法人的权利、自由或法益或者社会和国家利益造成重大损害的——[4]

处 25 个以下基本计算单位罚金、300 小时以下强制社区服务或者 2 年以下矫正劳动。[5]

公务员因为自然人或法人向国家机关、国有组织或公民自治组织申诉、因为申诉中表达的意见和批评以及因为以其他形式表达的批评，迫害该自然人、其代表人、其家庭成员、法人、其代表人和

---

[1]　第 142 条的处罚被 2015 年 8 月 10 日第 389 号乌兹别克斯坦共和国法律修正（2015 年第 32 号乌兹别克斯坦共和国立法汇编第 425 条）。

[2]　第 143 条的处罚被 2019 年 12 月 3 日第 586 号乌兹别克斯坦共和国法律修正（国家立法数据库 2019 年 12 月 4 日第 03/19/586/4106 号）。

[3]　第 144 条被 2014 年 12 月 11 日第 381 号乌兹别克斯坦共和国法律修正（2014 年第 50 号乌兹别克斯坦共和国立法汇编第 588 条）。

[4]　第 144 条第 1 款的罪状被 2016 年 12 月 23 日第 411 号乌兹别克斯坦共和国法律修正（2016 年第 39 号乌兹别克斯坦共和国立法汇编第 457 条）。

[5]　第 144 条第 1 款的处罚被 2019 年 12 月 3 日第 586 号乌兹别克斯坦共和国法律修正（国家立法数据库 2019 年 12 月 4 日第 03/19/586/4106 号）。

法人代表人的家庭成员的——

处 25 个至 50 个基本计算单位罚金、300 小时至 360 小时强制社区服务、2 年至 3 年矫正劳动、1 年至 3 年限制自由或者 3 年以下监禁。[1]

第 145 条　侵犯宗教信仰自由

妨碍宗教组织的合法活动或者举行宗教仪式的——

处 50 个以下基本计算单位罚金、5 年以下剥夺特定权利、300 小时以下强制社区服务或者 2 年以下矫正劳动。[2]

引诱未成年人参加宗教组织，或者违背未成年人的意志、其父母或者代理父母的意志向其传教的——

处 50 个至 75 个基本计算单位罚金、300 小时至 360 小时强制社区服务、2 年至 3 年矫正劳动、1 年至 3 年限制自由或者 3 年以下监禁。[3]

伴随有阻止公民行使民事权利或履行民事义务、对信徒强制收取费用和税款或适用侵害个人名誉和人格尊严的处分、在接受宗教教育以及公民确定其对宗教、信奉或不信奉宗教、参加或不参加礼拜、宗教仪式和典礼的态度时施加强迫的宗教活动，以及组织宗教仪式造成轻度或中度身体伤害的——

处 75 个至 100 个基本计算单位罚金、360 小时至 480 小时强制社区服务、3 年至 5 年限制自由或者 3 年至 5 年监禁。[4]

第 146 条　违反关于组织、举行选举或者全民公决的立法

公务员、政党或公民自治组织代表、倡议团体成员、选举委员

---

[1] 第 144 条第 2 款的处罚被 2019 年 12 月 3 日第 586 号乌兹别克斯坦共和国法律修正（国家立法数据库 2019 年 12 月 4 日第 03/19/586/4106 号）。

[2] 第 145 条第 1 款的处罚被 2019 年 12 月 3 日第 586 号乌兹别克斯坦共和国法律修正（国家立法数据库 2019 年 12 月 4 日第 03/19/586/4106 号）。

[3] 第 145 条第 2 款的处罚被 2019 年 12 月 3 日第 586 号乌兹别克斯坦共和国法律修正（国家立法数据库 2019 年 12 月 4 日第 03/19/586/4106 号）。

[4] 第 145 条第 3 款的处罚被 2019 年 12 月 3 日第 586 号乌兹别克斯坦共和国法律修正（国家立法数据库 2019 年 12 月 4 日第 03/19/586/4106 号）。

会成员、全民公决委员会成员，在组织、举行选举或者全民公决期间，侵犯投票的保密性、伪造选举文书或全民公决文书、在选票或签名表中做虚假记载、故意不正确地计票的——

处 25 个以下基本计算单位罚金、360 小时以下强制社区服务、3 年以下矫正劳动、1 年至 3 年限制自由或者 3 年以下监禁。[1]

第 147 条　妨碍行使选举权或者代理人权利

以暴力、威胁、欺骗或贿赂妨碍公民自由行使选举或者被选举为乌兹别克斯坦共和国议员或总统的权利、竞选的权利、乌兹别克斯坦共和国议员候选人或总统候选人的代理人行使其权利，以及妨碍公民自由参加全民公投的——

处 480 小时以下强制社区服务、3 年以下矫正劳动、2 年至 5 年限制自由或者 5 年以下监禁。[2]

第 148 条　侵犯劳动权

明知地非法解雇工作，在因该行为被适用行政处罚后又实施的——

处 25 个以下基本计算单位罚金、3 年以下剥夺特定权利或者 3 年以下矫正劳动。[3]

在明知的情况下，非法地因为怀孕拒绝雇用或解雇妇女，或者非法地拒绝雇用或解雇照顾孩子的人——[4]

处 25 个以下基本计算单位罚金、3 年以下剥夺特定权利或者 3 年以下矫正劳动。[5]

---

[1]　第 146 条的处罚被 2019 年 12 月 3 日第 586 号乌兹别克斯坦共和国法律修正（国家立法数据库 2019 年 12 月 4 日第 03/19/586/4106 号）。

[2]　第 147 条的处罚被 2017 年 3 月 29 日第 421 号乌兹别克斯坦共和国法律修正（2017 年第 13 号乌兹别克斯坦共和国法汇编第 194 条）。

[3]　第 148 条第 1 款的处罚被 2019 年 12 月 3 日第 586 号乌兹别克斯坦共和国法律修正（国家立法数据库 2019 年 12 月 4 日第 03/19/586/4106 号）。

[4]　第 148 条第 2 款的罪状被 2020 年 10 月 5 日第 640 号乌兹别克斯坦共和国法律修正（国家立法数据库 2020 年 10 月 5 日第 03/20/640/1348 号）。

[5]　第 148 条第 2 款的处罚被 2019 年 12 月 3 日第 586 号乌兹别克斯坦共和国法律修正（国家立法数据库 2019 年 12 月 4 日第 03/19/586/4106 号）。

第 148-1 条　违反不得雇用未成年人的规定[1]

雇用未成年人从事可能会损害其健康、安全或者道德的劳动，在因该行为被适用行政处罚后又实施的——

处 25 个以下基本计算单位罚金、3 年以下剥夺特定权利或者 3 年以下矫正劳动。

第 148-2 条　行政强制劳动[2]

在除法律规定的情况外，行政强制从事任何形式的劳动，在因该行为被适用行政处罚后又实施的——

处 100 个至 150 个基本计算单位罚金、2 年以下剥夺特定权利或者 2 年以下矫正劳动。

针对未成年人实施该行为的——[3]

处 150 个至 200 个基本计算单位罚金、3 年以下剥夺特定权利或者 3 年以下矫正劳动。

第 149 条　侵犯著作权或者发明权

针对知识产权客体侵犯著作权、强迫参加共同发明，以及在正式注册或公布之前未经作者同意泄露有关这些客体的信息的——

处 25 个至 75 个基本计算单位罚金、5 年以下剥夺特定权利、360 小时以下强制社区服务或者 3 年以下矫正劳动。[4]

---

[1] 第 148-1 条由 2020 年 1 月 22 日第 603 号乌兹别克斯坦共和国法律新增（国家立法数据库 2020 年 1 月 23 日第 03/20/603/0071 号）。

[2] 第 148-2 条由 2020 年 1 月 22 日第 603 号乌兹别克斯坦共和国法律新增（国家立法数据库 2020 年 1 月 23 日第 03/20/603/0071 号）。

[3] 第 148-2 条第 2 款的罪状被 2021 年 2 月 12 日第 673 号乌兹别克斯坦共和国法律修正（国家立法数据库 2021 年 2 月 13 日第 03/21/673/0112 号）。

[4] 第 149 条的处罚被 2019 年 12 月 3 日第 586 号乌兹别克斯坦共和国法律修正（国家立法数据库 2019 年 12 月 4 日第 03/19/586/4106 号）。

第二编 危害和平与安全罪

第8章 危害人类和平与安全罪

第150条 鼓吹战争

鼓吹战争,即以任何形式散布意图挑起一个国家对其他国家的侵略的观点、主张或者呼吁的——

处5年至10年监禁。[1]

第151条 侵略

策划或者准备侵略战争,以及参与为实施这些行为的共谋的——

处10年至15年监禁。[2]

开始或者进行侵略战争的——

处15年至20年监禁。[3]

第152条 违反战争法规和惯例

违反战争法规和惯例,表现为对平民或战俘的酷刑、身体消灭,或者以强迫劳动或其他目的迁移平民,或者使用国际法禁止的战争手段,或者毫无意义地破坏城镇,或者掠夺财产,以及发布实施这些行为的命令的——

处10年至20年监禁。[4]

---

〔1〕 第150条的处罚被2001年8月29日第254-Ⅱ号乌兹别克斯坦共和国法律修正(2001年第9-10号奥利马日利斯公报第165条)。

〔2〕 第151条第1款的处罚被2001年8月29日第254-Ⅱ号乌兹别克斯坦共和国法律修正(2001年第9-10号奥利马日利斯公报第165条)。

〔3〕 第151条第2款被2003年12月12日第568-Ⅱ号乌兹别克斯坦共和国法律修正(2004年第1-2号奥利马日利斯公报第18条)。

〔4〕 第152条的处罚被2001年8月29日第254-Ⅱ号乌兹别克斯坦共和国法律修正(2001年第9-10号奥利马日利斯公报第165条)。

第 153 条　种族灭绝

种族灭绝，即故意制造用于对基于民族、部族、种族或者宗教的任何团体的成员全部或局部地予以身体消灭的生活条件，或者强制地减少生育或将这些团体的儿童从转移到另外一个团体，以及发布实施这些行为的命令的——

处 10 年至 20 年监禁。[1]

第 154 条　雇佣军[2]

雇佣军活动，即不是武装冲突国家的公民或武装部队成员、或者永久居留在冲突一方控制的领土上的人或者经任何国家授权作为武装部队的一部分执行公务的人的人员，为获得经济报酬或者其他个人利益，在外国领域或者站在外国一方参加武装冲突或者军事行动的——

处 5 年至 10 年监禁。[3]

对雇佣军予以招募、培训、提供资金或者其他物质保障，以及在武装冲突或者军事行动中使用雇佣军的——

处 7 年至 12 年监禁。

第 154-1 条　接纳、招募为外国服兵役或者在安全、警察、军事司法或其他类似机构中服务[4]

接纳乌兹别克斯坦共和国公民为外国服兵役或者在安全、警察、军事司法或其他类似机构中服务的——

处 300 个以下基本计算单位罚金或者 3 年以下矫正劳动。[5]

---

[1] 第 153 条的处罚被 2003 年 12 月 12 日第 568-Ⅱ号乌兹别克斯坦共和国法律修正（2004 年第 1-2 号奥利马日利斯公报第 18 条）。

[2] 第 154 条第 2 款由 2003 年 8 月 30 日第 535-Ⅱ号乌兹别克斯坦共和国法律增补（2003 年第 9-10 号奥利马日利斯公报第 149 条）。

[3] 第 154 条的处罚被 2001 年 8 月 29 日第 254-Ⅱ号乌兹别克斯坦共和国法律修正（2001 年第 9-10 号奥利马日利斯公报第 165 条）。

[4] 第 154-1 条由 2003 年 8 月 30 日第 535-Ⅱ号乌兹别克斯坦共和国法律新增（2003 年第 9-10 号奥利马日利斯公报第 149 条）。

[5] 第 154-1 条第 1 款的处罚被 2019 年 12 月 3 日第 586 号乌兹别克斯坦共和国法律修正（国家立法数据库 2019 年 12 月 4 日第 03/19/586/4106 号）。

招募乌兹别克斯坦共和国公民为外国服兵役或者在安全、警察、军事司法或其他类似机构中服务的——

处3年至5年限制自由或者3年至5年监禁。[1]

第155条 恐怖主义

恐怖主义——以暴力、使用武力、其他危害人身或财产的行为或者威胁实施这种行为为手段,迫使国家机关、国际组织、它们的公务员、自然人或法人实施或者不实施任一活动,意图使国际关系复杂化、侵犯主权和领土完整、损害国家安全、引发战争或武装冲突、破坏社会政治局势稳定、恐吓人们的——[2]

处8年至10年监禁。[3]

为了破坏局势稳定、影响国家机关决策或者妨碍政治或其他社会活动,因为政治家、公众人物或者当局代表的政治或社会活动而企图予以杀害或者造成身体伤害的——

处10年至15年监禁。[4]

本条第1款或者第2款规定的行为导致:

a) 人员死亡的;

b) 其他严重后果的——

处15年至25年监禁或者终身监禁。[5]

参与恐怖主义的预备行为的人及时地报告当局或者以其他方式积极协助防止严重后果的发生和恐怖分子目的的实现,如果其行为

---

[1] 第154-1条第2款的处罚被2015年8月10日第389号乌兹别克斯坦共和国法律修正(2015年第32号乌兹别克斯坦共和国立法汇编第425条)。

[2] 第155条第1款的罪状被2016年4月25日第405号乌兹别克斯坦共和国法律修正(2016年第17号乌兹别克斯坦共和国立法汇编第173条)。

[3] 第155条第1款被2001年8月29日第254-Ⅱ号乌兹别克斯坦共和国法律修正(2001年第9-10号奥利马日利斯公报第165条)。

[4] 第155条第2款的处罚被2001年8月29日第254-Ⅱ号乌兹别克斯坦共和国法律修正(2001年第9-10号奥利马日利斯公报第165条)。

[5] 第155条第3款的处罚由2007年7月11日第99号乌兹别克斯坦共和国法律修正(2007年第6号奥利马日利斯议会公报第248条)。

不符合其他犯罪构成的要件的,应当免除刑事责任。[1]

第 155-1 条 不报告有关预备或者实行恐怖主义的信息和事实[2]

对已被预审和法庭程序的材料所证明的预备或实行本法典第 155 条、第 155-2 条、第 155-3 条、第 158 条、第 159 条、第 161 条、第 242 条、第 245 条、第 254 条、第 255-1 条和(或)第 264 条所规定的恐怖主义性质的犯罪,在确切知悉的情况下不报告的——[3]

处 100 个至 300 个基本计算单位罚金、3 年以下矫正劳动、3 年至 5 年限制自由或者 3 年至 5 年监禁。[4]

该行为所涉的恐怖主义性质犯罪导致:

a) 人员死亡的;

b) 其他严重后果——

处 300 个至 600 个基本计算单位罚金或者 5 年至 7 年监禁。[5]

第 155-2 条 为了进行恐怖主义活动接受培训、出境或者过境[6]

明知是为开展恐怖活动或者实施本法典第 155 条、第 158 条、第 159 条、第 161 条、第 242 条、第 245 条、第 254 条、第 255-1 条

---

[1] 第 155 条第 4 款由 2001 年 8 月 29 日第 254-Ⅱ号乌兹别克斯坦共和国法律增补(2001 年第 9-10 号奥利马日利斯公报第 165 条)。

[2] 第 155-1 条由 2014 年 1 月 20 日第 365 号乌兹别克斯坦共和国法律新增(2014 年第 4 号乌兹别克斯坦共和国立法汇编第 45 条)。

[3] 第 155-1 条第 1 款的罪状被 2016 年 4 月 25 日第 405 号乌兹别克斯坦共和国法律修正(2016 年第 17 号乌兹别克斯坦共和国立法汇编第 173 条)。

[4] 第 155-1 条第 1 款的处罚被 2019 年 12 月 3 日第 586 号乌兹别克斯坦共和国法律修正(国家立法数据库 2019 年 12 月 4 日第 03/19/586/4106 号)。

[5] 第 155-1 条第 2 款的处罚被 2019 年 12 月 3 日第 586 号乌兹别克斯坦共和国法律修正(国家立法数据库 2019 年 12 月 4 日第 03/19/586/4106 号)。

[6] 第 155-2 条由 2014 年 1 月 20 日第 365 号乌兹别克斯坦共和国法律新增(2014 年第 4 号乌兹别克斯坦共和国立法汇编第 45 条);第 155-2 条被 2016 年 4 月 25 日第 405 号乌兹别克斯坦共和国法律修正(2016 年第 17 号乌兹别克斯坦共和国立法汇编第 173 条)。

和（或）第 264 条所规定的犯罪所进行的培训而接受培训（包括获取实施这些犯罪的知识、实用技能和能力、在培训过程中学习如何处理武器、爆炸装置、爆炸物、有毒物质、对他人构成危险的其他物质和物品），以及出境或者穿越乌兹别克斯坦共和国领域参加恐怖活动的——

处 300 个至 600 个基本计算单位罚金、3 年以下矫正劳动或者 5 年至 7 年监禁。[1]

出于开展恐怖活动的培训或者出境或过境乌兹别克斯坦共和国招募人员参加恐怖活动的目的，招募人员的——

处 8 年至 10 年监禁。

实施本条规定犯罪的人自愿地报告当局有关企图出境、过境、接受明知是为了开展恐怖活动或实施本法典第 155 条、第 158 条、第 159 条、第 161 条、第 242 条、第 245 条、第 254 条、第 255-1 条和（或）第 264 条所规定的犯罪所进行的培训，主动地协助查明所实施的犯罪和辨认接受该培训、实施、组织、资助出境、过境、培训的其他人，如果其行为不符合其他犯罪构成的要件的，应当免除刑事责任。

第 155-3 条　资助恐怖主义[2]

资助恐怖主义，即旨在保障恐怖组织的存在、运作、筹措资金、出境或过境乌兹别克斯坦共和国领域参加恐怖活动、准备和实施恐怖主义行为，向恐怖组织或者协助或参与恐怖活动的人直接或间接地提供或筹集任何资金、资源或其他服务的活动——

处 8 年至 10 年监禁。

该行为的实施具有下列情形的：

a）是被再次实施或者由危险累犯实施的；

b）由公务员实施的；

---

[1] 第 155-2 条第 1 款的处罚被 2019 年 12 月 3 日第 586 号乌兹别克斯坦共和国法律修正（国家立法数据库 2019 年 12 月 4 日第 03/19/586/4106 号）。

[2] 第 155-3 条由 2016 年 4 月 25 日第 405 号乌兹别克斯坦共和国法律新增（2016 年第 17 号乌兹别克斯坦共和国立法汇编第 173 条）。）

c）由有组织集团实施的——

处 10 年至 15 年监禁。

参与资助恐怖主义的人及时地报告当局或者以其他方式积极协助防止严重后果的发生和恐怖分子目的的实现，如果其行为不符合其他犯罪构成的要件的，应当免除刑事责任。

第 156 条　煽动民族、种族、部族或者宗教仇恨[1]

以传播为目的制作、储存或者传播煽动民族、种族、部族、宗教仇恨的材料，在因该行为被适用行政处罚后又实施的——

处 600 个以下基本计算单位罚金、3 年以下矫正劳动、1 年至 3 年限制自由或者 3 年以下监禁。[2]

意图煽动对基于民族、种族、部族、宗教的人群的敌视、不宽容或仇恨，故意侮辱民族荣誉和尊严、冒犯公民对其宗教或无神论信念的感情，以及依据其种族、民族、部族、宗教态度直接或间接地限制其权利或者直接或间接地确立其特权的——

处 2 年至 5 年限制自由或者 5 年以下监禁。[3]

本条第 1 款或者第 2 款规定的行为：

a）以危及其他人生命的方式实施的；

b）造成严重身体伤害的；

c）伴随有强迫公民从其永久居所迁离的；

d）由公务员实施的；[4]

e）由有预谋的团伙实施的——

处 5 年至 10 年监禁。

---

〔1〕 第 156 条被 2006 年 6 月 22 日第 37 号乌兹别克斯坦共和国法律修正（2006 年第 25-26 号乌兹别克斯坦共和国立法汇编第 226 条）。

〔2〕 第 156 条第 1 款的处罚被 2019 年 12 月 3 日第 586 号乌兹别克斯坦共和国法律修正（国家立法数据库 2019 年 12 月 4 日第 03/19/586/4106 号）。

〔3〕 第 156 条第 2 款的处罚被 2015 年 8 月 10 日第 389 号乌兹别克斯坦共和国法律修正（2015 年第 32 号乌兹别克斯坦共和国立法汇编第 425 条）。

〔4〕 第 156 条第 3 款 d 项被 2015 年 8 月 20 日第 391 号乌兹别克斯坦共和国法律修正（2015 年第 33 号乌兹别克斯坦共和国立法汇编第 439 条）。

第9章　危害乌兹别克斯坦共和国罪

第157条　背叛国家

背叛国家，即乌兹别克斯坦共和国公民通过向针对乌兹别克斯坦共和国实施敌对行动的外国国家、外国组织或者其代表的间谍活动、交付国家秘密或者提供其他协助的故意行为，损害乌兹别克斯坦共和国的主权、领土不可侵犯性、安全、防御、经济的——[1]

处10年至20年监禁。[2]

被外国国家或外国组织引诱合作协助针对乌兹别克斯坦共和国开展危害国家活动的乌兹别克斯坦共和国公民，主动地向当局报告其合作并且其活动没有损害共和国利益的，应当免除责任。

如果乌兹别克斯坦共和国公民主动地向当局报告其所为、积极地协助揭露该犯罪，因而避免对国家造成严重后果的，免除刑罚。

第158条　侵犯乌兹别克斯坦共和国总统

侵犯乌兹别克斯坦共和国总统的生命——

处10年至20年监禁。[3]

故意地对乌兹别克斯坦共和国总统造成身体伤害的——

处5年至10年监禁。[4]

公然地侮辱或者诽谤乌兹别克斯坦共和国总统，以及使用平面媒体、其他大众传媒、电信网络以及全球信息网络互联网实施的——[5]

---

[1]　第157条的罪状被2003年12月12日第568-Ⅱ号乌兹别克斯坦共和国法律修正（2004年第1-2号奥利马日利斯公报第18条）。

[2]　第157条第1款的处罚被2001年8月29日第254-Ⅱ号乌兹别克斯坦共和国法律修正（2001年第9-10号奥利马日利斯公报第165条）。

[3]　第158条第1款的处罚被2001年8月29日第254-Ⅱ号乌兹别克斯坦共和国法律修正（2001年第9-10号奥利马日利斯公报第165条）。

[4]　第158条第2款的处罚被2001年8月29日第254-Ⅱ号乌兹别克斯坦共和国法律修正（2001年第9-10号奥利马日利斯公报第165条）。

[5]　第158条第3款被2021年3月30日第679号乌兹别克斯坦共和国法律修正（国家立法数据库2021年3月30日第03/21/679/0256号）。

处 3 年以下矫正劳动、2 年至 5 年限制自由或者 5 年以下监禁。[1]

第 159 条 侵犯乌兹别克斯坦共和国宪法秩序

公然号召违宪地变更现有的国家制度、夺取或剥夺被合法选任或者委任的当局代表的权力、违宪地侵犯乌兹别克斯坦共和国领域的统一，以及出于传播的目的制作、储存或者传播具有相同内容的材料的——

处 600 个以下基本计算单位罚金、2 年至 5 年限制自由或者 5 年以下监禁。[2]

实施旨在妨碍宪法机关的合法活动、以宪法未规定的平行权力架构取代宪法机关的暴力行为，以及不在指定的期限内服从被授权的国家机关作出的关于解散在乌兹别克斯坦共和国宪法规定程序以外建立的权力架构的决定的——

处 200 个至 600 个基本计算单位罚金、3 年至 5 年限制自由或者 3 年至 5 年监禁。[3]

本条第 1 款或者第 2 款规定的行为：

a）是被再次实施或者由危险累犯实施的；

b）由有组织集团实施或者为了有组织集团的利益实施的——

处 5 年至 10 年监禁。

阴谋夺取权力或者推翻乌兹别克斯坦共和国的宪法秩序的——

处 10 年至 20 年监禁。[4]

自愿向当局报告阴谋，因此该阴谋的实施被所采取的措施阻止

---

[1] 第 158 条第 3 款的处罚被 2017 年 3 月 29 日第 421 号乌兹别克斯坦共和国法律修正（2017 年第 13 号乌兹别克斯坦共和国立法汇编第 194 条）。

[2] 第 159 条第 1 款的处罚被 2019 年 12 月 3 日第 586 号乌兹别克斯坦共和国法律修正（国家立法数据库 2019 年 12 月 4 日 03/19/586/4106 号）。

[3] 第 159 条第 2 款的处罚被 2019 年 12 月 3 日第 586 号乌兹别克斯坦共和国法律修正（国家立法数据库 2019 年 12 月 4 日 03/19/586/4106 号）。

[4] 第 159 条第 4 款的处罚被 2001 年 8 月 29 日第 254-Ⅱ号乌兹别克斯坦共和国法律修正（2001 年第 9-10 号奥利马日利斯公报第 165 条）。

的，应当免除刑罚。

第 160 条　间谍

外国公民或者无国籍人向外国国家、外国组织或其代理人交付以及意图交付而强夺、收集、存储构成国家秘密的信息，以及根据外国情报机构的指示交付或者收集用于损害乌兹别克斯坦共和国的其他信息的——[1]

处 10 年至 20 年监禁。[2]

被外国情报部门引诱合作的人，如果没有就执行其收到的来自外国情报部门的任务采取任何行动并主动地将此向当局报告的，应当免除责任。

主动地停止犯罪活动并且向当局报告其所为、积极地协助揭露该犯罪，因而避免对国家造成严重后果的，免除刑罚。

第 161 条　破坏活动

破坏活动，即旨在毁灭人们、损害其健康、毁灭或破坏财产，以便破坏国家机关的活动或社会政治局势或者破坏乌兹别克斯坦共和国经济的行为——

处 10 年至 20 年监禁。[3]

第 162 条　泄露国家秘密

因为其公务职责或者职业活动被委托或者知悉构成国家秘密、军事秘密或公务秘密的信息的人，泄露或者交付该秘密，不符合背叛国家罪的构成特征的——

处 3 年至 5 年限制自由或者 3 年至 5 年监禁。[4]

---

[1]　第 160 条第 1 款的处罚被 2003 年 12 月 12 日第 568-Ⅱ号乌兹别克斯坦共和国法律修正（2004 年第 1-2 号奥利马日利斯公报第 18 条）。

[2]　第 160 条第 1 款的处罚被 2001 年 8 月 29 日第 254-Ⅱ号乌兹别克斯坦共和国法律修正（2001 年第 9-10 号奥利马日利斯公报第 165 条）。

[3]　第 161 条的处罚被 2001 年 8 月 29 日第 254-Ⅱ号乌兹别克斯坦共和国法律修正（2001 年第 9-10 号奥利马日利斯公报第 165 条）。

[4]　第 162 条第 1 款的处罚被 2015 年 8 月 10 日第 389 号乌兹别克斯坦共和国法律修正（2015 年第 32 号乌兹别克斯坦共和国立法汇编第 425 条）。

该行为造成严重后果的——

处 5 年至 8 年监禁。

第 163 条 丢失含有国家或者军事秘密的文书

因与其公务或者职业活动有关被委托的有关信息属于国家秘密或军事秘密的文书以及物品、物质的人,因为违反处理这些文书、物品、物质的规则,导致其丢失的——

处 1 年至 3 年限制自由或者 3 年以下监禁。[1]

该行为造成严重后果的——

处 3 年至 5 年限制自由或者 3 年至 5 年监禁。[2]

第三编 经济领域的犯罪

第 10 章 取得他人财物

第 164 条 抢劫

抢劫,即以侵占他人财产为目的,以使用危及被袭击人的生命或者健康的暴力或者以使用这种暴力相威胁所实施的袭击的——

处 5 年至 8 年监禁。[3]

抢劫:

a) 使用武器或者用作武器的其他物品实施的;

b) 由有预谋的团伙实施的;

c) 数额较大的——

---

[1] 第 163 条第 1 款的处罚被 2015 年 8 月 10 日第 389 号乌兹别克斯坦共和国法律修正(2015 年第 32 号乌兹别克斯坦共和国立法汇编第 425 条)。

[2] 第 163 条第 2 款的处罚被 2015 年 8 月 10 日第 389 号乌兹别克斯坦共和国法律修正(2015 年第 32 号乌兹别克斯坦共和国立法汇编第 425 条)。

[3] 第 164 条第 1 款的处罚被 2001 年 8 月 29 日第 254-Ⅱ号乌兹别克斯坦共和国法律修正(2001 年第 9-10 号奥利马日利斯公报第 165 条)。

处 8 年至 10 年监禁。[1]

抢劫：

a）是被再次实施、由危险累犯实施或者由曾经实施过本法典第 242 条规定的犯罪的人实施的；

b）数额巨大的；

c）以非法进入住宅、仓库或者其他房屋方式实施的；

d）造成严重身体伤害的——

处 10 年至 15 年监禁。[2]

抢劫：

a）数额特别巨大的；

b）由特别危险累犯实施的；

c）由有组织集团实施或者为了有组织集团的利益实施的——

处 15 年至 20 年监禁。[3]

第 165 条　敲诈勒索

敲诈勒索，即通过对被害人或者其关系密切人以使用暴力、毁灭或破坏财产或者泄露他们希望保密的信息相威胁，或者通过制造强迫被害人转让财产或者财产权利的环境，要求他人转让财产或财产权利、提供财产利益或者实施财产相关的行为的——

处 3 年至 5 年限制自由或者 3 年至 5 年监禁。[4]

敲诈勒索：

a）是被再次实施或者由危险累犯实施的；

b）数额巨大的；

---

[1] 第 164 条第 2 款的处罚被 2001 年 8 月 29 日第 254-Ⅱ号乌兹别克斯坦共和国法律修正（2001 年第 9-10 号奥利马日利斯公报第 165 条）。

[2] 第 164 条第 3 款的处罚被 2001 年 8 月 29 日第 254-Ⅱ号乌兹别克斯坦共和国法律修正（2001 年第 9-10 号奥利马日利斯公报第 165 条）。

[3] 第 164 条第 4 款的处罚被 2001 年 8 月 29 日第 254-Ⅱ号乌兹别克斯坦共和国法律修正（2001 年第 9-10 号奥利马日利斯公报第 165 条）。

[4] 第 165 条第 1 款的处罚被 2015 年 8 月 10 日第 389 号乌兹别克斯坦共和国法律修正（2015 年第 32 号乌兹别克斯坦共和国立法汇编第 425 条）。

c）由有预谋的团伙实施的——

处 5 年至 10 年监禁。[1]

敲诈勒索：

a）数额特别巨大的；

b）由特别危险累犯实施的；

c）由有组织集团实施或者为了有组织集团的利益实施的——

处 10 年至 15 年监禁。[2]

第 166 条　抢夺

抢夺，即公然侵吞他人财产的——

处 3 年以下矫正劳动、2 年至 5 年限制自由或者 5 年以下监禁。[3]

抢夺：

a）使用不危及生命或健康的暴力或者以威胁使用这种暴力的方式实施的；

b）数额较大的；

c）由有预谋的团伙实施的——

处 3 年至 5 年限制自由或者 3 年至 5 年监禁。[4]

抢夺：

a）是被再次实施或者由危险累犯实施的；

b）以非法进入住宅、仓库或者其他房屋方式实施的；

c）数额巨大的——

---

[1] 第 165 条第 2 款的处罚被 2001 年 8 月 29 日第 254-Ⅱ号乌兹别克斯坦共和国法律修正（2001 年第 9-10 号奥利马日利斯公报第 165 条）。

[2] 第 165 条第 3 款的处罚被 2001 年 8 月 29 日第 254-Ⅱ号乌兹别克斯坦共和国法律修正（2001 年第 9-10 号奥利马日利斯公报第 165 条）。

[3] 第 166 条第 1 款的处罚被 2015 年 8 月 10 日第 389 号乌兹别克斯坦共和国法律修正（2015 年第 32 号乌兹别克斯坦共和国立法汇编第 425 条）。

[4] 第 166 条第 2 款的处罚被 2015 年 8 月 10 日第 389 号乌兹别克斯坦共和国法律修正（2015 年第 32 号乌兹别克斯坦共和国立法汇编第 425 条）。

处 5 年至 10 年监禁。[1]

抢夺：

a) 数额特别巨大的；

b) 由特别危险累犯实施的；

c) 由有组织集团实施或者为了有组织集团的利益实施的——

处 10 年至 15 年监禁。[2]

第 167 条　以侵吞或者挪用方式侵占[3]

对委托给犯罪人或者归属于其管辖范围的他人财产以侵吞或者挪用方式侵占的——

处 100 个以下基本计算单位罚金、240 小时以下强制社区服务或者 1 年以下矫正劳动。[4]

该行为：

a) 数额巨大的；

b) 是被再次实施或者由危险累犯实施的；

c) 由有预谋的团伙实施的；

d) 利用公务职位实施的——

处 100 个至 300 个基本计算单位罚金、480 小时以下强制社区服务、2 年以下矫正劳动、2 年至 5 年限制自由或者 5 年以下监禁。[5]

该行为：

a) 数额特别巨大的；

---

[1] 第 166 条第 3 款的处罚被 2001 年 8 月 29 日第 254-Ⅱ号乌兹别克斯坦共和国法律修正（2001 年第 9-10 号奥利马日利斯公报第 165 条）。

[2] 第 166 条第 4 款的处罚被 2001 年 8 月 29 日第 254-Ⅱ号乌兹别克斯坦共和国法律修正（2001 年第 9-10 号奥利马日利斯公报第 165 条）。

[3] 第 167 条的正文被 2001 年 8 月 29 日第 254-Ⅱ号乌兹别克斯坦共和国法律修正（2001 年第 9-10 号奥利马日利斯公报第 165 条）。

[4] 第 167 条第 1 款的处罚被 2019 年 12 月 3 日第 586 号乌兹别克斯坦共和国法律修正（国家立法数据库 2019 年 12 月 4 日第 03/19/586/4106 号）。

[5] 第 167 条第 2 款的处罚被 2019 年 12 月 3 日第 586 号乌兹别克斯坦共和国法律修正（国家立法数据库 2019 年 12 月 4 日第 03/19/586/4106 号）。

b）由特别危险累犯实施的；

c）由有组织集团实施或者为了有组织集团的利益实施的；

d）使用计算机设备实施的——

处 300 个至 600 个基本计算单位罚金、3 年以下矫正劳动或者 5 年至 10 年监禁。[1]

在赔偿所造成的经济损失的情况下，不应适用限制自由和监禁之刑罚。[2]

第 168 条　诈骗[3]

诈骗，即以欺骗或者滥用信任手段攫取他人的财产或者他人的财产权利的——

处 50 个至 100 个基本计算单位罚金、2 年以下矫正劳动、1 年至 3 年限制自由或者 3 年以下监禁。[4]

诈骗：

a）数额较大的；

b）由有预谋的团伙实施的；

c）使用计算机设备实施的——

处 100 个至 300 个基本计算单位罚金、3 年以下矫正劳动、3 年至 5 年限制自由或者 3 年至 5 年监禁。[5]

诈骗：

a）数额巨大的；

b）是被再次实施或者由危险累犯实施的；

---

[1]　第 167 条第 3 款的处罚被 2019 年 12 月 3 日第 586 号乌兹别克斯坦共和国法律修正（国家立法数据库 2019 年 12 月 4 日第 03/19/586/4106 号）。

[2]　第 167 条第 4 款的处罚被 2015 年 8 月 10 日第 389 号乌兹别克斯坦共和国法律修正（2015 年第 32 号乌兹别克斯坦共和国立法汇编第 425 条）。

[3]　第 168 条的正文被 2016 年 12 月 26 日第 416 号乌兹别克斯坦共和国法律修正（2016 年第 52 号乌兹别克斯坦共和国立法汇编第 597 条）。

[4]　第 168 条第 1 款的处罚被 2019 年 12 月 3 日第 586 号乌兹别克斯坦共和国法律修正（国家立法数据库 2019 年 12 月 4 日第 03/19/586/4106 号）。

[5]　第 168 条第 2 款的处罚被 2019 年 12 月 3 日第 586 号乌兹别克斯坦共和国法律修正（国家立法数据库 2019 年 12 月 4 日第 03/19/586/4106 号）。

c）利用公务职位实施的——

处 300 个至 400 个基本计算单位罚金，或者 2 年至 3 年矫正劳动，或者 5 年至 8 年监禁和剥夺特定权利。[1]

诈骗：

a）数额特别巨大的；

b）由特别危险累犯实施的；

c）由有组织集团实施或者为了有组织集团的利益实施的——

处 400 个至 600 个基本计算单位罚金或者 8 年至 10 年监禁。[2]

在赔偿所造成的经济损失的情况下，不应适用限制自由和监禁之刑罚。

第 169 条　盗窃

盗窃，即秘密侵占他人财产的——

处 50 个以下基本计算单位罚金、360 小时以下强制社区服务、2 年以下矫正劳动、1 年至 3 年限制自由或者 3 年以下监禁。[3]

盗窃：[4]

a）对被害人携带的衣服、袋子或其他行李实施的（扒窃）；

b）数额较大的；

c）由有预谋的团伙实施的；

d）以非法进入住宅、仓库或者其他房屋方式实施的——

处 300 个以下基本计算单位罚金、2 年至 3 年矫正劳动、3 年至 5 年限制自由或者 3 年至 5 年监禁。[5]

---

[1] 第 168 条第 3 款的处罚被 2019 年 12 月 3 日第 586 号乌兹别克斯坦共和国法律修正（国家立法数据库 2019 年 12 月 4 日第 03/19/586/4106 号）。

[2] 第 168 条第 4 款的处罚被 2019 年 12 月 3 日第 586 号乌兹别克斯坦共和国法律修正（国家立法数据库 2019 年 12 月 4 日第 03/19/586/4106 号）。

[3] 第 169 条第 1 款的处罚被 2019 年 12 月 3 日第 586 号乌兹别克斯坦共和国法律修正（国家立法数据库 2019 年 12 月 4 日第 03/19/586/4106 号）。

[4] 第 169 条第 2 款被 2001 年 8 月 29 日第 254-Ⅱ号乌兹别克斯坦共和国法律修正（2001 年第 9-10 号奥利马日利斯公报第 165 条）。

[5] 第 169 条第 2 款的处罚被 2019 年 12 月 3 日第 586 号乌兹别克斯坦共和国法律修正（国家立法数据库 2019 年 12 月 4 日第 03/19/586/4106 号）。

盗窃:[1]

a) 是被再次实施或者由危险累犯实施的;
b) 以未经授权进入计算机系统的方式实施的;
c) 数额巨大的;
d) 对石油管道、天然气管道、石油和天然气产品管道中实施的——

处 5 年至 8 年监禁。

盗窃:

a) 数额特别巨大的;
b) 由特别危险累犯实施的;
c) 由有组织集团实施或者为了有组织集团的利益实施的——

处 8 年至 15 年监禁。[2]

第 11 章　不属于取得财物的犯罪

第 170 条　以欺骗或者滥用信任手段造成财产损失[3]

以欺骗或者滥用信任手段,给所有人的财产造成损失较大,不符合侵占的构成特征的——

处 25 个以下基本计算单位罚金、300 小时以下强制社区服务或者 2 年以下矫正劳动。[4]

该行为:

a) 是被再次实施或者由危险累犯实施的;
b) 由经济负责人实施的;

---

[1] 根据 2013 年 10 月 7 日第 355 号乌兹别克斯坦共和国法律 (2013 年第 41 号乌兹别克斯坦共和国立法汇编第 543 条),第 169 条第 3 款 c 项被替换为 c 项和 d 项。

[2] 第 169 条第 4 款的处罚被 2001 年 8 月 29 日第 254-Ⅱ 号乌兹别克斯坦共和国法律修正 (2001 年第 9-10 号奥利马日利斯公报第 165 条)。

[3] 第 170 条第 3 款的处罚被 2017 年 3 月 29 日第 421 号乌兹别克斯坦共和国法律修正 (2017 年第 13 号乌兹别克斯坦共和国立法汇编第 194 条)。

[4] 第 170 条第 1 款的处罚被 2019 年 12 月 3 日第 586 号乌兹别克斯坦共和国法律修正 (国家立法数据库 2019 年 12 月 4 日第 03/19/586/4106 号)。

c）导致损失巨大的——

处 25 个至 50 个基本计算单位罚金、300 小时至 360 小时强制社区服务或者 2 年至 3 年矫正劳动。[1]

第 171 条　获取或者出售以犯罪手段取得的财产

在无事先承诺的情况下获取或者出售明知是以犯罪手段取得的财产的——

处 25 个以下基本计算单位罚金、300 小时以下强制社区服务或者 2 年以下矫正劳动。[2]

该行为的实施具有下列情形的：

a）是被再次实施或者由危险累犯实施的；

b）数额巨大的——

处 25 个至 50 个基本计算单位罚金、300 小时至 360 小时强制社区服务、2 年至 3 年矫正劳动、1 年至 3 年限制自由或者 3 年以下监禁。[3]

该行为的实施具有下列情形的：

a）数额特别巨大的；

b）由特别危险累犯实施的；

c）由有组织集团实施或者为了有组织集团的利益实施的——

处 50 个至 100 个基本计算单位罚金、3 年至 5 年限制自由或者 3 年至 5 年监禁。[4]

第 172 条　保护财产失职

以不诚实的态度履行其保护财产职责，导致其被侵占、破坏或

---

[1]　第 170 条第 2 款的处罚被 2019 年 12 月 3 日第 586 号乌兹别克斯坦共和国法律修正（国家立法数据库 2019 年 12 月 4 日第 03/19/586/4106 号）。

[2]　第 171 条第 1 款的处罚被 2019 年 12 月 3 日第 586 号乌兹别克斯坦共和国法律修正（国家立法数据库 2019 年 12 月 4 日第 03/19/586/4106 号）。

[3]　第 171 条第 2 款的处罚被 2019 年 12 月 3 日第 586 号乌兹别克斯坦共和国法律修正（国家立法数据库 2019 年 12 月 4 日第 03/19/586/4106 号）。

[4]　第 171 条第 3 款的处罚被 2019 年 12 月 3 日第 586 号乌兹别克斯坦共和国法律修正（国家立法数据库 2019 年 12 月 4 日第 03/19/586/4106 号）。

者毁灭，损失巨大，不符合公务员犯罪的构成特征的——

处 50 个以下基本计算单位罚金、300 小时以下强制社区服务或者 2 年以下矫正劳动。[1]

第 173 条　故意毁灭或者损坏财产

故意毁灭或者损坏他人财产，导致损失较大的——

处 50 个至 75 个基本计算单位罚金、300 小时以下强制社区服务或者 2 年以下矫正劳动。[2]

该行为的实施具有下列情形的：

a）基于民族或种族仇恨或者宗教偏见实施的；

b）以具有公共危险的方法实施的；

c）导致损失巨大的——

处 75 个至 100 个基本计算单位罚金、300 小时至 360 小时强制社区服务、2 年至 3 年矫正劳动、1 年至 3 年限制自由或者 3 年以下监禁。[3]

该行为的实施具有下列情形的：

a）与履行公务职责或者公民义务的人的履责有关而针对其本人或近亲属实施的；

b）由有组织集团实施或者为了有组织集团的利益实施的——

处 3 年至 5 年限制自由或者 3 年至 5 年监禁。[4]

在对所造成的经济损失予以三倍赔偿的情况下，不应适用限制自由和监禁之刑罚。[5]

---

[1]　第 172 条的处罚被 2019 年 12 月 3 日第 586 号乌兹别克斯坦共和国法律修正（国家立法数据库 2019 年 12 月 4 日第 03/19/586/4106 号）。

[2]　第 173 条第 1 款的处罚被 2019 年 12 月 3 日第 586 号乌兹别克斯坦共和国法律修正（国家立法数据库 2019 年 12 月 4 日第 03/19/586/4106 号）。

[3]　第 173 条第 2 款的处罚被 2019 年 12 月 3 日第 586 号乌兹别克斯坦共和国法律修正（国家立法数据库 2019 年 12 月 4 日第 03/19/586/4106 号）。

[4]　第 173 条第 3 款的处罚被 2015 年 8 月 10 日第 389 号乌兹别克斯坦共和国法律修正（2015 年第 32 号乌兹别克斯坦共和国立法汇编第 425 条）。

[5]　第 173 条第 4 款的处罚被 2015 年 8 月 10 日第 389 号乌兹别克斯坦共和国法律修正（2015 年第 32 号乌兹别克斯坦共和国立法汇编第 425 条）。

第174条　（废止）[1]

第12章　危害经济基础罪

第175条　进行损害乌兹别克斯坦共和国利益的交易[2]

故意达成损害乌兹别克斯坦共和国利益交易，包括导致将二手、实际磨损、过时或者不符合现代要求的设备或技术进口到乌兹别克斯坦共和国领域或者将其安装和实施，从而对共和国的利益造成损失巨大，或者被授权的国家机关或其他组织的公务员签发的鉴定意见或其他文书导致该项交易达成的——

处300个至500个基本计算单位罚金，或者3年至5年限制自由，或者3年至5年监禁和剥夺特定权利。[3]

该行为：
a）是被再次实施的；
b）由有预谋的团伙实施的——
处5年至8年监禁。

该行为：
a）造成损失特别巨大的；
b）由有组织集团实施或者为了有组织集团的利益实施的——
处8年至12年监禁。

在对所造成的经济损失予以三倍赔偿的情况下，应当免予刑罚处罚。

---

〔1〕　第174条被2007年12月25日第137号乌兹别克斯坦共和国法律废止（2007年第52号乌兹别克斯坦共和国立法汇编第532条）。

〔2〕　第175条的正文被2016年4月25日第405号乌兹别克斯坦共和国法律修正（2016年第17号乌兹别克斯坦共和国立法汇编第173条）。

〔3〕　第175条第1款的处罚被2019年12月3日第586号乌兹别克斯坦共和国法律修正（国家立法数据库2019年12月4日第03/19/586/4106号）。

第 176 条 制造、出售伪造的货币、消费税税签或者有价证券〔1〕

意图出售制造或者出售伪造的银行钞票（纸币）、金属硬币、消费税税签以及证券、外国货币或者以外国货币计价的证券的——〔2〕

处 2 年至 5 年限制自由或者 5 年以下监禁。〔3〕

该行为的实施具有下列情形的：

a）是被再次实施或者由危险累犯实施的；
b）数额巨大的；
c）由有预谋的团伙实施的——

处 5 年至 10 年监禁。〔4〕

该行为的实施具有下列情形的：

a）数额特别巨大的；
b）由有组织集团实施或者为了有组织集团的利益实施的——

处 10 年至 15 年监禁。〔5〕

第 177 条 非法购买或者出售外国货币〔6〕

公民非法购买或者出售货币等价物，在因该行为被适用行政处罚后又实施的——

处 75 个至 100 个基本计算单位罚金、3 年至 5 年剥夺特定权利、

---

〔1〕 第 176 条的条旨被 1998 年 8 月 29 日第 681-Ⅰ号乌兹别克斯坦共和国法律修正（1998 年第 9 号奥利马日利斯公报第 181 条）。

〔2〕 第 176 条的罪状被 1998 年 8 月 29 日第 681-Ⅰ号乌兹别克斯坦共和国法律修正（1998 年第 9 号奥利马日利斯公报第 181 条）。

〔3〕 第 176 条第 1 款的处罚被 2015 年 8 月 10 日第 389 号乌兹别克斯坦共和国法律修正（2015 年第 32 号乌兹别克斯坦共和国立法汇编第 425 条）。

〔4〕 第 176 条第 2 款的处罚被 2001 年 8 月 29 日第 254-Ⅱ号乌兹别克斯坦共和国法律修正（2001 年第 9-10 号奥利马日利斯公报第 165 条）。

〔5〕 第 176 条第 3 款的处罚被 2001 年 8 月 29 日第 254-Ⅱ号乌兹别克斯坦共和国法律修正（2001 年第 9-10 号奥利马日利斯公报第 165 条）。

〔6〕 第 177 条的正文被 2019 年 1 月 15 日第 516 号乌兹别克斯坦共和国法律修正（国家立法数据库 2019 年 1 月 16 日第 03/19/516/2484 号）。

2年至3年矫正劳动、1年以下限制自由或者1年以下监禁。[1]

该行为的实施数额较大的——

处100个至300个基本计算单位罚金、1年至3年限制自由或者1年至3年监禁。[2]

该行为的实施具有下列情形的：

a）是被再次实施或者由危险累犯实施的；

b）数额巨大的；

c）由有预谋的团伙实施的——

处300个至500个基本计算单位罚金、3年至5年限制自由或者3年至5年监禁。[3]

该行为的实施具有下列情形的：

a）数额特别巨大的；

b）由有组织集团实施或者为了有组织集团的利益实施的——

处5年至7年监禁。

主动地报告所预备或者实行的犯罪并且积极地协助揭露该犯罪的，免除责任。

第178条　隐匿外国货币[4]

在企业、机构或组织开展货币交易的人，故意隐瞒应当记入乌兹别克斯坦共和国授权的银行的账户的外国货币的——

处75个至100个基本计算单位罚金、2年至5年限制自由或者5年以下监禁。[5]

---

〔1〕 第177条第1款的处罚被2019年12月3日第586号乌兹别克斯坦共和国法律修正（国家立法数据库2019年12月4日第03/19/586/4106号）。

〔2〕 第177条第2款的处罚被2019年12月3日第586号乌兹别克斯坦共和国法律修正（国家立法数据库2019年12月4日第03/19/586/4106号）。

〔3〕 第177条第3款的处罚被2019年12月3日第586号乌兹别克斯坦共和国法律修正（国家立法数据库2019年12月4日第03/19/586/4106号）。

〔4〕 第178条第4款由2016年12月29日第418号乌兹别克斯坦共和国法律增补（2017年第1号乌兹别克斯坦共和国立法汇编第1条）。

〔5〕 第178条第1款的处罚被2019年12月3日第586号乌兹别克斯坦共和国法律修正（国家立法数据库2019年12月4日第03/19/586/4106号）。

该行为：

a）出于贪利目的实施的；

b）是被再次实施的；

c）由有预谋的团伙实施的——

处 5 年至 8 年监禁。[1]

该行为由有组织集团实施或者为了有组织集团的利益实施的——

处 8 年至 12 年监禁。[2]

初次实施本条第 2 款第 1 款 a 项和 c 项规定的犯罪的人，如果在犯罪侦查之日起 30 日内主动地确保将所隐藏的外国货币转入乌兹别克斯坦共和国授权的银行的账户的，免除责任。

第 179 条　虚假经营

虚假经营，即在无意进行法定活动的情况下创立企业和其他经营组织，意图获得贷款、信贷、利润（收入）税收免（减）或者或其他财产利益的——

处 100 个至 200 个基本计算单位罚金、5 年以下剥夺特定权利、3 年以下矫正劳动、1 年至 3 年限制自由或者 3 年以下监禁。[3]

第 180 条　虚假破产[4]

虚假破产，即经营主体明知与实际情况不符而宣布经济上无力对债权人履行债务，造成损失巨大的——

处 150 个至 250 个基本计算单位罚金、300 小时至 360 小时强制社区服务、2 年至 3 年矫正劳动、2 年至 3 年限制自由或者 2 年至 3

---

[1]　第 178 条第 2 款的处罚被 2001 年 8 月 29 日第 254-Ⅱ号乌兹别克斯坦共和国法律修正（2001 年第 9-10 号奥利马日利斯公报第 165 条）。

[2]　第 178 条第 3 款的处罚被 2001 年 8 月 29 日第 254-Ⅱ号乌兹别克斯坦共和国法律修正（2001 年第 9-10 号奥利马日利斯公报第 165 条）。

[3]　第 179 条的处罚被 2019 年 12 月 3 日第 586 号乌兹别克斯坦共和国法律修正（国家立法数据库 2019 年 12 月 4 日第 03/19/586/4106 号）。

[4]　第 180 条第 3 款由 2016 年 12 月 29 日第 418 号乌兹别克斯坦共和国法律增补（2017 年第 1 号乌兹别克斯坦共和国立法汇编第 1 条）。

年监禁。[1]

在对所造成的经济损失予以赔偿的情况下,不应适用限制自由和监禁之刑罚。[2]

初次实施犯罪的人,如果在犯罪侦查之日起30日内赔偿了所造成的经济损失的,免除责任。

第181条 隐瞒破产[3]

经营主体以提交与实际情况不符的信息和文书、歪曲财务报表或者其他方式故意隐瞒其破产情况,对债权人造成损失巨大的——

处150个至250个基本计算单位罚金、300小时至360小时强制社区服务、2年至3年矫正劳动、2年至3年限制自由或者2年至3年监禁。[4]

在对所造成的经济损失予以赔偿的情况下,不应适用限制自由和监禁之刑罚。[5]

初次实施犯罪的人,如果在犯罪侦查之日起30日内赔偿了所造成的经济损失的,免除责任。

第181-1条 蓄意破产[6]

蓄意破产,即个体企业主或者法人的公务员、创始人(参与

---

[1] 第180条第1款的处罚被2019年12月3日第586号乌兹别克斯坦共和国法律修正(国家立法数据库2019年12月4日第03/19/586/4106号)。

[2] 第180条第2款被2015年8月20日第391号乌兹别克斯坦共和国法律修正(2015年第33号乌兹别克斯坦共和国立法汇编第439条)。

[3] 第181条第3款由2016年12月29日第418号乌兹别克斯坦共和国法律增补(2017年第1号乌兹别克斯坦共和国立法汇编第1条)。

[4] 第181条第1款的处罚被2019年12月3日第586号乌兹别克斯坦共和国法律修正(国家立法数据库2019年12月4日第03/19/586/4106号)。

[5] 第181条第2款被2015年8月20日第391号乌兹别克斯坦共和国法律修正(2015年第33号乌兹别克斯坦共和国立法汇编第439条)。

[6] 第188-1条由2014年9月4日第373号乌兹别克斯坦共和国法律新增(2014年第36号乌兹别克斯坦共和国立法汇编第452条);第181-1条第3款由2016年12月29日第418号乌兹别克斯坦共和国法律增补(2017年第1号乌兹别克斯坦共和国立法汇编第1条)。

人）或财产所有人，为了个人的利益或者他人的利益故意制造或扩大资不抵债，导致该个体企业主或法人持续的经济搁浅（破产），给债权人造成损失巨大的——

处 150 个至 250 个基本计算单位罚金、300 小时至 360 小时强制社区服务、2 年至 3 年矫正劳动、2 年至 3 年限制自由或者 2 年至 3 年监禁。[1]

在对所造成的经济损失予以三倍赔偿的情况下，不应适用限制自由和监禁之刑罚。[2]

初次实施犯罪的人，如果在犯罪侦查之日起 30 日内赔偿了所造成的经济损失的，免除责任。

第 182 条　违反海关立法[3]

以不通过海关监管、欺诈性地使用文书或海关识别手段或者不申报或不使用自己的名字申报的方式，移动货物或其他财产越过乌兹别克斯坦共和国海关边界，数额巨大，在因该行为被适用行政处罚后又实施的——

处 300 个以下基本计算单位罚金、480 小时以下强制社区服务、2 年以下矫正劳动、2 年至 5 年限制自由或者 5 年以下监禁。[4]

违反海关立法：

a）数额特别巨大的；

b）以闯关（即在未经海关批准的情况下穿越乌兹别克斯坦共和国的海关边界公然转移货物或其他有价物）方式实施的；

c）由有组织集团实施或者为了有组织集团的利益实施的；

---

[1] 第 181-1 条第 1 款的处罚被 2019 年 12 月 3 日第 586 号乌兹别克斯坦共和国法律修正（国家立法数据库 2019 年 12 月 4 日第 03/19/586/4106 号）。

[2] 第 181-1 条第 2 款的处罚被 2015 年 8 月 10 日第 389 号乌兹别克斯坦共和国法律修正（2015 年第 32 号乌兹别克斯坦共和国立法汇编第 425 条）。

[3] 第 182 条的正文被 2001 年 8 月 29 日第 254-Ⅱ号乌兹别克斯坦共和国法律修正（2001 年第 9-10 号奥利马日利斯公报第 165 条）。

[4] 第 182 条第 1 款的处罚被 2019 年 12 月 3 日第 586 号乌兹别克斯坦共和国法律修正（国家立法数据库 2019 年 12 月 4 日第 03/19/586/4106 号）。

d) 利用公务职位实施的——

处 300 个至 600 个基本计算单位罚金、3 年以下矫正劳动或者 5 年至 8 年监禁。[1]

第 183 条　违反竞争法和反垄断法[2]

不向反垄断机关提交信息或者提交明知虚假的信息，在因该行为被适用行政处罚后又实施的——

处 25 个以下基本计算单位罚金或者 3 年以下剥夺特定权利。[3]

逃避执行或者不及时执行反垄断机关有关停止违法行为或者恢复原状的命令，在因该行为被适用行政处罚后又实施的——

处 25 个至 50 个基本计算单位罚金、3 年至 5 年剥夺特定权利、360 小时以下强制社区服务或者 3 年以下矫正劳动。[4]

第 184 条　逃避税款或者其他强制性缴费[5]

以故意隐瞒、低估利润（收入）或其他课税客体，以及其他方式故意逃避国家规定的税款或其他强制性缴费，数额较大，在因该行为被适用行政处罚后又实施的——

处 150 个以下基本计算单位罚金或者 2 年以下矫正劳动。[6]

逃避税款或者其他强制性缴费：

a) 是被再次实施的；

---

[1] 第 182 条第 2 款的处罚被 2019 年 12 月 3 日第 586 号乌兹别克斯坦共和国法律修正（国家立法数据库 2019 年 12 月 4 日第 03/19/586/4106 号）。

[2] 第 183 条被 2012 年 12 月 29 日第 345 号乌兹别克斯坦共和国法律修正（2013 年第 1 号乌兹别克斯坦共和国立法汇编第 1 条）。

[3] 第 183 条第 1 款的处罚被 2019 年 12 月 3 日第 586 号乌兹别克斯坦共和国法律修正（国家立法数据库 2019 年 12 月 4 日第 03/19/586/4106 号）。

[4] 第 183 条第 2 款的处罚被 2019 年 12 月 3 日第 586 号乌兹别克斯坦共和国法律修正（国家立法数据库 2019 年 12 月 4 日第 03/19/586/4106 号）。

[5] 第 184 条被 2008 年 12 月 31 日第 197 号乌兹别克斯坦共和国法律修正（2008 年第 52 号乌兹别克斯坦共和国立法汇编第 513 条）。

[6] 第 184 条第 1 款的处罚被 2019 年 12 月 3 日第 586 号乌兹别克斯坦共和国法律修正（国家立法数据库 2019 年 12 月 4 日第 03/19/586/4106 号）。

b）数额巨大的——

处150个至300个基本计算单位罚金、2年至3年矫正劳动、1年至3年限制自由或者3年以下监禁。[1]

逃避税款或者其他强制性缴费，数额特别巨大的——

处300个至600个基本计算单位罚金、3年至5年限制自由或者3年至5年监禁。[2]

如果全部缴纳了逃避的税款和其他强制性缴费的，不应适用限制自由和监禁之刑罚。[3]

初次实施犯罪的人，如果在收到国家税务机关对税务审计材料的审查结果或者乌兹别克斯坦共和国总检察院打击经济犯罪部的通知做出的决定之日起30日内，全部偿还了所造成的国家税款或其他强制性缴费损失（包括罚款和其他经济制裁）的，免除责任。[4]

第184-1条　违反预算和人员预算纪律[5]

违反财政年度中的预算和人员预算纪律，数额巨大的——

处50个以下基本计算单位罚金、240小时以下强制社区服务或者1年以矫正劳动。[6]

该行为的实施数额特别巨大的——

处50个至75个基本计算单位罚金、240小时至300小时强制社

---

[1]　第184条第2款的处罚被2019年12月3日第586号乌兹别克斯坦共和国法律修正（国家立法数据库2019年12月4日第03/19/586/4106号）。

[2]　第184条第3款的处罚被2019年12月3日第586号乌兹别克斯坦共和国法律修正（国家立法数据库2019年12月4日第03/19/586/4106号）。

[3]　第184条第4款的处罚被2015年8月10日第389号乌兹别克斯坦共和国法律修正（2015年第32号乌兹别克斯坦共和国立法汇编第425条）。

[4]　第184条第5款被2019年1月15日第516号乌兹别克斯坦共和国法律修正（国家立法数据库2019年1月16日第03/19/516/2484号）。

[5]　第184-1条由1999年4月15日第772-Ⅰ号乌兹别克斯坦共和国法律新增（1999年第5号奥利马日利斯公报第124条）；第184-1条被2016年12月26日第416号乌兹别克斯坦共和国法律修正（2016年第52号乌兹别克斯坦共和国立法汇编第597条）。

[6]　第184-1条第1款的处罚被2019年12月3日第586号乌兹别克斯坦共和国法律修正（国家立法数据库2019年12月4日第03/19/586/4106号）。

区服务、2 年以下矫正劳动、1 年以下限制自由或者 1 年以下监禁。[1]

第 185 条　违反贵金属或者宝石的上交规则

违反将从地表以下开采的贵重金属或者宝石上交国家的规则，对国家造成损失巨大的——

处 50 个以下基本计算单位罚金、3 年以下剥夺特定权利、360 小时以下强制社区服务或者 3 年以下矫正劳动。[2]

第 185-1 条　违反有色金属及其碎片、废品的采购、获取、使用和销售规则[3]

违反不属于贵金属的有色金属及其碎片、废品的采购、获取、使用和销售规则，在因该行为被适用行政处罚后又实施的——

处 100 个至 150 个基本计算单位罚金、5 年以下剥夺特定权利、300 小时以下强制社区服务或者 2 年以下矫正劳动。[4]

该行为：

a）是被再次实施或者由危险累犯实施的；

b）数额巨大的；

c）由有预谋的团伙实施的——

处 150 个至 300 个基本计算单位罚金、300 小时至 360 小时强制社区服务或者 2 年至 3 年矫正劳动。[5]

---

[1] 第 184-1 条第 2 款的处罚被 2019 年 12 月 3 日第 586 号乌兹别克斯坦共和国法律修正（国家立法数据库 2019 年 12 月 4 日第 03/19/586/4106 号）。

[2] 第 185 条的处罚被 2019 年 12 月 3 日第 586 号乌兹别克斯坦共和国法律修正（国家立法数据库 2019 年 12 月 4 日第 03/19/586/4106 号）。

[3] 第 185-1 条由 2000 年 5 月 26 日第 82-Ⅱ号乌兹别克斯坦共和国法律新增（2000 年第 5-6 号奥利马日利斯公报第 153 条）；第 185-1 条的正文被 2007 年 4 月 6 日第 85 号乌兹别克斯坦共和国法律修正（2007 年第 14 号乌兹别克斯坦共和国立法汇编第 134 条）。

[4] 第 185-1 条第 1 款的处罚被 2019 年 12 月 3 日第 586 号乌兹别克斯坦共和国法律修正（国家立法数据库 2019 年 12 月 4 日第 03/19/586/4106 号）。

[5] 第 185-1 条第 2 款的处罚被 2019 年 12 月 3 日第 586 号乌兹别克斯坦共和国法律修正（国家立法数据库 2019 年 12 月 4 日第 03/19/586/4106 号）。

该行为:

a) 数额特别巨大的;

b) 由有组织集团实施或者为了有组织集团的利益实施的——

处 300 个至 600 个基本计算单位罚金、300 小时至 480 小时强制社区服务、1 年至 3 年限制自由或者 3 年以下监禁。[1]

第 185-2 条　违反电能、热能、天然气、水的使用规则[2]

在未经许可的情况下连接到公用的电能、热能、天然气、供水网络,或者故意损坏电能、热能、天然气、冷水或热水的计量装置(包括其封条),或者从外部干扰计量装置以改变其指示器,在因该行为被适用行政处罚后又实施的——

处 25 个至 75 个基本计算单位罚金、240 小时以下强制社区服务,或者 1 年以下矫正劳动。[3]

在未经许可的情况下连接到公用的电能、热能、天然气、供水网络,或者故意损坏电能、热能、天然气、冷水或热水的计量装置(包括其封条),或者从外部干扰计量装置以改变其指示器,造成损失较大的——

处 75 个至 150 个基本计算单位罚金、240 小时至 300 小时强制社区服务、2 年以下矫正劳动、1 年以下限制自由或者 1 年以下监禁。[4]

在未经许可的情况下连接到公用的电能、热能、天然气、供水

---

[1] 第 185-1 条第 3 款的处罚被 2019 年 12 月 3 日第 586 号乌兹别克斯坦共和国法律修正(国家立法数据库 2019 年 12 月 4 日第 03/19/586/4106 号)。

[2] 第 185-2 条由 2005 年 12 月 31 日第 19 号乌兹别克斯坦共和国法律新增(2005 年第 52 号乌兹别克斯坦共和国立法汇编第 385 条);第 185-2 条被 2009 年 12 月 15 日第 220 号乌兹别克斯坦共和国法律修正(2009 年第 38 号乌兹别克斯坦共和国立法汇编第 414 条);第 185-2 条的正文被 2017 年 6 月 13 日第 436 号乌兹别克斯坦共和国法律修正(2017 年第 24 号乌兹别克斯坦共和国立法汇编第 487 条)。

[3] 第 185-2 条第 1 款的处罚被 2019 年 12 月 3 日第 586 号乌兹别克斯坦共和国法律修正(国家立法数据库 2019 年 12 月 4 日第 03/19/586/4106 号)。

[4] 第 185-2 条第 2 款的处罚被 2019 年 12 月 3 日第 586 号乌兹别克斯坦共和国法律修正(国家立法数据库 2019 年 12 月 4 日第 03/19/586/4106 号)。

网络，或者故意损坏电能、热能、天然气、冷水或热水的计量装置（包括其封条），或者从外部干扰计量装置以改变其指示器，造成损失巨大的——

处 150 个至 300 个基本计算单位罚金、300 小时至 360 小时强制社区服务、2 年至 3 年矫正劳动、1 年至 2 年限制自由或者 1 年至 2 年监禁。[1]

在未经许可的情况下连接到公用的电能、热能、天然气、供水网络，或者故意损坏电能、热能、天然气、冷水或热水的计量装置（包括其封条），或者从外部干扰计量装置以改变其指示器，造成损失特别巨大的——

处 300 个至 500 个基本计算单位罚金、2 年至 3 年限制自由或者 2 年至 3 年监禁。[2]

在对所造成的经济损失予以赔偿的情况下，不应适用限制自由和监禁之刑罚。

初次实施犯罪的人，如果在犯罪侦查之日起 30 日内赔偿所造成的经济损失的，免除责任。

第 13 章　与经济活动实施有关的犯罪

第 186 条　以出售为目的生产、储存、运输或者出售不符合安全要求的商品、执行不符合安全要求的工作或者提供不符合安全要求的服务[3]

以出售为目的生产、储存、运输或者出售不符合消费者生命或健康安全要求的商品、执行不符合消费者生命或健康安全要求的工作或者提供不符合消费者生命或健康安全要求的服务的——

---

〔1〕 第 185-2 条第 3 款的处罚被 2019 年 12 月 3 日第 586 号乌兹别克斯坦共和国法律修正（国家立法数据库 2019 年 12 月 4 日第 03/19/586/4106 号）。

〔2〕 第 185-2 条第 4 款的处罚被 2019 年 12 月 3 日第 586 号乌兹别克斯坦共和国法律修正（国家立法数据库 2019 年 12 月 4 日第 03/19/586/4106 号）。

〔3〕 第 186 条被 2007 年 4 月 25 日第 93 号乌兹别克斯坦共和国法律修正（2007 年第 17-18 号乌兹别克斯坦共和国立法汇编第 171 条）。

处100个至200个基本计算单位罚金、300小时以下强制社区服务或者2年以下矫正劳动。[1]

该行为导致中度或者严重身体伤害的——

处200个至400个基本计算单位罚金、300小时至360小时强制社区服务、2年至3年矫正劳动、1年至3年限制自由或者3年以下监禁。[2]

该行为导致人员死亡的——

处3年至7年监禁。

该行为导致：

a）大量人员死亡的；

b）其他严重后果的——

处3年至7年监禁。

第186-1条 非法生产或者流通乙醇、酒精和烟草制品[3]

非法生产或者流通乙醇、酒精和烟草制品，数额较大或者是在因该行为被适用行政处罚后又实施的——[4]

处200个至400个基本计算单位罚金、3年以下矫正劳动、2年

---

[1] 第186条第1款的处罚被2019年12月3日第586号乌兹别克斯坦共和国法律修正（国家立法数据库2019年12月4日第03/19/586/4106号）。

[2] 第186条第2款的处罚被2019年12月3日第586号乌兹别克斯坦共和国法律修正（国家立法数据库2019年12月4日第03/19/586/4106号）。

[3] 第186-1条由1999年8月20日第832-Ⅰ号乌兹别克斯坦共和国法律新增（1999年第9号奥利马日利斯公报第229条）；第186-1条被2007年4月25日第93号乌兹别克斯坦共和国法律修正（2007年第17-18号乌兹别克斯坦共和国立法汇编第171条）。

[4] 第186-1条第1款的罪状被2004年8月27日第671-Ⅱ号乌兹别克斯坦共和国法律修正（2004年第37号乌兹别克斯坦共和国立法汇编第408条）；第186-1条第1款的罪状被2008年9月24日第182号乌兹别克斯坦共和国法律修正（2008年第39号乌兹别克斯坦共和国立法汇编第391条）。

至 5 年限制自由或者 5 年以下监禁。[1]

该行为的实施具有下列情形的：

a）数额巨大的；

b）由有预谋的团伙实施的；

c）是被再次实施或者由危险累犯实施的；

d）利用公务职位实施的——

处 400 个至 600 个基本计算单位罚金或者 5 年至 7 年监禁。[2]

该行为的实施具有下列情形的：

a）数额特别巨大的；

b）由有组织集团实施或者为了有组织集团的利益实施的——

处 7 年至 12 年监禁。[3]

非法生产或者流通乙醇、酒精和烟草制品，如果数额巨大或特别巨大或者是通过滥用权力或公务权限实施的——

处 7 年至 12 年监禁。

第 186-2 条　非法生产或者流通从棉籽中获得的产品[4]

非法生产或者流通从棉籽中获得的产品的——

处 100 个至 300 个基本计算单位罚金、360 小时以下强制社区服

---

[1] 第 186-1 条第 1 款的处罚被 2001 年 8 月 29 日第 254-Ⅱ号乌兹别克斯坦共和国法律修正（2001 年第 9-10 号奥利马日利斯公报第 165 条）；第 186-1 条第 1 款的处罚被 2019 年 12 月 3 日第 586 号乌兹别克斯坦共和国法律修正（国家立法数据库 2019 年 12 月 4 日第 03/19/586/4106 号）。

[2] 第 186-1 条第 2 款的处罚被 2001 年 8 月 29 日第 254-Ⅱ号乌兹别克斯坦共和国法律修正（2001 年第 9-10 号奥利马日利斯公报第 165 条）；第 186-1 条第 2 款的处罚被 2004 年 8 月 27 日第 671-Ⅱ号乌兹别克斯坦共和国法律修正（2004 年第 37 号乌兹别克斯坦共和国立法汇编第 408 条）；第 186-1 条第 2 款的处罚被 2019 年 12 月 3 日第 586 号乌兹别克斯坦共和国法律修正（国家立法数据库 2019 年 12 月 4 日第 03/19/586/4106 号）。

[3] 第 186-1 条第 3 款的处罚被 2001 年 8 月 29 日第 254-Ⅱ号乌兹别克斯坦共和国法律修正（2001 年第 9-10 号奥利马日利斯公报第 165 条）；

[4] 第 186-2 条由 2007 年 4 月 25 日第 93 号乌兹别克斯坦共和国法律新增（2007 年第 17-18 号乌兹别克斯坦共和国立法汇编第 171 条）。

务、3年以下矫正劳动、1年至3年限制自由或者3年以下监禁。[1]

该行为的实施具有下列情形的：

a）数额巨大的；

b）由有预谋的团伙实施的；

c）是被再次实施或者由危险累犯实施的；

d）利用公务职位实施的——

处300个至600个基本计算单位罚金或者3年至7年监禁。[2]

该行为的实施具有下列情形的：

a）数额特别巨大的；

b）由有组织集团实施或者为了有组织集团的利益实施的——

处3年至7年监禁。

第186-3条 以出售为目的生产、制造、购买、储存、运输或者出售不合格或者伪造的药品或医疗产品，在药店及其分支机构以外出售药品或者医疗产品，以及违反程序零售含有烈性物质的处方药品[3]

以出售为目的生产、制造、购买、储存、运输或者出售不合格或者伪造的药品或医疗产品，以及在药店及其分支机构以外出售药品或者医疗产品，在因该行为被适用行政处罚后又实施的——[4]

---

[1] 第186-2条第1款的处罚被2019年12月3日第586号乌兹别克斯坦共和国法律修正（国家立法数据库2019年12月4日第03/19/586/4106号）。

[2] 第186-2条第1款的处罚被2019年12月3日第586号乌兹别克斯坦共和国法律修正（国家立法数据库2019年12月4日第03/19/586/4106号）。

[3] 第186-3条由2018年10月22日第503号乌兹别克斯坦共和国法律新增（国家立法数据库2018年10月23日第03/18/503/2080号）；第186-3条的条旨被2020年7月21日第629号乌兹别克斯坦共和国法律修正（国家立法数据库2020年7月22日第03/20/629/1087号）。

[4] 第186-3条第1款的罪状被2020年7月21日第629号乌兹别克斯坦共和国法律修正（国家立法数据库2020年7月22日第03/20/629/1087号）。

处 100 个至 300 个基本计算单位罚金、3 年以下矫正劳动、2 年至 5 年限制自由或者 5 年以下监禁。[1]

该行为：

a) 数额巨大的；

b) 由有预谋的团伙实施的；

c) 是被再次实施或者由危险累犯实施的；

d) 利用公务职位实施的；

e) 导致中度或者严重身体伤害的；

f) 通过伪造证明药品或者医疗器械质量或者国家注册的文书实施的——

处 5 年至 8 年监禁。

该行为：

a) 数额特别巨大的；

b) 由有组织集团实施或者为了有组织集团的利益实施的；

c) 导致人员死亡的——

处 8 年至 10 年监禁。

该行为导致：

a) 大量人员死亡的；

b) 其他严重后果的——

处 10 年至 15 年监禁。

违反程序零售含有烈性物质的处方药品，在因该行为被适用行政处罚后又实施或者数额巨大的——

处 100 个至 300 个基本计算单位罚金、3 年以下矫正劳动、2 年至 5 年限制自由或者 3 年以下监禁。[2]

实施与含有烈性物质的医药产品相关的行为时，不适用本条第

---

[1] 第 186-3 条第 1 款的处罚被 2019 年 12 月 3 日第 586 号乌兹别克斯坦共和国法律修正（国家立法数据库 2019 年 12 月 4 日第 03/19/586/4106 号）。

[2] 第 186-3 条第 5 款由 2020 年 7 月 21 日第 629 号乌兹别克斯坦共和国法律增补（国家立法数据库 2020 年 7 月 22 日第 03/20/629/1087 号）。

1 款至第 4 款。[1]

第 187 条　（废止）[2]

第 188 条　非法经营活动[3]

在没有国家注册的情况下开展经营活动，获得不受监管的收入数额巨大的——

处 300 个至 600 个基本计算单位罚金和 3 年以下剥夺特定权利，或者 480 小时以下强制社区服务，或者 1 年至 3 年限制自由或者 5 年以下监禁。[4]

初次实施犯罪的人，如果在犯罪侦查之日起 30 日内主动赔偿了所造成的国家税款或其他强制性缴费损失、确保进行经营主体登记和被颁发所需的许可证的，免除责任。[5]

第 188-1 条　吸收资金和（或）其他财产的非法活动[6]

通过承担提供财产利益的义务的手段（以新吸收的自然人和法人的资金和（或）其他财产为代价保障以前承担的提供财产利益的义务）从事吸收自然人或法人资金和（或）其他财产的非法活动，以及管理和保障此类活动的运行，以及做广告（包括使用大众传媒、电信网络以及全球信息网络互联网）吸引人参加该活动的——

处 100 个至 300 个基本计算单位罚金、2 年以下矫正劳动、3 年

---

[1]　第 186-3 条第 6 款由 2021 年 8 月 25 日第 711 号乌兹别克斯坦共和国法律增补（国家立法数据库 2021 年 8 月 26 日第 03/21/711/0825 号）

[2]　第 187 条被 2000 年 12 月 15 日第 175-Ⅱ号乌兹别克斯坦共和国法律废止（2000 年第 1-2 号奥利马日利斯公报第 23 条）。

[3]　第 188 条被 2015 年 8 月 20 日第 391 号乌兹别克斯坦共和国法律修正（2015 年第 33 号乌兹别克斯坦共和国立法汇编第 439 条）。

[4]　第 188 条第 1 款的处罚被 2019 年 12 月 3 日第 586 号乌兹别克斯坦共和国法律修正（国家立法数据库 2019 年 12 月 4 日第 03/19/586/4106 号）。

[5]　第 188 条第 2 款由 2016 年 12 月 29 日第 418 号乌兹别克斯坦共和国法律增补（2017 年第 1 号乌兹别克斯坦共和国立法汇编第 1 条）。

[6]　第 188-1 条由 2016 年 12 月 23 日第 411 号乌兹别克斯坦共和国法律新增（2016 年第 39 号乌兹别克斯坦共和国立法汇编第 457 条）。

至 5 年限制自由或者 3 年至 5 年监禁。[1]

通过承担提供财产利益的义务的手段（以新吸收的自然人和法人的资金和（或）其他财产为代价保障以前承担的提供财产利益的义务）从事吸收自然人或法人资金和（或）其他财产的非法活动，以及管理和保障此类活动的运行，具有下列情形的：

a）数额巨大的；

b）是被再次实施或者由危险累犯实施的；

c）由有预谋的团伙实施的；

d）利用大众传媒或者电信网络以及全球信息网络互联网实施的——

处 300 个至 500 个基本计算单位罚金、2 年至 3 年矫正劳动或者 5 年至 7 年监禁。[2]

本条第 2 款规定的行为：

a）数额特别巨大的；

b）由特别危险累犯实施的；

c）由有组织集团实施或者为了有组织集团的利益实施的——

处 3 年至 7 年监禁。

第 189 条　违反商品出售或者服务提供规则[3]

违反商品出售或者服务提供规则，价值特别巨大的——

---

[1]　第 188-1 条第 1 款的处罚被 2019 年 12 月 3 日第 586 号乌兹别克斯坦共和国法律修正（国家立法数据库 2019 年 12 月 4 日第 03/19/586/4106 号）。

[2]　第 188-1 条第 2 款的处罚被 2019 年 12 月 3 日第 586 号乌兹别克斯坦共和国法律修正（国家立法数据库 2019 年 12 月 4 日第 03/19/586/4106 号）。

[3]　第 189 条的正文被 2001 年 8 月 29 日第 254-Ⅱ号乌兹别克斯坦共和国法律修正（2001 年第 9-10 号奥利马日利斯公报第 165 条）；第 189 条第 1 款被 2015 年 8 月 20 日第 391 号乌兹别克斯坦共和国法律废止（2015 年第 33 号乌兹别克斯坦共和国立法汇编第 439 条）；第 189 条第 2 款被 2015 年 8 月 20 日第 391 号乌兹别克斯坦共和国法律废止（2015 年第 33 号乌兹别克斯坦共和国立法汇编第 439 条）；现在的第 189 条第 2 款由 2016 年 12 月 29 日第 418 号乌兹别克斯坦共和国法律增补（2017 年第 1 号乌兹别克斯坦共和国立法汇编第 1 条）。

处 300 个至 600 个基本计算单位罚金或者 2 年以下矫正劳动。[1]

初次实施犯罪的人，如果在犯罪侦查之日起 30 日内消除违反贸易或者服务提供规则的后果并且赔偿了所造成的经济损失的，免除责任。

第 190 条　无证照、无许可文书或者无告知从事经济活动[2]

在未发出告知的情况下，从事需要履行告知程序的活动，获得收入数额特别巨大的——

处 25 个基本计算单位罚金、1 年以下剥夺特定权利或者 160 小时以下强制社区服务。

本条第 1 款规定的行为：

a）由危险累犯实施的；

b）由有预谋的团伙实施的——

处 70 个基本计算单位罚金或者 200 小时至 300 小时强制社区服务。

在没有获得许可文书的情况下，从事其实施需要获得许可文书的活动，获得收入特别数额巨大的——

处 40 个基本计算单位罚金、2 年以下剥夺特定权利、230 小时以下强制社区服务或者 10 个月以下矫正劳动。

本条第 3 款规定的行为：

a）由危险累犯实施的；

b）由有预谋的团伙实施的——

处 90 个基本计算单位罚金或者 250 小时至 400 小时强制社区服务。

---

[1] 第 189 条第 1 款的处罚被 2019 年 12 月 3 日第 586 号乌兹别克斯坦共和国法律修正（国家立法数据库 2019 年 12 月 4 日第 03/19/586/4106 号）。

[2] 第 190 条被 2016 年 12 月 29 日地 418 号乌兹别克斯坦共和国法律修正（2017 年第 1 号乌兹别克斯坦共和国立法汇编第 1 条）；被 2019 年 12 月 3 日第 586 号乌兹别克斯坦共和国法律修正（国家立法数据库 2019 年 12 月 4 日第 03/19/586/4106 号）；被 2021 年 10 月 12 日第 721 号乌兹别克斯坦共和国法律修正（国家立法数据库 2021 年 10 月 12 日第 03/21/721/0952 号）。

在没有获得证照的情况下，从事需要获得证照才能进行的活动，获得收入数额特别巨大的——

处 55 个基本计算单位罚金、5 年以下剥夺特定权利、300 小时以下强制社区服务或者 3 年以下矫正劳动。

本条第 5 款规定的行为：

a）由危险累犯实施的；

b）由有预谋的团伙实施的——

处 100 个基本计算单位罚金或者 300 小时至 480 小时强制社区服务。

初次实施犯罪的人，如果在犯罪侦查之日起 30 日内消除无证照、无许可文书或者无告知从事经济活动的后果并且赔偿了所造成的经济损失的，免除责任。

第 191 条　非法收集、披露或者使用信息

在未经所有者同意的情况下，以披露或者使用为目的以任何方式收集科学、技术、工业、经济、贸易或者其他类似的保密信息的——

处 100 个以下基本计算单位罚金、300 小时以下强制社区服务或者 2 年以下矫正劳动。[1]

在未经所有者同意的情况下，故意披露或者使用保密的科学、技术、工业、经济、贸易或其他类似的保密信息，对经营主体造成损失巨大的——

处 100 个至 200 个基本计算单位罚金、3 年至 5 年剥夺特定权利、300 小时至 480 小时强制社区服务或者 2 年至 3 年矫正劳动。[2]

第 192 条　抹黑竞争对手

抹黑竞争对手，即以损害经营主体的商业声誉为目的，在印刷

---

〔1〕 第 191 条第 1 款的处罚被 2019 年 12 月 3 日第 586 号乌兹别克斯坦共和国法律修正（国家立法数据库 2019 年 12 月 4 日第 03/19/586/4106 号）。

〔2〕 第 191 条第 2 款的处罚被 2019 年 12 月 3 日第 586 号乌兹别克斯坦共和国法律修正（国家立法数据库 2019 年 12 月 4 日第 03/19/586/4106 号）。

或者其他方式复制的文本或者大众传媒中传播明知虚假、不准确或者歪曲的信息的——

处 50 个至 100 个基本计算单位罚金、360 小时以下强制社区服务或者 3 年以下矫正劳动。[1]

第 13-1 章　与妨碍、非法干涉企业活动有关的犯罪及侵犯经营主体权利和法益的其他犯罪[2]

第 192-1 条　侵犯私人财产权[3]

监察、执法和其他国家机关及国有组织的公务员或雇员，通过侵犯私人财产所有者的权利（即非法限制和（或）剥夺财产权、侵犯私人财产、故意向所有人施加包括不合理的转让财产或财产权利的要求在内的不可接受的条件以及没收财产或强迫其放弃对自己财产的权利）给其造成损失，不符合侵占罪的构成特征，在因该行为被适用行政处罚后又实施的——

处 200 个至 300 个基本计算单位罚金、3 年以下剥夺特定权利、300 小时至 360 小时强制社区服务、3 年以下矫正劳动或者 3 年以下监禁。[4]

该行为的实施具有下列情形的：

a）导致损失巨大的；

b）由有预谋的团伙实施的——

---

[1] 第 192 条的处罚被 2019 年 12 月 3 日第 586 号乌兹别克斯坦共和国法律修正（国家立法数据库 2019 年 12 月 4 日第 03/19/586/4106 号）。

[2] 第 13-1 章由 2015 年 8 月 20 日第 391 号乌兹别克斯坦共和国法律新增（2015 年第 33 号乌兹别克斯坦共和国立法汇编第 439 条）。

[3] 第 192-1 条由 2015 年 8 月 20 日第 391 号乌兹别克斯坦共和国法律新增（2015 年第 33 号乌兹别克斯坦共和国立法汇编第 439 条）。

[4] 第 192-1 条第 1 款的处罚被 2018 年 10 月 22 日第 503 号乌兹别克斯坦共和国法律修正（国家立法数据库 2018 年 10 月 23 日第 03/18/503/2080 号）；第 192-1 条第 1 款的处罚被 2019 年 12 月 3 日第 586 号乌兹别克斯坦共和国法律修正（国家立法数据库 2019 年 12 月 4 日第 03/19/586/4106 号）。

处 300 个至 500 个基本计算单位罚金，或者 3 年至 5 年限制自由，或者 3 年至 5 年监禁和剥夺特定权利。[1]

该行为的实施具有下列情形的：

a）造成损失特别巨大的；

b）为了有组织集团的利益而实施的——

处 500 个至 600 个基本计算单位罚金，或者 5 年至 7 年监禁和剥夺特定权利。[2]

第 192-2 条　违反对经营主体的金融和经济活动进行检查和审计的程序[3]

违反对经营主体的金融和经济活动进行检查和审计的规定程序，以及对经营主体的活动进行非法的检查，在因该行为被适用行政处罚后又实施的——

处 200 个至 300 个基本计算单位罚金、3 年以下剥夺特定权利、300 小时至 360 小时强制社区服务、3 年以下矫正劳动或者 3 年以下监禁。[4]

该行为的实施具有下列情形的：

a）导致损失巨大的；

---

[1]　第 192-1 条第 2 款的处罚被 2018 年 10 月 22 日第 503 号乌兹别克斯坦共和国法律修正（国家立法数据库 2018 年 10 月 23 日第 03/18/503/2080 号）；第 192-1 条第 2 款的处罚被 2019 年 12 月 3 日第 586 号乌兹别克斯坦共和国法律修正（国家立法数据库 2019 年 12 月 4 日第 03/19/586/4106 号）。

[2]　第 192-1 条第 3 款的处罚被 2018 年 10 月 22 日第 503 号乌兹别克斯坦共和国法律修正（国家立法数据库 2018 年 10 月 23 日第 03/18/503/2080 号）；第 192-1 条第 3 款的处罚被 2019 年 12 月 3 日第 586 号乌兹别克斯坦共和国法律修正（国家立法数据库 2019 年 12 月 4 日第 03/19/586/4106 号）。

[3]　第 192-2 条由 2015 年 8 月 20 日第 391 号乌兹别克斯坦共和国法律新增（2015 年第 33 号乌兹别克斯坦共和国立法汇编第 439 条）。

[4]　第 192-2 条第 1 款的处罚被 2018 年 10 月 22 日第 503 号乌兹别克斯坦共和国法律修正（国家立法数据库 2018 年 10 月 23 日第 03/18/503/2080 号）；第 192-2 条第 1 款的处罚被 2019 年 12 月 3 日第 586 号乌兹别克斯坦共和国法律修正（国家立法数据库 2019 年 12 月 4 日第 03/19/586/4106 号）。

b）由有预谋的团伙实施的——

处 300 个至 500 个基本计算单位罚金，或者 3 年至 5 年限制自由，或者 3 年至 5 年监禁和剥夺特定权利。[1]

该行为的实施具有下列情形的：

a）造成损失特别巨大的；

b）为了有组织集团的利益而实施的——

处 500 个至 600 个基本计算单位罚金，或者 5 年至 7 年监禁和剥夺特定权利。[2]

第 192-3 条　非法停止经营主体的活动和（或）其银行账户上的交易[3]

非法停止经营主体的活动和（或）其银行账户上的交易，在因该行为被适用行政处罚后又实施的——

处 200 个至 300 个基本计算单位罚金、3 年以下剥夺特定权利、300 小时至 360 小时强制社区服务、3 年以下矫正劳动或者 3 年以下监禁。[4]

该行为的实施具有下列情形的：

a）导致损失巨大的；

---

〔1〕 第 192-2 条第 2 款的处罚被 2018 年 10 月 22 日第 503 号乌兹别克斯坦共和国法律修正（国家立法数据库 2018 年 10 月 23 日第 03/18/503/2080 号）；第 192-2 条第 2 款的处罚被 2019 年 12 月 3 日第 586 号乌兹别克斯坦共和国法律修正（国家立法数据库 2019 年 12 月 4 日第 03/19/586/4106 号）。

〔2〕 第 192-2 条第 3 款的处罚被 2018 年 10 月 22 日第 503 号乌兹别克斯坦共和国法律修正（国家立法数据库 2018 年 10 月 23 日第 03/18/503/2080 号）；第 192-2 条第 3 款的处罚被 2019 年 12 月 3 日第 586 号乌兹别克斯坦共和国法律修正（国家立法数据库 2019 年 12 月 4 日第 03/19/586/4106 号）。

〔3〕 第 192-3 条由 2015 年 8 月 20 日第 391 号乌兹别克斯坦共和国法律新增（2015 年第 33 号乌兹别克斯坦共和国立法汇编第 439 条）。

〔4〕 第 192-3 条第 1 款的处罚被 2018 年 10 月 22 日第 503 号乌兹别克斯坦共和国法律修正（国家立法数据库 2018 年 10 月 23 日第 03/18/503/2080 号）；第 192-3 条第 1 款的处罚被 2019 年 12 月 3 日第 586 号乌兹别克斯坦共和国法律修正（国家立法数据库 2019 年 12 月 4 日第 03/19/586/4106 号）。

b) 由有预谋的团伙实施的——

处 300 个至 500 个基本计算单位罚金，或者 3 年至 5 年限制自由，或者 3 年至 5 年监禁和剥夺特定权利。[1]

该行为的实施具有下列情形的：

a) 造成损失特别巨大的；

b) 为了有组织集团的利益而实施的——

处 500 个至 600 个基本计算单位罚金，或者 5 年至 7 年监禁和剥夺特定权利。[2]

第 192-4 条　强迫经营主体参加慈善活动和其他活动[3]

监察、执法和其他国家机关及国有组织的公务员或雇员，强迫经营主体参加与转让资金和其他有形财产有关的慈善活动和其他活动，在因该行为被适用行政处罚后又实施的——

处 200 个至 400 个基本计算单位罚金、3 年以下剥夺特定权利、360 小时至 480 小时强制社区服务、3 年至 5 年限制自由或者 3 年至 5 年监禁。[4]

在对所造成的经济损失予以赔偿的情况下，不应适用限制自由和监禁之刑罚。

---

〔1〕 第 192-3 条第 2 款的处罚被 2018 年 10 月 22 日第 503 号乌兹别克斯坦共和国法律修正（国家立法数据库 2018 年 10 月 23 日第 03/18/503/2080 号）；第 192-3 条第 2 款的处罚被 2019 年 12 月 3 日第 586 号乌兹别克斯坦共和国法律修正（国家立法数据库 2019 年 12 月 4 日第 03/19/586/4106 号）。

〔2〕 第 192-3 条第 3 款的处罚被 2018 年 10 月 22 日第 503 号乌兹别克斯坦共和国法律修正（国家立法数据库 2018 年 10 月 23 日第 03/18/503/2080 号）；第 192-3 条第 3 款的处罚被 2019 年 12 月 3 日第 586 号乌兹别克斯坦共和国法律修正（国家立法数据库 2019 年 12 月 4 日第 03/19/586/4106 号）。

〔3〕 第 192-4 条由 2015 年 8 月 20 日第 391 号乌兹别克斯坦共和国法律新增（2015 年第 33 号乌兹别克斯坦共和国立法汇编第 439 条）。

〔4〕 第 192-4 条第 1 款的处罚被 2018 年 10 月 22 日第 503 号乌兹别克斯坦共和国法律修正（国家立法数据库 2018 年 10 月 23 日第 03/18/503/2080 号）；第 192-4 条第 1 款的处罚被 2019 年 12 月 3 日第 586 号乌兹别克斯坦共和国法律修正（国家立法数据库 2019 年 12 月 4 日第 03/19/586/4106 号）。

第 192-5 条　违反许可法规和许可程序法规[1]

违反签发许可证和其他许可文书的既定程序和期限（包括非法引入新的种类的许可证和许可程序），在因该行为被适用行政处罚后又实施的——

处 100 个至 300 个基本计算单位罚金和剥夺特定权利，或者 360 小时以下强制社区服务，或者 2 年以下矫正劳动。[2]

该行为的实施具有下列情形的：

a）造成损失特别巨大的；

b）为了有组织集团的利益而实施的——

处 300 个至 600 个基本计算单位罚金，或者 3 年至 5 年限制自由，或者 3 年至 5 年监禁和剥夺特定权利。[3]

第 192-6 条　非法地拒绝适用、不适用或者阻碍适用利益和优惠[4]

非法地拒绝适用、不适用或者阻碍适用授予经营主体的利益和优惠，在因该行为被适用行政处罚后又实施的——

处 100 个至 300 个基本计算单位罚金、2 年以下剥夺特定权利、300 小时至 360 小时强制社区服务或者 2 年以下矫正劳动。[5]

---

〔1〕 第 192-5 条由 2015 年 8 月 20 日第 391 号乌兹别克斯坦共和国法律新增（2015 年第 33 号乌兹别克斯坦共和国立法汇编第 439 条）。

〔2〕 第 192-5 条第 1 款的处罚被 2018 年 10 月 22 日第 503 号乌兹别克斯坦共和国法律修正（国家立法数据库 2018 年 10 月 23 日第 03/18/503/2080 号）；第 192-5 条第 1 款的处罚被 2019 年 12 月 3 日第 586 号乌兹别克斯坦共和国法律修正（国家立法数据库 2019 年 12 月 4 日第 03/19/586/4106 号）。

〔3〕 第 192-5 条第 2 款的处罚被 2018 年 10 月 22 日第 503 号乌兹别克斯坦共和国法律修正（国家立法数据库 2018 年 10 月 23 日第 03/18/503/2080 号）；第 192-5 条第 2 款的处罚被 2019 年 12 月 3 日第 586 号乌兹别克斯坦共和国法律修正（国家立法数据库 2019 年 12 月 4 日第 03/19/586/4106 号）。

〔4〕 第 192-6 条由 2015 年 8 月 20 日第 391 号乌兹别克斯坦共和国法律新增（2015 年第 33 号乌兹别克斯坦共和国立法汇编第 439 条）。

〔5〕 第 192-6 条第 1 款的处罚被 2018 年 10 月 22 日第 503 号乌兹别克斯坦共和国法律修正（国家立法数据库 2018 年 10 月 23 日第 03/18/503/2080 号）；第 192-6 条

该行为的实施具有下列情形的：

a）造成损失特别巨大的；

b）为了有组织集团的利益而实施的——

处 300 个至 600 个基本计算单位罚金，或者 360 小时至 480 小时强制社区服务，或者 1 年至 3 年矫正劳动，或者 1 年至 3 年限制自由，或者 3 年以下监禁和剥夺特定权利。[1]

第 192-7 条　不合理地拖延向经营主体和其他组织发放资金[2]

公务员或者银行雇员不合理地拖延向经营主体和其他组织发放用于支付工资、退休金、福利、奖学金和同等的其他支付的资金，在因该行为被适用行政处罚后又实施的——[3]

处 50 个至 100 个基本计算单位罚金、3 年以下剥夺特定权利、360 小时以下强制社区服务、1 年以下限制自由或者 1 年以下监禁。[4]

第 192-8 条　非法要求提供有关经营主体账户资金使用情况的信息[5]

在法律未作规定的情况下，要求提供有关经营主体账户资金使

（接上页）第 1 款的处罚被 2019 年 12 月 3 日第 586 号乌兹别克斯坦共和国法律修正（国家立法数据库 2019 年 12 月 4 日第 03/19/586/4106 号）。

[1] 第 192-6 条第 2 款的处罚被 2018 年 10 月 22 日第 503 号乌兹别克斯坦共和国法律修正（国家立法数据库 2018 年 10 月 23 日第 03/18/503/2080 号）；第 192-6 条第 2 款的处罚被 2019 年 12 月 3 日第 586 号乌兹别克斯坦共和国法律修正（国家立法数据库 2019 年 12 月 4 日第 03/19/586/4106 号）。

[2] 第 192-7 条由 2015 年 8 月 20 日第 391 号乌兹别克斯坦共和国法律新增（2015 年第 33 号乌兹别克斯坦共和国立法汇编第 439 条）。

[3] 第 192-7 条的罪状被 2016 年 12 月 26 日第 416 号乌兹别克斯坦共和国法律修正（2016 年第 52 号乌兹别克斯坦共和国立法汇编第 597 条）。

[4] 第 192-7 条的处罚被 2018 年 10 月 22 日第 503 号乌兹别克斯坦共和国法律修正（国家立法数据库 2018 年 10 月 23 日第 03/18/503/2080 号）；第 192-7 条的处罚被 2019 年 12 月 3 日第 586 号乌兹别克斯坦共和国法律修正（国家立法数据库 2019 年 12 月 4 日第 03/19/586/4106 号）。

[5] 第 192-8 条由 2015 年 8 月 20 日第 391 号乌兹别克斯坦共和国法律新增（2015 年第 33 号乌兹别克斯坦共和国立法汇编第 439 条）。

用情况的信息，在因该行为被适用行政处罚后又实施的——

处 200 个至 400 个基本计算单位罚金、3 年以下剥夺特定权利、360 小时至 480 小时强制社区服务或者 3 年以下矫正劳动。[1]

第 192-9 条 商业贿赂[2]

因为非国有商业组织或其他非国有组织的公务员为了行贿人利益实施或不实施其本来应当或者能够利用其权力实施的特定行为，明知非法地向该公务员提供有形财物或财产利益的——

处 50 个至 100 个基本计算单位罚金、300 小时强制社区服务、1 年至 2 年矫正劳动、1 年至 3 年限制自由或者 3 年以下监禁。[3]

因为非国有商业组织或其他非国有组织的公务员为了行贿人利益实施或不实施其本来应当或者能够利用其权力实施的特定行为，该公务员明知非法地收受有形财物或财产利益的——

处 50 个至 100 个基本计算单位罚金、300 小时至 360 小时强制社区服务、1 年至 2 年矫正劳动、1 年至 3 年限制自由或者 3 年以下监禁。[4]

本条第 1 款规定的行为：

a）是被再次实施的；

b）数额巨大的；

---

[1] 第 192-8 条的处罚被 2018 年 10 月 22 日第 503 号乌兹别克斯坦共和国法律修正（国家立法数据库 2018 年 10 月 23 日第 03/18/503/2080 号）；第 192-8 条的处罚被 2019 年 12 月 3 日第 586 号乌兹别克斯坦共和国法律修正（国家立法数据库 2019 年 12 月 4 日第 03/19/586/4106 号）。

[2] 第 192-9 条由 2015 年 8 月 20 日第 391 号乌兹别克斯坦共和国法律新增（2015 年第 33 号乌兹别克斯坦共和国立法汇编第 439 条）。

[3] 第 192-9 条第 1 款的处罚被 2017 年 3 月 29 日第 421 号乌兹别克斯坦共和国法律修正（2017 年第 13 号乌兹别克斯坦共和国立法汇编第 194 条）；第 192-9 条第 1 款的处罚被 2019 年 12 月 3 日第 586 号乌兹别克斯坦共和国法律修正（国家立法数据库 2019 年 12 月 4 日第 03/19/586/4106 号）。

[4] 第 192-9 条第 2 款的处罚被 2017 年 3 月 29 日第 421 号乌兹别克斯坦共和国法律修正（2017 年第 13 号乌兹别克斯坦共和国立法汇编第 194 条）；第 192-9 条第 2 款的处罚被 2019 年 12 月 3 日第 586 号乌兹别克斯坦共和国法律修正（国家立法数据库 2019 年 12 月 4 日第 03/19/586/4106 号）。

c）由有预谋的团伙实施的——

处 100 个至 300 个基本计算单位罚金、2 年至 3 年矫正劳动、3 年至 5 年限制自由或者 3 年至 5 年监禁。[1]

本条第 2 款规定的行为：

a）是被再次实施的；

b）数额巨大的；

c）以敲诈勒索手段实施的；

d）由有预谋的团伙实施的——

处 100 个至 300 个基本计算单位罚金、2 年至 3 年矫正劳动、3 年至 5 年限制自由或者 3 年至 5 年监禁。[2]

本条第 1 款或者第 2 款规定的行为：

a）数额特别巨大的；

b）由有组织集团实施或者为了有组织集团的利益实施的——

处 300 个至 600 个基本计算单位罚金或者 5 年至 8 年监禁。[3]

在行贿人是被勒索有形价值或财产利益的情况下，如果其在实施犯罪行为后 30 日内，主动报告所发生的情况、真诚地悔改并且积极协助揭露该犯罪的，免除责任。

第 192-10 条　非国有商业组织或者其他非国有组织的雇员的贿赂[4]

因为非国有商业组织或其他非国有组织的雇员为了行贿人利益实施或不实施其本来应当或者能够利用其权力实施的特定行为，明知非法地向该雇员提供有形财物或财产利益，在因该行为被适用行

---

[1] 第 192-9 条第 3 款的处罚被 2019 年 12 月 3 日第 586 号乌兹别克斯坦共和国法律修正（国家立法数据库 2019 年 12 月 4 日第 03/19/586/4106 号）。

[2] 第 192-9 条第 4 款的处罚被 2019 年 12 月 3 日第 586 号乌兹别克斯坦共和国法律修正（国家立法数据库 2019 年 12 月 4 日第 03/19/586/4106 号）。

[3] 第 192-9 条第 5 款的处罚被 2019 年 12 月 3 日第 586 号乌兹别克斯坦共和国法律修正（国家立法数据库 2019 年 12 月 4 日第 03/19/586/4106 号）。

[4] 第 192-10 条由 2015 年 8 月 20 日第 391 号乌兹别克斯坦共和国法律新增（2015 年第 33 号乌兹别克斯坦共和国立法汇编第 439 条）。

政处罚后又实施的——

处 20 个至 30 个基本计算单位罚金、240 小时以下强制社区服务或者 1 年以下矫正劳动。[1]

因为非国有商业组织或其他非国有组织的雇员为了行贿人利益实施或不实施其本来应当或者能够利用其权力实施的特定行为，该雇员明知非法地收受有形财物或财产利益，在因该行为被适用行政处罚后又实施的——

处 20 个至 30 个基本计算单位罚金、240 小时以下强制社区服务或者 1 年以下矫正劳动。[2]

第 192-11 条　非国有商业组织或者其他非国有组织的公务员的滥用职权[3]

滥用职权，即非国有商业组织或者其他非国有组织的公务员，故意利用其职权对公民的权利或法益或者国家或社会利益造成巨大损失或重大损害的——

处 100 个至 150 个基本计算单位罚金、300 小时以下强制社区服务、2 年以下限制自由或者 2 年以下监禁。[4]

该行为：

---

[1] 第 192-10 条第 1 款的处罚被 2017 年 3 月 29 日第 421 号乌兹别克斯坦共和国法律修正（2017 年第 13 号乌兹别克斯坦共和国立法汇编第 194 条）；第 192-10 条第 1 款的处罚被 2019 年 12 月 3 日第 586 号乌兹别克斯坦共和国法律修正（国家立法数据库 2019 年 12 月 4 日第 03/19/586/4106 号）。

[2] 第 192-10 条第 2 款的处罚被 2017 年 3 月 29 日第 421 号乌兹别克斯坦共和国法律修正（2017 年第 13 号乌兹别克斯坦共和国立法汇编第 194 条）；第 192-10 条第 2 款的处罚被 2019 年 12 月 3 日第 586 号乌兹别克斯坦共和国法律修正（国家立法数据库 2019 年 12 月 4 日第 03/19/586/4106 号）。

[3] 第 192-11 条由 2015 年 8 月 20 日第 391 号乌兹别克斯坦共和国法律新增（2015 年第 33 号乌兹别克斯坦共和国立法汇编第 439 条）。

[4] 第 192-11 条第 1 款的处罚被 2017 年 3 月 29 日第 421 号乌兹别克斯坦共和国法律修正（2017 年第 13 号乌兹别克斯坦共和国立法汇编第 194 条）；第 192-11 条第 1 款的处罚被 2019 年 12 月 3 日第 586 号乌兹别克斯坦共和国法律修正（国家立法数据库 2019 年 12 月 4 日第 03/19/586/4106 号）。

a）造成损失特别巨大的；

b）由有组织集团实施或者为了有组织集团的利益实施的——

处 150 个至 300 个基本计算单位罚金、3 年至 5 年剥夺特定权利、300 小时至 360 小时强制社区服务、1 年至 3 年限制自由或者 3 年以下监禁。[1]

在对所造成的经济损失予以赔偿的情况下，不应适用限制自由和监禁之刑罚。

第四编　生态领域的犯罪

第 14 章　环境保护和自然维护领域的犯罪

第 193 条　违反环境安全标准和要求

公务员在设计、安置、建造、调试工业、能源、运输、公用事业、农用工业、科学或其他设施的过程中违反环境安全的标准和要求，或者国家委员会成员违反相关规范性文件规定的验收这些设施的规则而接受其运行，导致人员死亡、人们的群体性疾病、对自然环境造成负面影响的变化或者其他严重后果的——

处 100 个至 200 个基本计算单位罚金、3 年以下剥夺特定权利、240 小时至 360 小时强制社区服务、2 年至 3 年矫正劳动、1 年至 3 年限制自由或者 3 年以下监禁。[2]

第 194 条　故意隐瞒或者歪曲环境污染信息

被特别授权的公务员，故意地隐瞒有关环境事故后果、危及人类生命和健康、野生动物的、辐射的、化学的、细菌学的或其他环

---

〔1〕 第 192-11 条第 2 款的处罚被 2017 年 3 月 29 日第 421 号乌兹别克斯坦共和国法律修正（2017 年第 13 号乌兹别克斯坦共和国立法汇编第 194 条）；第 192-11 条第 2 款的处罚被 2019 年 12 月 3 日第 586 号乌兹别克斯坦共和国法律修正（国家立法数据库 2019 年 12 月 4 日第 03/19/586/4106 号）。

〔2〕 第 193 条的处罚被 2019 年 12 月 3 日第 586 号乌兹别克斯坦共和国法律修正（国家立法数据库 2019 年 12 月 4 日第 03/19/586/4106 号）。

境污染或者公共卫生状况的信息，或者故意陈述失真的上述信息，导致人们的群体性疾病、动物、鸟类或鱼类死亡或其他严重后果的——

处100个至200个基本计算单位罚金、5年以下剥夺特定权利、360小时以下强制社区服务或者3年以下矫正劳动。[1]

该行为导致人员死亡的——

处1年至3年限制自由，或3年以下监禁和剥夺特定权利。[2]

第195条　不采取措施消除环境污染后果

遭受环境污染地区的公务员，逃避采取或者不适当地采取清除有害物质或其他恢复措施，导致人们的群体性疾病、动物、鸟类或鱼类死亡或其他严重后果的——

处100个至200个基本计算单位罚金、5年以下剥夺特定权利、360小时以下强制社区服务或者3年以下矫正劳动。[3]

该行为导致人员死亡的——

处1年至3年限制自由，或者3年以下监禁和剥夺特定权利。[4]

第196条　污染环境

污染或破坏土地、污染水或大气，导致人们的群体性疾病、动物、鸟类或鱼类死亡或其他严重后果的——

处100个至200个基本计算单位罚金、5年以下剥夺特定权利、360小时以下强制社区服务或者3年以下矫正劳动。[5]

---

[1] 第194条第1款的处罚被2019年12月3日第586号乌兹别克斯坦共和国法律修正（国家立法数据库2019年12月4日第03/19/586/4106号）。

[2] 第194条第2款的处罚被2017年3月29日第421号乌兹别克斯坦共和国法律修正（2017年第13号乌兹别克斯坦共和国立法汇编第194条）。

[3] 第195条第1款的处罚被2019年12月3日第586号乌兹别克斯坦共和国法律修正（国家立法数据库2019年12月4日第03/19/586/4106号）。

[4] 第195条第2款的处罚被2017年3月29日第421号乌兹别克斯坦共和国法律修正（2017年第13号乌兹别克斯坦共和国立法汇编第194条）。

[5] 第196条第1款的处罚被2019年12月3日第586号乌兹别克斯坦共和国法律修正（国家立法数据库2019年12月4日第03/19/586/4106号）。

该行为导致人员死亡的——

处1年至3年限制自由,或者3年以下监禁和剥夺特定权利。[1]

第197条 违反土地、底土的使用条件或者其保护要求

违反土地、底土的使用条件或者其保护要求,导致严重后果的——

处50个至100个基本计算单位罚金、360小时以下强制社区服务、3年以下矫正劳动、1年至3年限制自由或者3年以下监禁。[2]

第197-1条 不采取措施防止擅自占用灌溉土地[3]

土地所有人、土地使用人或承租人不防止未经授权地占用灌溉土地(包括不向有权机关报告该土地被擅自占用的事实),在因该行为被适用行政处罚后又实施的——[4]

处200个至400个基本计算单位罚金、360小时以下强制社区服务、2年以下矫正劳动、1年至3年限制自由或者3年以下监禁。[5]

该行为:

a)是被再次实施的;

b)由有预谋的团伙实施的——

处400个至600个基本计算单位罚金、2年至3年矫正劳动、3

---

[1] 第196条第2款的处罚被2017年3月29日第421号乌兹别克斯坦共和国法律修正(2017年第13号乌兹别克斯坦共和国立法汇编第194条)。

[2] 第197条的处罚被2019年12月3日第586号乌兹别克斯坦共和国法律修正(国家立法数据库2019年12月4日第03/19/586/4106号)。

[3] 第197-1条由2019年3月4日第526号乌兹别克斯坦共和国法律新增(国家立法数据库2019年3月5日第03/19/526/2701号)。

[4] 第197-1条第1款的罪状被2021年8月1日第708号乌兹别克斯坦共和国法律修正(国家立法数据库2021年8月17日第03/21/708/0799号)。

[5] 第197-1条第1款的处罚被2019年12月3日第586号乌兹别克斯坦共和国法律修正(国家立法数据库2019年12月4日第03/19/586/4106号);第197-1条第1款的处罚被2021年8月16日第708号乌兹别克斯坦共和国法律修正(国家立法数据库2021年8月17日第03/21/708/0799号)。

年至 5 年限制自由或者 3 年至 5 年监禁。[1]

初次实施犯罪的人,如果确保擅自占用的土地被退还并且消除擅自占用的后果的,免除责任。

第 198 条　损毁作物、森林、树木或者其他植物[2]

因为疏忽处理火源,破坏或者毁灭作物、森林、树木或者其他植物,导致损失巨大或其他严重后果的——

处 50 个至 100 个基本计算单位罚金、240 小时以下强制社区服务或者 1 年以下矫正劳动。

非法砍伐森林、树木或者其他植物,导致损失较大的——

处 100 个至 150 个基本计算单位罚金、240 小时至 300 小时强制社区服务、1 年至 2 年矫正劳动、1 年至 3 年限制自由或者 3 年以下监禁。

故意损坏、伤害或者毁灭作物、森林、树木或者其他植物,导致损失巨大的——

处 150 个至 200 个基本计算单位罚金、300 小时至 360 小时强制社区服务、1 年至 3 年矫正劳动、1 年至 3 年限制自由或者 3 年以下监禁。

在对所造成的经济损失予以三倍赔偿的情况下,不应适用限制自由和监禁之刑罚。

第 199 条　违反植物病虫害控制要求

违反植物病虫害控制要求,导致严重后果的——

处 50 个至 100 个基本计算单位罚金、5 年以下剥夺特定权利、360 小时以下强制社区服务、3 年以下矫正劳动、1 年至 3 年限制自由或者 3 年以下监禁。[3]

---

[1] 第 197-1 条第 2 款的处罚被 2019 年 12 月 3 日第 586 号乌兹别克斯坦共和国法律修正(国家立法数据库 2019 年 12 月 4 日第 03/19/586/4106 号);第 197-1 条第 2 款的处罚被 2021 年 8 月 16 日乌兹别克斯坦共和国法律修正(国家立法数据库 2021 年 8 月 17 日第 03/21/708/0799 号)。

[2] 第 198 条被 2020 年 12 月 3 日第 653 号乌兹别克斯坦共和国法律修正(国家立法数据库 2020 年 12 月 4 日第 03/20/653/1592 号)。

[3] 第 199 条的处罚被 2019 年 12 月 3 日第 586 号乌兹别克斯坦共和国法律修正(国家立法数据库 2019 年 12 月 4 日第 03/19/586/4106 号)。

第 200 条　违反兽医、兽医卫生的规则和标准[1]

违反兽医、兽医卫生的规则和标准，导致动物或鸟类传染病（动物传染病）的流行、动物或鸟类大规模死亡或其他严重后果的——[2]

处 50 个至 100 个基本计算单位罚金、360 小时以下强制社区服务、3 年以下矫正劳动、1 年至 3 年限制自由或者 3 年以下监禁。[3]

第 201 条　违反处理危险化学品的规则

在经营活动中违反生产、储存、运输或使用植物保护化学产品、矿物肥料、生物生长兴奋剂或者其他化学制剂的规则，导致人们的群体性疾病、动物、鸟类或鱼类死亡或其他严重后果的——

处 50 个至 100 个基本计算单位罚金、5 年以下剥夺特定权利、360 小时以下强制社区服务、3 年以下矫正劳动、1 年至 3 年限制自由或者 3 年以下监禁。[4]

该行为导致人员死亡的——

处 3 年至 5 年限制自由，或者 3 年至 5 年监禁和剥夺特定权利。[5]

第 202 条　违反利用动植物资源的程序[6]

违反狩猎、捕捞或取用动物界其他物种的规则，或者违反取用珍稀濒危动物或采集或购买野生种类的药用、食用、观赏植物的既

---

〔1〕 第 200 条的条旨被 2016 年 12 月 26 日第 416 号乌兹别克斯坦共和国法律修正（2016 年第 52 号乌兹别克斯坦共和国立法汇编第 597 条）。

〔2〕 第 200 条的罪状被 2016 年 12 月 26 日第 416 号乌兹别克斯坦共和国法律修正（2016 年第 52 号乌兹别克斯坦共和国立法汇编第 597 条）。

〔3〕 第 200 条的处罚被 2019 年 12 月 3 日第 586 号乌兹别克斯坦共和国法律修正（国家立法数据库 2019 年 12 月 4 日第 03/19/586/4106 号）。

〔4〕 第 201 条第 1 款的处罚被 2019 年 12 月 3 日第 586 号乌兹别克斯坦共和国法律修正（国家立法数据库 2019 年 12 月 4 日第 03/19/586/4106 号）。

〔5〕 第 201 条第 2 款的处罚被 2017 年 3 月 29 日第 421 号乌兹别克斯坦共和国法律修正（2017 年第 13 号乌兹别克斯坦共和国立法汇编第 194 条）。

〔6〕 第 202 条的正文被 2019 年 5 月 28 日第 543 号乌兹别克斯坦共和国法律修正（国家立法数据库 2019 年 5 月 29 日第 03/19/543/3201 号）。

定程序或条件,或者违反在自然保护区利用动物或植物资源的程序,导致损失较大的——

处100个至200个基本计算单位罚金、300小时以下强制社区服务或者2年以下矫正劳动。[1]

该行为:

a) 造成损失巨大的;

b) 由有预谋的团伙实施的——

处200个至400个基本计算单位罚金、300小时至400小时强制社区服务、2年至3年矫正劳动、1年至3年限制自由或者3年以下监禁。[2]

该行为:

a) 由危险累犯实施的;

b) 由利用公务职位的人实施的;

c) 使用地面、水上或者空中交通工具实施的;

d) 使用禁止的工具或者手段实施的;

e) 由有组织集团实施的;

f) 造成损失特别巨大的;

g) 伴随有《乌兹别克斯坦共和国红色名录》所列动植物物种的灭绝的——

处400个至600个基本计算单位罚金、3年至5年限制自由或者3年至5年监禁。[3]

在对所造成的经济损失予以三倍赔偿和对《乌兹别克斯坦共和国红色名录》所列的珍稀和濒危动植物物种所造成的损失予以五倍赔偿的情况下,不应适用限制自由和监禁之刑罚。

---

[1] 第202条第1款的处罚被2019年12月3日第586号乌兹别克斯坦共和国法律修正(国家立法数据库2019年12月4日第03/19/586/4106号)。

[2] 第202条第2款的处罚被2019年12月3日第586号乌兹别克斯坦共和国法律修正(国家立法数据库2019年12月4日第03/19/586/4106号)。

[3] 第202条第3款的处罚被2019年12月3日第586号乌兹别克斯坦共和国法律修正(国家立法数据库2019年12月4日第03/19/586/4106号)。

第 202-1 条　虐待动物[1]

虐待动物，即出于贪利或者其他卑劣动机折磨或者伤等动物，导致其死亡或受伤，在因该行为被适用行政处罚后又实施的——

处 25 个至 50 个基本计算单位罚金、240 小时以下强制社区服务、1 年以下矫正劳动、6 个月以下限制自由或者 6 个月以下监禁。

第 203 条　违反利用水或者水库的条件

违反利用水或者水库的条件，导致严重后果的——

处 50 个至 100 个基本计算单位罚金、360 小时以下强制社区服务、3 年以下矫正劳动、1 年至 3 年限制自由或者 3 年以下监禁。[2]

第 204 条　违反自然保护区制度[3]

违反自然保护区制度，导致损失巨大或者其他严重后果的——[4]

处 50 个以下基本计算单位罚金、5 年以下剥夺特定权利、300 小时以下强制社区服务或者 2 年以下矫正劳动。[5]

故意毁灭或者破坏自然保护区的设施，导致损失巨大或其他严重后果的——[6]

处 50 个至 100 个基本计算单位罚金、2 年至 5 年限制自由或者 5 年以下监禁。[7]

---

[1] 第 202-1 条由 2021 年 8 月 26 日第 711 号乌兹别克斯坦共和国法律新增（国家立法数据库 2021 年 8UI 额 26 日第 03/21/711/0825 号）。

[2] 第 203 条的处罚被 2019 年 12 月 3 日第 586 号乌兹别克斯坦共和国法律修正（国家立法数据库 2019 年 12 月 4 日第 03/19/586/4106 号）。

[3] 第 204 条的条旨被 2011 年 1 月 4 日第 278 号乌兹别克斯坦共和国法律修正（2011 年第 1-2 号乌兹别克斯坦共和国立法汇编第 1 条）。

[4] 第 204 条第 1 款的罪状被 2011 年 1 月 4 日第 278 号乌兹别克斯坦共和国法律修正（2011 年第 1-2 号乌兹别克斯坦共和国立法汇编第 1 条）。

[5] 第 204 条第 1 款的处罚被 2019 年 12 月 3 日第 586 号乌兹别克斯坦共和国法律修正（国家立法数据库 2019 年 12 月 4 日第 03/19/586/4106 号）。

[6] 第 204 条第 2 款的罪状被 2011 年 1 月 4 日第 278 号乌兹别克斯坦共和国法律修正（2011 年第 1-2 号乌兹别克斯坦共和国立法汇编第 1 条）。

[7] 第 204 条第 2 款的处罚被 2019 年 12 月 3 日第 586 号乌兹别克斯坦共和国法律修正（国家立法数据库 2019 年 12 月 4 日第 03/19/586/4106 号）。

第五编 妨害当局、管理机关和社会团体的管理秩序罪

第 15 章 妨害管理秩序罪

第 205 条 滥用权力或者职务权限

滥用权力或者职务权限,即国家机关、有国家参与的组织或者公民自治组织的公务员故意利用其职务权限,对公民的权利或法益或者国家或社会利益造成巨大损失或重大损害的——

处 150 个至 300 个基本计算单位罚金、5 年以下剥夺特定权利、360 小时以下强制社区服务、3 年以下矫正劳动、1 年至 2 年限制自由或者 3 年以下监禁。[1]

该行为:

a) 造成损失特别巨大的;

b) 为了有组织集团的利益而实施的——[2]

处 30 个至 600 个基本计算单位罚金,或者 2 年至 5 年限制自由,或者 5 年以下监禁和剥夺特定权利。[3]

第 206 条 逾越权力或者职务权限

公务员逾越权力或者职务权限,即国家机关、有国家参与的组织或者公民自治组织的公务员故意实施超出法律赋予他的权力范围的行为,对公民的权利或法益或者国家或社会利益造成巨大损失或重大损害的——

处 150 个至 300 个基本计算单位罚金、5 年以下剥夺特定权利、360 小时以下强制社区服务、3 年以下矫正劳动、1 年至 2 年限制自

---

[1] 第 205 条第 1 款的处罚被 2019 年 12 月 3 日第 586 号乌兹别克斯坦共和国法律修正(国家立法数据库 2019 年 12 月 4 日第 03/19/586/4106 号)。

[2] 第 205 条第 2 款的罪状被 2015 年 8 月 20 日第 391 号乌兹别克斯坦共和国法律修正(2015 年第 33 号乌兹别克斯坦共和国立法汇编第 439 条)。

[3] 第 205 条第 2 款的处罚被 2019 年 12 月 3 日第 586 号乌兹别克斯坦共和国法律修正(国家立法数据库 2019 年 12 月 4 日第 03/19/586/4106 号)。

由或者 3 年以下监禁。[1]

该行为：

a）造成损失特别巨大的；

b）为了有组织集团的利益而实施的——[2]

处 300 个至 600 个基本计算单位罚金，或者 2 年至 5 年限制自由，或者 5 年以下监禁和剥夺特定权利。[3]

第 206-1 条　（废止）[4]

第 207 条　玩忽职守

玩忽职守，即国家机关、有国家参与的组织或者公民自治组织的公务员，因为对待职责的疏忽或者轻率态度，不履行或者不适当地履行其职责，对公民的权利或法益或者国家或社会利益造成巨大损失或重大损害的——[5]

处 100 个以下基本计算单位罚金、300 小时以下强制社区服务或者 2 年以下矫正劳动。[6]

该行为导致中度或者严重身体伤害的——

处 100 个至 300 个基本计算单位罚金、300 小时至 360 小时强制

---

[1] 第 206 条第 1 款的处罚被 2019 年 12 月 3 日第 586 号乌兹别克斯坦共和国法律修正（国家立法数据库 2019 年 12 月 4 日第 03/19/586/4106 号）。

[2] 第 206 条第 2 款的罪状被 2015 年 8 月 20 日第 391 号乌兹别克斯坦共和国法律修正（2015 年第 33 号乌兹别克斯坦共和国立法汇编第 439 条）。

[3] 第 206 条第 2 款的处罚被 2019 年 12 月 3 日第 586 号乌兹别克斯坦共和国法律修正（国家立法数据库 2019 年 12 月 4 日第 03/19/586/4106 号）。

[4] 第 206-1 条由 2012 年 9 月 11 日第 333 号乌兹别克斯坦共和国法律新增（2012 年第 37 号乌兹别克斯坦共和国立法汇编第 423 条）；第 206-1 条被 2015 年 8 月 20 日第 391 号乌兹别克斯坦共和国法律废止（2015 年第 33 号乌兹别克斯坦共和国立法汇编第 439 条）。

[5] 第 207 条第 1 款的罪状被 2015 年 8 月 20 日第 391 号乌兹别克斯坦共和国法律修正（2015 年第 33 号乌兹别克斯坦共和国立法汇编第 439 条）。

[6] 第 207 条第 1 款的处罚被 2019 年 12 月 3 日第 586 号乌兹别克斯坦共和国法律修正（国家立法数据库 2019 年 12 月 4 日第 03/19/586/4106 号）。

社区服务或者 2 年至 3 年矫正劳动。[1]

该行为导致：[2]

a）人员死亡的；

b）非法运输麻醉药品、其类似物或者精神药物通过乌兹别克斯坦共和国的国家边界或者海关边界，数额巨大的——[3]

处 2 年至 5 年限制自由，或者 5 年以下监禁和剥夺特定权利。[4]

第 208 条　权力不作为

权力不作为，即国家机关的公务员故意不实施在其职责范围内本来应当实施或者本来能够实施的行为，对公民的权利或法益或者国家或社会利益造成巨大损失或重大损害或者伴随有纵容犯罪的——[5]

处 100 个至 300 个基本计算单位罚金、360 小时以下强制社区服务、3 年以下矫正劳动、1 年至 3 年限制自由或者 3 年以下监禁。[6]

第 209 条　公务伪造

公务伪造，即国家机关、有国家参与的组织或者公民自治组织的公务员，出于贪利或者其他动机，将明知虚假的信息和条目载入公文书，或者伪造或制作并且发出明知虚假的文书，对公民的权利或法益或者国家或社会利益造成损失较大的——

处 100 个至 300 个基本计算单位罚金、5 年以下剥夺特定权利、

---

[1] 第 207 条第 2 款的处罚被 2019 年 12 月 3 日第 586 号乌兹别克斯坦共和国法律修正（国家立法数据库 2019 年 12 月 4 日第 03/19/586/4106 号）。

[2] 第 207 条第 3 款被 2005 年 9 月 30 日第 10 号乌兹别克斯坦共和国法律修正（2005 年第 39 号乌兹别克斯坦共和国立法汇编第 294 条）。

[3] 第 207 条第 3 款 b 项被 2018 年 10 月 22 日第 503 号乌兹别克斯坦共和国法律修正（国家立法数据库 2018 年 10 月 23 日第 03/18/503/2080 号）。

[4] 第 207 条第 3 款的处罚被 2015 年 8 月 10 日第 389 号乌兹别克斯坦共和国法律修正（2015 年第 32 号乌兹别克斯坦共和国立法汇编第 425 条）。

[5] 第 208 条的罪状被 2015 年 8 月 20 日第 391 号乌兹别克斯坦共和国法律修正（2015 年第 33 号乌兹别克斯坦共和国立法汇编第 439 条）。

[6] 第 208 条的处罚被 2019 年 12 月 3 日第 586 号乌兹别克斯坦共和国法律修正（国家立法数据库 2019 年 12 月 4 日第 03/19/586/4106 号）。

360 小时以下强制社区服务、2 年以下矫正劳动、1 年至 2 年限制自由或者 3 年以下监禁。[1]

该行为：

a) 是被再次实施或者由危险累犯实施的；

b) 为了有组织集团的利益而实施的——

处 300 个至 600 个基本计算单位罚金，或者 2 年至 5 年限制自由，或者 5 年以下监禁和 3 年以下剥夺特定权利。[2]

第 210 条　受贿

受贿，即因为国家机关、有国家参与的组织或者公民自治组织的公务员为了行贿人利益实施或不实施其本来应当或者本来能够利用其职务地位实施的特定行为，该公务员明知非法地亲自或通过中间人收受有形财物或获取财产利益的——[3]

处 50 个至 100 个基本计算单位罚金，或者 2 年至 5 年限制自由，或者 5 年以下监禁和剥夺特定权利。[4]

受贿：

a) 是被再次实施、由危险累犯实施或者由曾经实施过本法典第 211 条或第 212 条规定的犯罪的人实施的；

b) 数额巨大的；

c) 以敲诈勒索手段实施的；

d) 由有预谋的公务员团伙实施的——

处 5 年至 10 年监禁。[5]

---

[1] 第 209 条第 1 款的处罚被 2019 年 12 月 3 日第 586 号乌兹别克斯坦共和国法律修正（国家立法数据库 2019 年 12 月 4 日第 03/19/586/4106 号）。

[2] 第 209 条第 2 款的处罚被 2019 年 12 月 3 日第 586 号乌兹别克斯坦共和国法律修正（国家立法数据库 2019 年 12 月 4 日第 03/19/586/4106 号）。

[3] 第 210 条第 1 款的罪状被 2015 年 8 月 20 日第 391 号乌兹别克斯坦共和国法律修正（2015 年第 33 号乌兹别克斯坦共和国立法汇编第 439 条）。

[4] 第 210 条第 1 款的处罚被 2019 年 12 月 3 日第 586 号乌兹别克斯坦共和国法律修正（国家立法数据库 2019 年 12 月 4 日第 03/19/586/4106 号）。

[5] 第 210 条第 2 款的处罚被 2001 年 8 月 29 日第 254-Ⅱ号乌兹别克斯坦共和国法律修正（2001 年第 9-10 号奥利马日利斯公报第 165 条）。

受贿：

a）数额特别巨大的；

b）为了有组织集团的利益而实施的——[1]

处 10 年至 15 年监禁。[2]

第 211 条 行贿[3]

行贿，即因为国家机关、有国家参与的组织或者公民自治组织的公务员为了行贿人利益实施或不实施其本来应当或者本来能够利用其职务地位实施的特定行为，明知非法地亲自或通过中间人向该公务员提供有形财物或财产利益的——[4]

处 50 个至 100 个基本计算单位罚金、2 年至 5 年限制自由或者 5 年以下监禁。[5]

行贿：

a）是被再次实施、由危险累犯实施或者由曾经实施过本法典第 210 条或第 212 条规定的犯罪的人实施的；

b）数额巨大的——

处 5 年至 10 年监禁。

行贿：

a）数额特别巨大的；

b）为了有组织集团的利益而实施的——[6]

---

[1] 第 210 条第 3 款的罪状被 2015 年 8 月 20 日第 391 号乌兹别克斯坦共和国法律修正（2015 年第 33 号乌兹别克斯坦共和国立法汇编第 439 条）。

[2] 第 210 条第 3 款的处罚被 2001 年 8 月 29 日第 254-Ⅱ号乌兹别克斯坦共和国法律修正（2001 年第 9-10 号奥利马日利斯公报第 165 条）。

[3] 第 211 条的正文被 2014 年 5 月 14 日第 372 号乌兹别克斯坦共和国法律修正（2014 年第 20 号乌兹别克斯坦共和国立法汇编第 222 条）。

[4] 第 211 条第 1 款的罪状被 2015 年 8 月 20 日第 391 号乌兹别克斯坦共和国法律修正（2015 年第 33 号乌兹别克斯坦共和国立法汇编第 439 条）。

[5] 第 211 条第 1 款的处罚被 2019 年 12 月 3 日第 586 号乌兹别克斯坦共和国法律修正（国家立法数据库 2019 年 12 月 4 日 03/19/586/4106 号）。

[6] 第 211 条第 3 款的罪状被 2015 年 8 月 20 日第 391 号乌兹别克斯坦共和国法律修正（2015 年第 33 号乌兹别克斯坦共和国立法汇编第 439 条）。

处 10 年至 15 年监禁。

在行贿的人是被勒索贿赂的情况下，如果其在犯罪行为实施后 30 日内主动地报告所发生的情况、真诚地悔改并且积极地协助揭露该犯罪的，免除责任。

第 212 条　贿赂居间〔1〕

贿赂居间，即旨在就受贿和行贿达成协议的活动，以及代表有关当事方直接移交贿赂的——

处 50 个至 100 个基本计算单位罚金、2 年至 5 年限制自由或者 5 年以下监禁。〔2〕

该行为：

a）是被再次实施、由危险累犯实施或者由曾经实施过本法典第 210 条或第 211 条规定的犯罪的人实施的；

b）受贿或者行贿数额巨大的；

c）明知地为有预谋的公务员团伙受贿充当居间人的——

处 5 年至 10 年监禁。

贿赂居间：

a）为了报酬的；

b）受贿或者行贿数额特别巨大的；

c）为了有组织集团的利益而实施的——〔3〕

处 10 年至 15 年监禁。

如果贿赂居间人在犯罪行为实施后 30 日内主动报告所发生的情况、真诚地悔改并且积极协助揭露该犯罪的，免除责任。

---

〔1〕　第 212 条的正文被 2014 年 5 月 14 日第 372 号乌兹别克斯坦共和国法律修正（2014 年第 20 号乌兹别克斯坦共和国立法汇编第 222 条）。

〔2〕　第 212 条第 1 款的处罚被 2019 年 12 月 3 日第 586 号乌兹别克斯坦共和国法律修正（国家立法数据库 2019 年 12 月 4 日第 03/19/586/4106 号）。

〔3〕　第 212 条第 3 款的罪状被 2015 年 8 月 20 日第 391 号乌兹别克斯坦共和国法律修正（2015 年第 33 号乌兹别克斯坦共和国立法汇编第 439 条）。

第 213 条 向国家机关、有国家参与的组织或者公民自治组织的雇员行贿[1]

因为国家机关、有国家参与的组织或者公民自治组织的雇员为了行贿人利益实施或不实施其本来应当或者本来能够利用其职务地位实施的特定行为，明知非法地向该雇员提供有形财物或财产利益，在因该行为被适用行政处罚后又实施的——

处 50 个以下基本计算单位罚金、300 小时以下强制社区服务或者 2 年以下矫正劳动。[2]

实施该行为，数额较大的——

处 50 个至 100 个基本计算单位罚金、300 小时至 360 小时强制社区服务、2 年至 3 年矫正劳动、1 年至 3 年限制自由或者 3 年以下监禁。[3]

该行为的实施具有下列情形的：

a）是被再次实施、由危险累犯实施或者由曾经实施过本法典第 210 条至第 212 条规定的犯罪的人实施的；

b）数额巨大的；

c）由有预谋的团伙实施的——

处 3 年至 5 年限制自由或者 3 年至 5 年监禁。

该行为的实施具有下列情形的：

a）数额特别巨大的；

b）为了有组织集团的利益而实施的——

处 5 年至 8 年监禁。

在提供有形价值或财产利益的人是被勒索有形价值或财产利益的情况下，如果该人在犯罪行为实施后 30 日内主动报告所发生的情

---

[1] 第 213 条第 1 款被 2015 年 8 月 20 日第 391 号乌兹别克斯坦共和国法律修正（2015 年第 33 号乌兹别克斯坦共和国立法汇编第 439 条）。

[2] 第 213 条第 1 款的处罚被 2019 年 12 月 3 日第 586 号乌兹别克斯坦共和国法律修正（国家立法数据库 2019 年 12 月 4 日第 03/19/586/4106 号）。

[3] 第 213 条第 2 款的处罚被 2019 年 12 月 3 日第 586 号乌兹别克斯坦共和国法律修正（国家立法数据库 2019 年 12 月 4 日第 03/19/586/4106 号）。

况、真诚地悔改并且积极地协助揭露该犯罪的，免除责任。

第214条　国家机关、有国家参与的组织或者公民自治组织的雇员非法收受有形财物或者财产性利益[1]

因为国家机关、有国家参与的组织或者公民自治组织的雇员为了行贿人利益实施或不实施其本来应当或者本来能够利用其职务地位实施的特定行为，该雇员明知非法地收受有形财物或财产性利益，在因该行为被适用行政处罚后又实施的——

处50个以下基本计算单位罚金、300小时以下强制社区服务或者2年以下矫正劳动。[2]

该行为的实施具有下列情形的：

a) 数额较大的；

b) 以敲诈勒索手段实施的——

处50个至100个基本计算单位罚金、300小时至360小时强制社区服务、2年至3年矫正劳动、1年至3年限制自由或者3年以下监禁。[3]

该行为的实施具有下列情形的：

a) 是被再次实施、由危险累犯实施或者由曾经实施过本法典第210条至第212条规定的犯罪的人实施的；

b) 数额巨大的；

c) 由有预谋的团伙实施的；

d) 通过对某人经营活动的敲诈勒索实施的——

处3年至5年限制自由或者3年至5年监禁。

该行为的实施具有下列情形的：

a) 数额特别巨大的；

---

〔1〕 第214条被2015年8月20日第391号乌兹别克斯坦共和国法律修正（2015年第33号乌兹别克斯坦共和国立法汇编第439条）。

〔2〕 第214条第1款的处罚被2019年12月3日第586号乌兹别克斯坦共和国法律修正（国家立法数据库2019年12月4日第03/19/586/4106号）。

〔3〕 第214条第2款的处罚被2019年12月3日第586号乌兹别克斯坦共和国法律修正（国家立法数据库2019年12月4日第03/19/586/4106号）。

b）为了有组织集团的利益而实施的——

处 5 年至 8 年监禁。

第 215 条 亵渎国家标志

亵渎乌兹别克斯坦共和国或者卡拉卡尔帕克斯坦共和国的国旗、国徽或者国歌的——

处 25 个以下基本计算单位罚金、360 小时以下强制社区服务或者 3 年以下矫正劳动。[1]

第 216 条 非法建立社会团体或者宗教组织[2]

非法建立社会团体或者宗教组织、恢复非法社会团体或宗教组织的活动，以及积极地参与其活动的——[3]

处 50 个至 100 个基本计算单位罚金、2 年至 5 年限制自由或者 5 年以下监禁。[4]

第 216-1 条 引诱参加非法社会团体和宗教组织的活动[5]

引诱参加在乌兹别克斯坦共和国境内非法的社会团体、宗教组织、运动、教派的活动，在因该行为被适用行政处罚后又实施的——[6]

处 25 个至 50 个基本计算单位罚金、360 小时以下强制社区服

---

[1] 第 215 条的处罚被 2019 年 12 月 3 日第 586 号乌兹别克斯坦共和国法律修正（国家立法数据库 2019 年 12 月 4 日第 03/19/586/4106 号）。

[2] 第 216 条的条旨被 1999 年 4 月 15 日第 772-Ⅰ号乌兹别克斯坦共和国法律修正（1999 年第 5 号奥利马日利斯公报第 124 条）。

[3] 第 216 条的罪状被 1999 年 4 月 15 日第 772-Ⅰ号乌兹别克斯坦共和国法律修正（1999 年第 5 号奥利马日利斯公报第 124 条）。

[4] 第 216 条第 1 款的处罚被 2019 年 12 月 3 日第 586 号乌兹别克斯坦共和国法律修正（国家立法数据库 2019 年 12 月 4 日第 03/19/586/4106 号）。

[5] 第 216-1 条第 2 款由 1998 年 5 月 1 日第 621-Ⅰ号乌兹别克斯坦共和国法律新增（1998 年第 5-6 号奥利马日利斯公报第 102 条）；第 216-1 条的条旨被 1999 年 4 月 15 日第 772-Ⅰ号乌兹别克斯坦共和国法律修正（1999 年第 5 号奥利马日利斯公报第 124 条）。

[6] 第 216-1 条第 1 款的罪状被 1999 年 4 月 15 日第 772-Ⅰ号乌兹别克斯坦共和国法律修正（1999 年第 5 号奥利马日利斯公报第 124 条）。

务、3 年以下矫正劳动、1 年至 3 年限制自由或者 3 年以下监禁。[1]

该行为针对未成年人实施的——

处 3 年至 5 年限制自由或者 3 年至 5 年监禁。[2]

第 216-2 条 违反有关宗教组织的立法[3]

进行非法宗教活动、宗教组织领导人逃避章程登记、教士和宗教组织成员组织和举行专门的儿童和青年集会以及与礼拜无关的劳动、文学和其他的小圈子和团体,在因该行为被适用行政处罚后又实施的——

处 50 个至 100 个基本计算单位罚金、360 小时以下强制社区服务、1 年至 3 年限制自由或者 3 年以下监禁。[4]

呼吁同一教派的信徒转换成另一教派(改信宗教)和其他传教活动,在因该行为被适用行政处罚后又实施的——

处 50 个至 100 个基本计算单位罚金、360 小时以下强制社区服务、1 年至 3 年限制自由或者 3 年以下监禁。[5]

第 217 条 违反组织、举行集会、群众大会、街头游行或者示威的程序[6]

组织者违反组织、举行集会、群众大会、街头游行或者示威的程序,在因该行为被适用行政处罚后又实施的——

---

[1] 第 216-1 条第 1 款的处罚被 2019 年 12 月 3 日第 586 号乌兹别克斯坦共和国法律修正(国家立法数据库 2019 年 12 月 4 日第 03/19/586/4106 号)。

[2] 第 216-1 条第 2 款由 2021 年 2 月 12 日第 673 号乌兹别克斯坦共和国法律新增(国家立法数据库 2021 年 2 月 13 日第 03/21/673/0112 号)。

[3] 第 216-2 条由 1998 年 5 月 1 日第 621-Ⅰ号乌兹别克斯坦共和国法律新增(1998 年第 5-6 号奥利马日利斯公报第 102 条)。

[4] 第 216-2 条第 1 款的处罚被 2019 年 12 月 3 日第 586 号乌兹别克斯坦共和国法律修正(国家立法数据库 2019 年 12 月 4 日第 03/19/586/4106 号)。

[5] 第 216-2 条第 2 款的处罚被 2019 年 12 月 3 日第 586 号乌兹别克斯坦共和国法律修正(国家立法数据库 2019 年 12 月 4 日第 03/19/586/4106 号)。

[6] 第 217 条第 2 款由 1998 年 5 月 1 日第 621-Ⅰ号乌兹别克斯坦共和国法律增补(1998 年第 5-6 号奥利马日利斯公报第 102 条)。

处200个至300个基本计算单位罚金、360小时以下强制社区服务、1年至3年限制自由或者3年以下监禁。[1]

违反举行宗教集会、街头游行和其他礼拜仪式的规则，在因该行为被适用行政处罚后又实施的——

处200个至300个基本计算单位罚金、360小时以下强制社区服务、1年至3年限制自由或者3年以下监禁。[2]

第218条 在紧急状态下领导禁止的罢工或者阻碍企业、机构或组织的运作

在紧急状态下，领导禁止的罢工或者阻碍企业、机构或组织的运作的——

处50个至100个基本计算单位罚金、2年至5年限制自由或者5年以下监禁。[3]

第219条 抵抗当局代表或者履行公民义务的人

实施抵抗，即积极地抵制履行公务职责的当局代表或者履行公民义务的人的合法活动的——

处50个至100个基本计算单位罚金、360小时以下强制社区服务、3年以下矫正劳动、1年至3年限制自由或者1年至3年监禁。[4]

任何形式强迫本条第1款所指的人拒绝履行其公务职责或履行公民义务以及实施非法行为的——

---

[1] 第217条第1款的处罚被2019年12月3日第586号乌兹别克斯坦共和国法律修正（国家立法数据库2019年12月4日第03/19/586/4106号）。

[2] 第217条第2款的处罚被2019年12月3日第586号乌兹别克斯坦共和国法律修正（国家立法数据库2019年12月4日第03/19/586/4106号）。

[3] 第218条的处罚被2019年12月3日第586号乌兹别克斯坦共和国法律修正（国家立法数据库2019年12月4日第03/19/586/4106号）。

[4] 第219条第1款的处罚被2019年12月3日第586号乌兹别克斯坦共和国法律修正（国家立法数据库2019年12月4日第03/19/586/4106号）；第219条第1款的处罚被2021年10月4日第719号乌兹别克斯坦共和国法律修正（国家立法数据库2021年10月5日第03/21/719/0929号）。

处 3 年至 5 年限制自由或者 3 年至 5 年监禁。[1]

第 220 条　扰乱监禁刑执行机构的运作

服监禁刑的人扰乱监禁刑执行机构的运作的行为，表现为罪犯恐吓或者袭击管理机构的代表，以及为上述目的组织犯罪团伙或者积极参加其活动的——

处 3 年至 5 年监禁。

该行为的实施具有下列情形的：

a）由特别危险累犯实施的；

b）由曾经被认定构成严重或者特别严重犯罪的人实施的；

c）由团伙实施的——

处 5 年至 10 年监禁。

第 221 条　不服从刑罚执行机构的合法管理要求

在羁押机构中服刑的人，不服从刑罚执行机构的合法管理要求或者对该机构在行使职能过程中的管理实施其他抵制，如果该人曾经在一年内因为违反服刑制度的要求被交付改造营或者交付监禁执行刑罚的——[2]

处 3 年以下监禁。

该行为：

a）由特别危险累犯实施的；

b）由曾经被认定构成严重或者特别严重犯罪的人实施的——

处 3 年至 5 年监禁。

---

〔1〕 第 219 条第 2 款的处罚被 2017 年 3 月 29 日第 421 号乌兹别克斯坦共和国法律修正（2017 年第 13 号乌兹别克斯坦共和国立法汇编第 194 条）；第 219 条第 2 款的处罚被 2021 年 10 月 4 日第 719 号乌兹别克斯坦共和国法律修正（国家立法数据库 2021 年 10 月 5 日第 03/21/719/0929 号）。

〔2〕 第 221 条第 1 款的罪状被 2003 年 12 月 12 日第 568-Ⅱ号乌兹别克斯坦共和国法律修正（2004 年第 1-2 号奥利马日利斯公报第 18 条）。

第 222 条　从羁押或者监禁中脱逃[1]

正在被羁押的人或者正在服监禁刑的人,从羁押或者监禁中脱逃的——[2]

处 5 年以下监禁。

脱逃行为:

a) 造成轻度或者中度身体伤害的;

b) 由特别危险累犯实施的;

c) 由团伙实施的——

处 5 年至 8 年监禁。

第 223 条　非法出入乌兹别克斯坦共和国

违反规定程序出境、入境乌兹别克斯坦共和国或穿越边界的——

处 200 个至 400 个基本计算单位罚金、3 年至 5 年限制自由或者 3 年至 5 年监禁。[3]

该行为的实施具有下列情形的:[4]

a) 以闯关方式实施的;

b) 由有预谋的团伙实施的;

c) 是被再次实施或者由危险累犯实施的;

d) 由出国旅行需要特别批准的公务员实施的;

e) 由仅限于根据规定程序才有权利进入乌兹别克斯坦共和国的人实施的——

处 5 年至 10 年监禁。

---

[1] 第 222 条的条旨被 2003 年 12 月 12 日第 568-Ⅱ号乌兹别克斯坦共和国法律修正(2004 年第 1-2 号奥利马日利斯公报第 18 条)。

[2] 第 222 条第 1 款被 2003 年 12 月 12 日第 568-Ⅱ号乌兹别克斯坦共和国法律修正(2004 年第 1-2 号奥利马日利斯公报第 18 条)。

[3] 第 223 条第 1 款的处罚被 2019 年 12 月 3 日第 586 号乌兹别克斯坦共和国法律修正(国家立法数据库 2019 年 12 月 4 日第 03/19/586/4106 号)。

[4] 第 223 条第 2 款的罪状被 2012 年 12 月 29 日第 345 号乌兹别克斯坦共和国法律修正(2013 年第 1 号乌兹别克斯坦共和国立法汇编第 1 条)。

为了行使《乌兹别克斯坦共和国宪法》规定的政治避难权，抵达乌兹别克斯坦共和国的没有适当注册的入境文书的外国公民或者无国籍人，应当免除责任。

第 224 条　（废止）[1]

第 225 条　逃避兵役或者替代役[2]

公民在没有正当理由的情况下逃避应征兵役或者替代役、逃避参加动员应征预备役或者在乌兹别克斯坦共和国武装部队后备役中服役，在因该行为被适用行政处罚后又实施的——

处 50 个以下基本计算单位罚金、300 小时以下强制社区服务或者 2 年以下矫正劳动。[3]

该行为的实施具有下列情形的：

a）以自伤身体方式实施的；

b）通过伪造文书或其他欺骗手段实施的——

处 100 个以下基本计算单位罚金、300 小时至 360 小时强制社区服务、1 年至 3 年限制自由或者 3 年以下监禁。[4]

公民逃避动员应征进入乌兹别克斯坦共和国武装部队的——

处 3 年至 5 年限制自由或者 3 年至 5 年监禁。[5]

第 226 条　违反行政监督规则

被设立行政监督的人违反该种行政监督的规则，在因该行为被适用行政处罚后又实施的——

---

〔1〕 第 224 条的处罚被 2019 年 11 月 5 日第 579 号乌兹别克斯坦共和国法律废止（国家立法数据库 2019 年 11 月 6 日第 03/19/579/3994 号）。

〔2〕 第 225 条被 2003 年 8 月 30 日第 535-Ⅱ号乌兹别克斯坦共和国法律修正（2003 年第 9–10 号奥利马日利斯公报第 149 条）。

〔3〕 第 225 条第 1 款的处罚被 2019 年 12 月 3 日第 586 号乌兹别克斯坦共和国法律修正（国家立法数据库 2019 年 12 月 4 日第 03/19/586/4106 号）。

〔4〕 第 225 条第 2 款的处罚被 2019 年 12 月 3 日第 586 号乌兹别克斯坦共和国法律修正（国家立法数据库 2019 年 12 月 4 日第 03/19/586/4106 号）。

〔5〕 第 225 条第 3 款的处罚被 2015 年 8 月 10 日第 389 号乌兹别克斯坦共和国法律修正（2015 年第 32 号乌兹别克斯坦共和国立法汇编第 425 条）。

处 50 个以下基本计算单位罚金、2 年以下限制自由或者 2 年以下监禁。[1]

违反行政监督规则表现为：

a）为了逃避行政监督而在未经许可的情况下离开居住地点的；

b）在被确定从羁押场所释放后接受行政监督时，在无正当理由的情况下不在规定期间到达选定的居住地点的——

处 2 年至 4 年限制自由或者 2 年至 4 年监禁。[2]

第 227 条　攫取、毁灭、破坏或者隐匿文书、图章、印鉴、表格、汽车及其挂车（半挂车）的国家牌照[3]

出于贪利或者其他卑劣动机，攫取企业、机构、组织的文书、图章、印鉴、严格登记的空白表格以及汽车及其挂车（半挂车）的国家牌照，或者对上述对象予以毁灭、损坏、隐匿的——[4]

处 25 个以下基本计算单位罚金、300 小时以下强制社区服务或者 2 年以下矫正劳动。[5]

该行为：[6]

a）针对护照、军人身份证、其他重要身份文书或者特别重要的文书、图章、印鉴、空白表格实施的；

b）导致严重后果的——

处 50 个至 100 个基本计算单位罚金、300 小时至 360 小时强制

---

[1] 第 226 条第 1 款的处罚被 2019 年 12 月 3 日第 586 号乌兹别克斯坦共和国法律修正（国家立法数据库 2019 年 12 月 4 日第 03/19/586/4106 号）。

[2] 第 226 条第 2 款的处罚被 2015 年 8 月 10 日第 389 号乌兹别克斯坦共和国法律修正（2015 年第 32 号乌兹别克斯坦共和国立法汇编第 425 条）。

[3] 第 227 条的条旨被 2009 年 9 月 8 日第 215 号乌兹别克斯坦共和国法律修正（2009 年第 37 号乌兹别克斯坦共和国立法汇编第 402 条）。

[4] 第 227 条第 1 款的罪状被 2009 年 9 月 8 日第 215 号乌兹别克斯坦共和国法律修正（2009 年第 37 号乌兹别克斯坦共和国立法汇编第 402 条）。

[5] 第 227 条第 1 款的处罚被 2019 年 12 月 3 日第 586 号乌兹别克斯坦共和国法律修正（国家立法数据库 2019 年 12 月 4 日第 03/19/586/4106 号）。

[6] 第 227 条第 2 款被 2000 年 5 月 26 日第 82-Ⅱ 号乌兹别克斯坦共和国法律修正（2000 年第 5-6 号奥利马日利斯公报第 153 条）。

社区服务、2年至3年矫正劳动、1年至3年限制自由或者3年以下监禁。[1]

第228条　制作、伪造文书、图章、印鉴、表格及其出售或使用

出于供伪造人本人或他人使用的目的制作、伪造赋予权利或免除义务的公文书或者出售这种文书，以及出于供伪造人本人或他人使用的目的制作伪造的企业、机构、组织的图章、印鉴、空白表格或将其出售的——

处50个至100个基本计算单位罚金、360小时以下强制社区服务或者3年以下矫正劳动。[2]

该行为：

a) 是被再次实施或者由危险累犯实施的；

b) 由有预谋的团伙实施的——

处2年至3年矫正劳动、3年至5年限制自由或者3年至5年监禁。[3]

明知地使用伪造的文书的——

处25个至50个基本计算单位罚金、300小时以下强制社区服务、2年以下矫正劳动、2年以下限制自由或者2年以下监禁。[4]

第228-1条　违反国家检测标识的制造和使用规则[5]

出于贪利或其他个人利益的目的，非法制造、出售、使用或者伪造国家检测标识的——

处50个以下基本计算单位罚金、300小时以下强制社区服务或

---

[1] 第227条第2款的处罚被2019年12月3日第586号乌兹别克斯坦共和国法律修正（国家立法数据库2019年12月4日第03/19/586/4106号）。

[2] 第228条第1款的处罚被2019年12月3日第586号乌兹别克斯坦共和国法律修正（国家立法数据库2019年12月4日第03/19/586/4106号）。

[3] 第228条第2款的处罚被2015年8月10日第389号乌兹别克斯坦共和国法律修正（2015年第32号乌兹别克斯坦共和国立法汇编第425条）。

[4] 第228条第3款的处罚被2019年12月3日第586号乌兹别克斯坦共和国法律修正（国家立法数据库2019年12月4日第03/19/586/4106号）。

[5] 第228-1条由2000年5月26日第82-Ⅱ号乌兹别克斯坦共和国法律新增（2000年第5-6号奥利马日利斯公报第153条）。

者 2 年以下矫正劳动。[1]

该行为的实施具有下列情形的：

a）是被再次实施的；

b）由有预谋的团伙实施的——

处 300 小时至 360 小时强制社区服务、2 年至 3 年矫正劳动、1 年至 3 年限制自由或者 3 年以下监禁。[2]

第 229 条　专擅行为

专擅行为，即在未经授权的情况下行使其实际的或者声称的权利，对公民的权利或法益或者国家或社会利益造成巨大损失或重大损害的——

处 50 个以下基本计算单位罚金、300 小时以下强制社区服务或者 2 年以下矫正劳动。[3]

第 229-1 条　擅自占用土地[4]

未经批准地占用土地（包括在对之不存在权利的情况下使用该土地），在因该行为被适用行政处罚后又实施的——

处 300 个至 400 个基本计算单位罚金、3 年以下矫正劳动、1 年以下限制自由或者 1 年以下监禁。

未经批准地占用灌溉土地并随之在其上由建筑施工的——

处 450 个至 600 个基本计算的单位罚金、2 年至 3 年限制自由或者 2 年至 3 年监禁。

第一次实施犯罪的人，如果在犯罪侦查之日起 30 日内归还擅自占用的土地并且消除擅自占用的后果的，不应对之适用限制自由和

---

[1] 第 228-1 条第 1 款的处罚被 2019 年 12 月 3 日第 586 号乌兹别克斯坦共和国法律修正（国家立法数据库 2019 年 12 月 4 日第 03/19/586/4106 号）。

[2] 第 228-1 条第 2 款的处罚被 2017 年 3 月 29 日第 421 号乌兹别克斯坦共和国法律修正（2017 年第 13 号乌兹别克斯坦共和国立法汇编第 194 条）。

[3] 第 229 条的处罚被 2019 年 12 月 3 日第 586 号乌兹别克斯坦共和国法律修正（国家立法数据库 2019 年 12 月 4 日第 03/19/586/4106 号）。

[4] 第 229-1 条由 1998 年 5 月 1 日第 621-Ⅰ号乌兹别克斯坦共和国法律新增（1998 年第 5-6 号奥利马日利斯公报第 102 条）。

监禁之刑罚。[1]

第 229-2 条　违反传教程序[2]

在没有受过专门的宗教教育和未经宗教组织中央管理机构的许可的情况下传教或者私下地传教，在因该行为被适用行政处罚后又实施的——

处 50 个至 100 个基本计算单位罚金、360 小时以下强制社区服务、3 年以下矫正劳动、1 年至 3 年限制自由或者 3 年以下监禁。[3]

第 229-3 条　违反既定禁令（限制）建造、改建、大修房屋、建筑物或者其他设施[4]

在根据城市规划立法对其工程规定了禁令（限制）的区域，建造、改建、大修房屋、建筑物或者其他设施，在因该行为被适用行政处罚后又实施的——

处 30 个至 50 个基本计算单位罚金、360 小时以下强制社区服务或者 3 年以下矫正劳动。[5]

在受国家保护的物质文化遗产保护区、受特别保护的历史文化地区（包括因为其历史文化价值被列入《世界遗产名录》的地区）建造或毁坏不动产设施，以及在这些保护区在未以规定程序获得许可的情况下建造或毁坏不被视为物质文化遗产对象的建筑物、构筑物和其他设施，在因该行为被适用行政处罚后又实施的——

---

[1] 第 229-1 条第 1 款的处罚被 2019 年 12 月 3 日第 586 号乌兹别克斯坦共和国法律修正（国家立法数据库 2019 年 12 月 4 日第 03/19/586/4106 号）；第 229-1 条的正文被 2021 年 8 月 16 日第 708 号乌兹别克斯坦共和国法律修正（国家立法数据库 2021 年 8 月 17 日第 03/21/708/0799 号）。

[2] 第 229-2 条由 1998 年 5 月 1 日第 621-Ⅰ号乌兹别克斯坦共和国法律新增（1998 年第 5-6 号奥利马日利斯公报第 102 条）。

[3] 第 229-2 条的处罚被 2019 年 12 月 3 日第 586 号乌兹别克斯坦共和国法律修正（国家立法数据库 2019 年 12 月 4 日第 03/19/586/4106 号）。

[4] 第 229-3 条由 2015 年 9 月 29 日第 396 号乌兹别克斯坦共和国法律新增（2015 年第 52 号乌兹别克斯坦共和国立法汇编第 645 条）。

[5] 第 229-3 条第 1 款的处罚被 2019 年 12 月 3 日第 586 号乌兹别克斯坦共和国法律修正（国家立法数据库 2019 年 12 月 4 日第 03/19/586/4106 号）。

处 100 个至 300 个基本计算单位罚金、360 小时以下强制社区服务或者 3 年以下矫正劳动。[1]

第 229-4 条 违反提供土地的程序[2]

违反提供土地的程序，在因该行为被适用行政处罚后又实施的——

处 150 个至 300 个基本计算单位罚金，或者 2 年以下矫正劳动，或者 1 年至 3 年限制自由，或者 3 年以下监禁和剥夺特定权利。[3]

该行为：

a）是被再次实施的；

b）导致灌溉土地脱离农业用途的——

处 300 个至 600 个基本计算单位罚金，或者 2 年至 3 年矫正劳动，或者 3 年至 5 年限制自由，或者 3 年至 5 年监禁和剥夺特定权利。[4]

第 229-5 条 非法夺取土地[5]

非法夺取土地，在因该行为被适用行政处罚后又实施的——

处 200 个至 250 个基本计算单位罚金、300 小时至 360 小时强制社区服务或者 2 年以下矫正劳动。

在没有事先全部对所涉财产的市场价值予以补偿的情况下，非法夺取土地造成被夺取土地上的房屋、其他构筑物、栽种物或其部分被摧毁，或者该夺取给所有人造成损失，如果是在因该行为被适用行政处罚后又实施或者造成损失较大的——

---

[1] 第 229-3 条第 2 款的处罚被 2019 年 12 月 3 日第 586 号乌兹别克斯坦共和国法律修正（国家立法数据库 2019 年 12 月 4 日第 03/19/586/4106 号）。

[2] 第 229-4 条由 2019 年 3 月 4 日第 526 号乌兹别克斯坦共和国法律新增（国家立法数据库 2019 年 3 月 5 日第 03/19/526/2701 号）。

[3] 第 229-4 条第 1 款的处罚被 2019 年 12 月 3 日第 586 号乌兹别克斯坦共和国法律修正（国家立法数据库 2019 年 12 月 4 日第 03/19/586/4106 号）。

[4] 第 229-4 条第 2 款的处罚被 2019 年 12 月 3 日第 586 号乌兹别克斯坦共和国法律修正（国家立法数据库 2019 年 12 月 4 日第 03/19/586/4106 号）。

[5] 第 229-5 条由 2021 年 1 月 14 日第 667 号乌兹别克斯坦共和国法律新增（国家立法数据库 2021 年 1 月 15 日第 03/21/666/0032 号）。

处 250 个至 300 个基本计算单位罚金，或者 360 小时至 480 小时强制社区服务，或者 2 年至 3 年矫正劳动，或者 1 年至 3 年限制自由，或者 3 年以下监禁和剥夺特定权利。

该行为造成损失巨大的——

处 300 个至 500 个基本计算单位罚金，或者 3 年至 5 年限制自由，或者 3 年至 5 年监禁和剥夺特定权利。

该行为以具有公共危险的方法实施或者造成损失特别巨大的——

处 5 年至 8 年监禁和剥夺特定权利。

第 229-6 条　对灌溉土地或者其部分予以出售或者非法转让其上权利[1]

对灌溉土地或者其部分予以出售或者非法转让其上权利的——

处 400 个至 500 个基本计算单位罚金，或者 1 年至 3 年限制自由和剥夺特定权利，或者 5 年以下监禁。

该行为：

a）对该土地造成巨大损失的；

b）由有预谋的团伙实施的；

c）是被再次实施或者由危险累犯实施的；

d）利用公务职位实施的——

处 500 个至 600 个基本计算单位罚金，或者 5 年至 7 年监禁和剥夺特定权利。

该行为：

a）对该土地造成巨大损失的；

b）由有预谋的团伙实施的；

c）由有组织集团实施或者为了有组织集团的利益实施的——

处 8 年至 10 年监禁和剥夺特定权利。

实施本条第 1 款和第 2 款规定的犯罪的人，如果保证归还土地并且将其投入农业循环的，不应对之适用限制自由和监禁之刑罚。

---

〔1〕 第 229-6 条由 2021 年 8 月 16 日第 708 号乌兹别克斯坦共和国法律新增（国家立法数据库 2021 年 8 月 17 日第 03/21/708/0799 号）。

第 16 章　妨害司法罪

第 230 条　对明知无罪的人追究刑事责任

调查官、侦查员或者检察官将明知无罪的人作为实施了危害社会行为的被告人的——

处 2 年至 5 年限制自由或者 5 年以下监禁。〔1〕

该行为一并指控其实施了严重或者特别严重的危害社会行为的——

处 5 年至 8 年监禁。

第 230-1 条　伪造证据〔2〕

进行证明的人或者参与证明的人伪造证据，表现为在对以侦查前查证和刑事案件的材料为基础的证据进行收集、审查和评判证据时，出于贪利或者其他卑劣动机，将明知虚假的信息或者失真事项引入文书或其他证据对象中——

处 300 个至 400 个基本计算单位罚金，或者 3 年至 5 年限制自由，或者 3 年至 5 年监禁和剥夺特定权利。〔3〕

该行为：

a）由有预谋的团伙实施的；

b）导致他人被拘捕、羁押、追究刑事责任或者免除刑事责任、被认定有罪或者免诉的——

处 5 年至 7 年监禁和剥夺特定权利。

在严重或者特别严重犯罪的刑事案件中伪造证据，或者伪造证据造成严重后果的——

---

〔1〕 第 230 条第 1 款的处罚被 2015 年 8 月 10 日第 389 号乌兹别克斯坦共和国法律修正（2015 年第 32 号乌兹别克斯坦共和国立法汇编第 425 条）。

〔2〕 第 230-1 条由 2018 年 4 月 4 日第 470 号乌兹别克斯坦共和国法律新增（国家立法数据库 2018 年 4 月 5 日第 03/18/470/1005 号）。

〔3〕 第 230-1 条第 1 款的处罚被 2019 年 12 月 3 日第 586 号乌兹别克斯坦共和国法律修正（国家立法数据库 2019 年 12 月 4 日第 03/19/586/4106 号）。

处 7 年至 10 年监禁和剥夺特定权利。

第 230-2 条　伪造特工搜查活动结果[1]

被授权进行特工搜查活动的人，出于对明知没有参与实施犯罪的人进行刑事追诉或者损害他人的名誉、尊严和商业声誉的目的，伪造特工搜查活动结果的——

处 150 个至 300 个基本计算单位罚金，或者 1 年至 3 年限制自由，或者 3 年以下监禁和剥夺特定权利。[2]

该行为是使用为秘密获取信息所设计的特殊技术手段实施的——

处 300 个至 400 个基本计算单位罚金，或者 3 年至 5 年限制自由，或者 3 年至 5 年监禁和剥夺特定权利。[3]

第 231 条　作出不公正的判决、决定或者裁定

故意作出不公正的判决、决定或者裁定的——

处 2 年至 5 年限制自由或者 5 年以下监禁。[4]

该行为导致人员死亡或者其他严重后果的——

处 5 年至 10 年监禁。

第 232 条　不执行司法决定[5]

逃避执行负有实施特定行为或不实施特定行为义务的司法决定，在被实施行政处罚后继续逃避，以及妨碍执行司法决定的——

处 100 个以下基本计算单位罚金、360 小时以下强制社区服务、

---

〔1〕 第 230-2 条由 2018 年 4 月 4 日第 470 号乌兹别克斯坦共和国法律新增（国家立法数据库 2018 年 4 月 5 日第 03/18/470/1005 号）。

〔2〕 第 230-2 条第 1 款的处罚被 2019 年 12 月 3 日第 586 号乌兹别克斯坦共和国法律修正（国家立法数据库 2019 年 12 月 4 日第 03/19/586/4106 号）。

〔3〕 第 230-2 条第 2 款的处罚被 2019 年 12 月 3 日第 586 号乌兹别克斯坦共和国法律修正（国家立法数据库 2019 年 12 月 4 日第 03/19/586/4106 号）。

〔4〕 第 231 条第 1 款的处罚被 2015 年 8 月 10 日第 389 号乌兹别克斯坦共和国法律修正（2015 年第 32 号乌兹别克斯坦共和国立法汇编第 425 条）。

〔5〕 第 232 条被 2009 年 1 月 14 日第 199 号乌兹别克斯坦共和国法律修正（2009 年第 3 号乌兹别克斯坦共和国立法汇编第 9 条）。

3年以下矫正劳动、1年以下限制自由或者1年以下监禁。[1]

该行为由公务员实施的——

处100个至200个基本计算单位罚金、2年至5年限制自由或者5年以下监禁。[2]

第233条 非法处置被扣押财产

非法处置被扣押财产，即被托付财产之人侵吞、挪用、隐匿、毁灭、破坏已被扣押或抵押财产，以及银行或其他信贷机构的雇员对被扣押的货币资金（存款）执行银行交易，造成损失较大的——

处50个至100个基本计算单位罚金、3年以下矫正劳动、2年至5年限制自由或者5年以下监禁。[3]

在对所造成的经济损失予以三倍赔偿的情况下，不应适用限制自由和监禁之刑罚。[4]

第234条 非法拘捕或者羁押

非法拘捕，即在没有法律根据的情况下，执行侦查前查证的机关的公务员、调查官、侦查员或者检察官短期限制他人自由的——[5]

处50个以下基本计算单位罚金、1年以下限制自由或者1年以下监禁。[6]

明知是非法地予以羁押或者继续羁押——

处50个至100个基本计算单位罚金、1年至3年限制自由或者

---

[1] 第232条第1款的处罚被2019年12月3日第586号乌兹别克斯坦共和国法律修正（国家立法数据库2019年12月4日第03/19/586/4106号）。

[2] 第232条第2款的处罚被2019年12月3日第586号乌兹别克斯坦共和国法律修正（国家立法数据库2019年12月4日第03/19/586/4106号）。

[3] 第233条第1款的处罚被2019年12月3日第586号乌兹别克斯坦共和国法律修正（国家立法数据库2019年12月4日第03/19/586/4106号）。

[4] 第233条第2款的处罚被2015年8月10日第389号乌兹别克斯坦共和国法律修正（2015年第32号乌兹别克斯坦共和国国立法汇编第425条）。

[5] 第234条第1款的罪状被2019年5月23日第542号乌兹别克斯坦共和国法律修正（国家立法数据库2019年5月24日第03/19/542/317号）。

[6] 第234条第1款的处罚被2019年12月3日第586号乌兹别克斯坦共和国法律修正（国家立法数据库2019年12月4日第03/19/586/4106号）。

3年以下监禁。[1]

第235条 施加酷刑和其他残忍、不人道或有辱人格的处遇或者处罚[2]

施加酷刑和其他残忍、不人道或有辱人格的处遇或者处罚，即执法机关或者其他国家机关的工作人员或者在其唆使、知情或者默许的情况下由他人，通过威胁、击打、殴打、折磨、虐待或其他非法行为，对被行政拘留人以及嫌疑人、被告人、罪犯、证人、被害人、其他刑事诉讼参与人或者他们的近亲属，施加非法的精神、心理、身体或其他压力，以便从他们或者第三人处获得任何信息、对犯罪事实和对他们实施的行为的未被授权的惩罚的承认或者强迫他们实施其他任何行为的——

处3年至5年限制自由，或者3年至5年监禁和剥夺特定权利。

该行为的实施具有下列情形的：

a）使用危及生命和健康的暴力或者威胁使用这种暴力的；

b）出于基于民族、种族、宗教或者社会歧视的任何动机的；

c）由团伙实施的；

d）是被再次实施的；

e）针对老年人、处于无助状态的人、未成年人或者行为人明知处于怀孕状态的妇女实施的；

f）针对两人或者更多人实施的；

g）使用可能危及生命和健康的物品实施的；

h）为了伪造证据而实施的——

处5年至7年监禁和剥夺特定权利。

本条第1款或者第2款规定的行为导致中度或严重身体伤害或者其他严重后果的——

---

[1] 第234条第2款的处罚被2019年12月3日第586号乌兹别克斯坦共和国法律修正（国家立法数据库2019年12月4日第03/19/586/4106号）。

[2] 第235条被2018年4月4日第470号乌兹别克斯坦共和国法律修正（国家立法数据库2018年4月5日第03/18/470/1005号）。

处7年至10年监禁和剥夺特定权利。

第236条　干扰侦查或者法院审理案件

干扰侦查或者法院审理案件，即以任何形式对调查官、侦查员、检察官施加非法影响以阻止对案件进行全面、充分和客观的侦查，或者对法官施加非法影响以使其作出不公正的判决、决定或裁定或裁决的——

处3年以下矫正劳动、1年至3年限制自由或者3年以下监禁。[1]

该行为由公务员实施的——

处3年至5年限制自由，或者3年至5年监禁和剥夺特定权利。[2]

第237条　诬告[3]

诬告，即明知虚假而举报犯罪——

处50个至75个基本计算单位罚金、2年至5年限制自由或者5年以下监禁。[4]

该行为：

a）制造虚假的指控证据的；

b）出于贪利动机的；

c）为了有组织集团的利益而实施的；

d）指控严重或者特别严重犯罪的——

处5年至8年监禁。

该行为造成严重后果的——

处8年至10年监禁。

---

[1] 第236条第1款的处罚被2015年8月10日第389号乌兹别克斯坦共和国法律修正（2015年第32号乌兹别克斯坦共和国立法汇编第425条）。

[2] 第236条第2款的处罚被2017年3月29日第421号乌兹别克斯坦共和国法律修正（2017年第13号乌兹别克斯坦共和国立法汇编第194条）。

[3] 第237条被2018年4月4日第470号乌兹别克斯坦共和国法律修正（国家立法数据库2018年4月5日第03/18/470/1005号）。

[4] 第237条第1款的处罚被2019年12月3日第586号乌兹别克斯坦共和国法律修正（国家立法数据库2019年12月4日第03/19/586/4106号）。

第 238 条 伪证[1]

伪证，即在调查、预审期间或者在法庭上，证人或者被害人明知地提供虚假证言、鉴定人明知地提供虚假的结论、翻译人明知地将一种语言不正确地翻译成另一种语言的——[2]

处 300 小时以下强制社区服务、1 年至 3 年限制自由或者 3 年以下监禁。

在调查、预审期间或者法庭审理案件期间，收买证人或被害人以提供虚假证言、收买鉴定人以提供虚假的结论、收买翻译人以提供虚假翻译，或者以对这些人或者其近亲属施加精神、心理、身体或其他影响强迫作伪证的——

处 3 年至 5 年限制自由或者 3 年至 5 年监禁。

本条第 1 款或者第 2 款规定的行为：

a）为了有组织集团的利益而实施的；

b）指控严重或者特别严重犯罪的——

处 5 年至 8 年监禁。

第 239 条 泄露调查或者预审信息

在未经调查官、侦查员或者检察官许可的情况下，披露调查或者预审信息的——

处 50 个以下基本计算单位罚金、3 年以下矫正劳动、1 年至 3 年限制自由或者 3 年以下监禁。[3]

第 240 条 刑事诉讼参与人逃避履行指定的义务

在进行侦查前查证、预审、侦查或者审判过程中，证人、受害人或者专家拒绝或逃避作证或发表意见的——

---

[1] 第 238 条被 2018 年 4 月 4 日第 470 号乌兹别克斯坦共和国法律修正（国家立法数据库 2018 年 4 月 5 日第 03/18/470/1005 号）。

[2] 第 238 条第 1 款的罪状被 2019 年 5 月 23 日第 542 号乌兹别克斯坦共和国法律修正（国家立法数据库 2019 年 5 月 24 日第 03/19/542/317 号）。

[3] 第 239 条的处罚被 2019 年 12 月 3 日第 586 号乌兹别克斯坦共和国法律修正（国家立法数据库 2019 年 12 月 4 日第 03/19/586/4106 号）。

处 25 个以下基本计算单位罚金或者 360 小时以下强制社区服务。[1]

嫌疑人、被告人的近亲属以及在拒绝自证其罪的情况下的证人，不应当对拒绝或逃避作证承担责任。[2]

第 241 条　不报告或者隐瞒犯罪

对确切知悉的预备的或者实行的严重或者特别严重犯罪不报告的——

处 50 个以下基本计算单位罚金、360 小时以下强制社区服务、2 年以下矫正劳动、1 年至 3 年限制自由或者 3 年以下监禁。[3]

无事先通谋地隐瞒严重或者特别严重犯罪的——

处 75 个以下基本计算单位罚金、3 年以下矫正劳动、1 年至 3 年限制自由或者 5 年以下监禁。[4]

第 241-1 条　故意隐瞒犯罪不予登记[5]

负有对有关犯罪的陈述、讯息和其他信息进行接收、记录、审查职责的公务员，故意隐瞒犯罪不登记的——

处 2 年至 3 年矫正劳动，或者 3 年至 5 年限制自由，或者 3 年至 5 年监禁和剥夺特定权利。

该行为：

a）是被再次实施的；

---

[1] 第 240 条第 1 款的处罚被 2019 年 12 月 3 日第 586 号乌兹别克斯坦共和国法律修正（国家立法数据库 2019 年 12 月 4 日第 03/19/586/4106 号）。

[2] 第 240 条第 2 款被 2008 年 12 月 31 日第 198 号乌兹别克斯坦共和国法律修正（2008 年第 52 号乌兹别克斯坦共和国立法汇编第 514 条）。

[3] 第 241 条第 1 款的处罚被 2019 年 12 月 3 日第 586 号乌兹别克斯坦共和国法律修正（国家立法数据库 2019 年 12 月 4 日第 03/19/586/4106 号）。

[4] 第 241 条第 2 款的处罚被 2019 年 12 月 3 日第 586 号乌兹别克斯坦共和国法律修正（国家立法数据库 2019 年 12 月 4 日第 03/19/586/4106 号）。

[5] 第 241-1 条由 2008 年 9 月 22 日第 181 号乌兹别克斯坦共和国法律新增（2008 年第 39 号乌兹别克斯坦共和国立法汇编第 390 条）；第 241-1 条的正文被 2018 年 7 月 20 日第 485 号乌兹别克斯坦共和国法律修正（国家立法数据库 2018 年 7 月 21 日第 03/18/485/1552 号）。

b）由团伙实施的；
c）造成严重后果的——

处 5 年至 7 年监禁和剥夺特定权利。

第六编　危害公共安全与公共秩序罪

第 17 章　危害公共安全罪

第 242 条　组建犯罪团体

组建犯罪团体，即建立或者领导犯罪团体或其分支机构，以及旨在确保其存在和运行的活动——

处 15 年至 20 年监禁。[1]

建立武装有组织集团，以及领导该集团或参加其中的——

处 10 年至 15 年监禁。[2]

第 243 条　将犯罪所得合法化[3]

将犯罪所得合法化，即对通过犯罪活动获得的财产（金钱或其他财产），通过对其进行转移、转换、交换或者掩饰、隐瞒该财产或其附属物的真实性质、来源、位置、处分方式、转移、真实权利，赋予其来源合法的形式的——

处 5 年至 10 年监禁。

第 244 条　聚众骚乱

公然煽动聚众骚乱或者针对公民的暴力的——

处 100 个至 300 个基本计算单位罚金、2 年以下矫正劳动、3 年

---

[1] 第 242 条第 1 款的处罚被 2001 年 8 月 29 日第 254-Ⅱ号乌兹别克斯坦共和国法律修正（2001 年第 9-10 号奥利马日利斯公报第 165 条）。

[2] 第 242 条第 2 款的处罚被 2001 年 8 月 29 日第 254-Ⅱ号乌兹别克斯坦共和国法律修正（2001 年第 9-10 号奥利马日利斯公报第 165 条）。

[3] 第 243 条被 2009 年 9 月 22 日第 223 号乌兹别克斯坦共和国法律修正（2009 年第 39 号乌兹别克斯坦共和国立法汇编第 423 条）。

至 5 年限制自由或者 3 年至 5 年监禁。[1]

该行为是：

a）由有预谋的团伙实施的；

b）利用大众传媒或者电信网络以及全球信息网络互联网，以及以印刷或者其他方式复制的文本实施的——

处 300 个至 400 个基本计算单位罚金、2 年至 3 年矫正劳动或者 5 年至 10 年监禁。[2]

组织聚众骚乱，伴随有对人身的暴力、洗劫、纵火、毁灭或者损坏财产，或者使用或威胁使用武器或用作武器的其他物品对抗当局代表，以及积极参与聚众骚乱的——

处 10 年至 15 年监禁。[3]

第 244-1 条　制作、储存、传播或者展示包含威胁公共安全和公共秩序内容的材料 [4]

意图传播而制作、储存含有宗教极端主义、分裂主义和原教旨主义思想、含有进行大屠杀、强制驱逐公民或者意图在民众中制造恐慌的号召的信息和材料，以及意图传播或展示而制作、储存宗教极端主义组织、恐怖组织的用品或者象征的——[5]

处 200 个至 400 个基本计算单位罚金、3 年以下矫正劳动、1 年

---

[1] 第 244 条第 1 款由 2021 年 3 月 30 日第 679 号乌兹别克斯坦共和国法律新增（国家立法数据库 2021 年 3 月 30 日第 03/21/679/0256 号）。

[2] 第 244 条第 1 款由 2021 年 3 月 30 日第 679 号乌兹别克斯坦共和国法律新增（国家立法数据库 2021 年 3 月 30 日第 03/21/679/0256 号）。

[3] 第 1244 条的处罚被 2001 年 8 月 29 日第 254-Ⅱ号乌兹别克斯坦共和国法律修正（2001 年第 9-10 号奥利马日利斯公报第 165 条）。

[4] 第 244-1 条由 1998 年 5 月 1 日第 621-Ⅰ号乌兹别克斯坦共和国法律新增（1998 年第 5-6 号奥利马日利斯公报第 102 条）；第 244-1 条第 1 款的条旨被 2016 年 4 月 25 日第 405 号乌兹别克斯坦共和国法律修正（2016 年第 17 号乌兹别克斯坦共和国立法汇编第 173 条）。

[5] 第 244-1 条第 1 款的罪状被 2016 年 4 月 25 日第 405 号乌兹别克斯坦共和国法律修正（2016 年第 17 号乌兹别克斯坦共和国立法汇编第 173 条）。

至3年限制自由或者3年以下监禁。[1]

以任何形式传播含有宗教极端主义、分裂主义和原教旨主义思想、含有进行大屠杀、强制驱逐公民或者意图在民众中制造恐慌的号召的材料，或者利用宗教违反民事协议、散布诽谤或破坏稳定的谣言和实施危害社会既定行为规则和公共安全的其他行为，或者传播或展示宗教极端主义组织、恐怖组织的用品或者象征的——[2]

处300个至400个基本计算单位罚金、3年至5年限制自由或者3年至5年监禁。[3]

本条第1款或者第2款规定的行为：[4]

a) 基于事先通谋实施或者由团伙实施的；

b) 利用公务职位实施的；

c) 使用来自于宗教组织以及外国的国家、组织、公民的经济或者其他物质援助实施的；

d) 利用大众传媒或者电信网络以及全球信息网络互联网实施的——

处5年至8年监禁。[5]

---

[1] 第244-1条第1款的处罚被2019年12月3日第586号乌兹别克斯坦共和国法律修正（国家立法数据库2019年12月4日第03/19/586/4106号）。

[2] 第244-1条第2款的罪状被2016年4月25日第405号乌兹别克斯坦共和国法律修正（2016年第17号乌兹别克斯坦共和国立法汇编第173条）。

[3] 第244-1条第2款的处罚被2019年12月3日第586号乌兹别克斯坦共和国法律修正（国家立法数据库2019年12月4日第03/19/586/4106号）。

[4] 根据2016年4月25日第405号乌兹别克斯坦共和国法律（2016年第17号乌兹别克斯坦共和国立法汇编第173条），第244-1条第1款罪状中的c项被替换为c项和d项。

[5] 第244-1条第3款的处罚被2001年8月29日第254-Ⅱ号乌兹别克斯坦共和国法律修正（2001年第9-10号奥利马日利斯公报第165条）。

第244-2条 建立、领导、参加宗教极端主义、分裂主义、原教旨主义或其他被禁止的组织[1]

建立、领导、参加宗教极端主义、分裂主义、原教旨主义或其他被禁止的组织的——

处5年至15年监禁。[2]

该行为:[3]

a) 导致严重后果的;

b) 有未成年人参与实施的——

处15年至20年监禁。[4]

如果主动报告被禁止的组织的存在并且协助揭露该犯罪的,免除本条第1款所规定犯罪的责任。

第244-3条 非法制作、储存、进口或者传播含有宗教内容的材料[5]

意图传播而非法制作、储存、进口或者传播含有宗教内容的材料,在因该行为被适用行政处罚后又实施的——

处100个至200个基本计算单位罚金或者3年以下矫正劳动。[6]

---

[1] 第244-2条由1999年4月15日第772-Ⅰ号乌兹别克斯坦共和国法律新增(1999年第5号奥利马日利斯公报第124条)。

[2] 第244-2条第1款的处罚被2001年8月29日第254-Ⅱ号乌兹别克斯坦共和国法律修正(2001年第9-10号奥利马日利斯公报第165条)。

[3] 第244-2条第2款的罪状被2016年4月25日第405号乌兹别克斯坦共和国法律修正(2016年第17号乌兹别克斯坦共和国立法汇编第173条)。

[4] 第244-2条第2款的处罚被2001年8月29日第254-Ⅱ号乌兹别克斯坦共和国法律修正(2001年第9-10号奥利马日利斯公报第165条)。

[5] 第244-3条由2006年6月22日第37号乌兹别克斯坦共和国法律新增(2006年第25-26号乌兹别克斯坦共和国立法汇编第226条)。

[6] 第244-3条第1款的处罚被2019年12月3日第586号乌兹别克斯坦共和国法律修正(国家立法数据库2019年12月4日第03/19/586/4106号)。

第 244-4 条　非法进口、出售、购买、储存或者使用无人机[1]

非法进口、出售、购买、储存或者使用无人机及其零件、备件的——

处 3 年以下监禁。

该行为：

a）是被再次实施或者由危险累犯实施的；

b）由利用公务职位的人实施的；

c）由有预谋的团伙实施的；

d）造成中度或者严重身体伤害的——

处 3 年至 5 年监禁。

该行为导致人员死亡的——

处 5 年至 8 年监禁。

该行为导致：

a）大量人员死亡的；

b）灾难的；

c）其他严重后果的——

处 8 年至 10 年监禁。

实施了本条第 1 款规定的行为的人，如果主动交出无人驾驶飞机及其零件、备件的，免除责任。

第 244-5 条　传播有关检疫传染病和其他对人类有害的传染病传播的虚假信息[2]

在检疫传染病和其他对人类有害的传染病出现和传播的情况下，传播有关检疫传染病和其他对人类有害的传染病传播的虚假信息的——

处 200 个以下基本计算单位罚金、300 小时以下强制社区服务

---

[1] 第 244-4 条由 2019 年 5 月 2 日第 534 号乌兹别克斯坦共和国法律新增（国家立法数据库 2019 年 5 月 3 日第 03/19/534/3046 号）。

[2] 第 244-5 条由 2020 年 3 月 26 日第 613 号乌兹别克斯坦共和国法律新增（国家立法数据库 2020 年 3 月 26 日第 03/20/613/0362 号）。

或者 2 年以下矫正劳动。

以印刷或者其他方式复制的文本或者大众传媒以及全球信息网络互联网传播本条第 1 条所指的信息的——

处 200 个至 400 个基本计算单位罚金、300 小时至 360 小时强制社区服务、2 年至 3 年矫正劳动、3 年以下限制自由或者 3 年以下监禁。

第 244-6 条　传播虚假信息[1]

传播侮辱人的尊严或者抹黑他人的虚假信息（包括在大众传媒、电信网络或者全球信息网络互联网中），在因该行为被适用行政处罚后又实施的——

处 150 个以下基本计算单位罚金、240 小时以下强制社区服务、2 年以下矫正劳动或者 2 年以下限制自由。

传播包含危害公共秩序或公共安全危险的虚假信息（包括在大众传媒、电信网络或者全球信息网络互联网中），但不符合本法典第 244-1 条规定的犯罪的构成要件，在因该行为被适用行政处罚后又实施的——

处 200 个以下基本计算单位罚金、300 小时以下强制社区服务、2 年以下矫正劳动或者 2 年以下限制自由。

本条第 1 款或者第 2 款规定的行为：

a）是被再次实施或者由危险累犯实施的；

b）导致损失巨大的——

处 200 个至 300 个基本计算单位罚金或者 1 年至 3 年限制自由。

本条第 1 款或者第 2 款规定的行为：

a）在群体性事件期间或者出现紧急情况时实施的；

b）导致损失特别巨大或者造成其他严重后果的；

c）由有组织集团实施或者为了有组织集团的利益实施的——

处 200 个至 400 个基本计算单位罚金或者 2 年至 3 年限制自由。

---

〔1〕 第 244-6 条由 2020 年 12 月 25 日第 658 号乌兹别克斯坦共和国法律新增（国家立法数据库 2020 年 12 月 26 日第 03/20/658/1670 号）。

第 245 条　劫持人质

劫持或者扣留他人作为人质,以强迫国家、国际组织、自然人或法人实施或者不实施任何行为作为释放人质的条件,不符合本法典第 155 条、第 165 条规定的构成要件的——

处 5 年至 10 年监禁。[1]

该行为:

a) 针对未成年人实施的;
b) 针对两人或者更多人实施的;
c) 造成严重后果的——

处 10 年至 15 年监禁。[2]

第 246 条　走私

走私,即以不通过海关监管、欺诈性地使用文书或海关识别手段或者不申报或不使用自己的名字申报的方式,移动烈性物质、生物毒性物质、化学毒性物质、爆炸物、放射性物质、爆炸装置、武器、枪支、弹药以及麻醉药品、其类似物、精神药物或者鼓吹宗教极端主义、分裂主义和原教旨主义的材料越过乌兹别克斯坦共和国海关边界的——[3]

处 5 年至 10 年监禁。[4]

走私核武器、化学武器、生物武器、其他种类的大规模杀伤性武器和明知能用于其制造的材料、设备以及放射性材料,或者走私麻醉药品、其类似物或者精神药物数额巨大的——

---

[1] 第 245 条第 1 款的处罚被 2001 年 8 月 29 日第 254-Ⅱ号乌兹别克斯坦共和国法律修正(2001 年第 9-10 号奥利马日利斯公报第 165 条)。

[2] 第 245 条第 2 款的处罚被 2001 年 8 月 29 日第 254-Ⅱ号乌兹别克斯坦共和国法律修正(2001 年第 9-10 号奥利马日利斯公报第 165 条)。

[3] 第 246 条第 1 款的罪状被 2018 年 10 月 22 日第 503 号乌兹别克斯坦共和国法律修正(国家立法数据库 2018 年 10 月 23 日第 03/18/503/2080 号)。

[4] 第 246 条第 1 款的处罚被 2001 年 8 月 29 日第 254-Ⅱ号乌兹别克斯坦共和国法律修正(2001 年第 9-10 号奥利马日利斯公报第 165 条)。

处 10 年至 20 年监禁。[1]

第 247 条　非法攫取枪支、弹药、爆炸物或者爆炸装置

以盗窃或者诈骗手段攫取枪支、弹药、爆炸物或者爆炸装置的——

处 3 年以下矫正劳动、2 年至 5 年限制自由或者 5 年以下监禁。[2]

该行为：

a）是被再次实施的；

b）由有预谋的团伙实施的；

c）冒用、盗用或者利用公务职位实施的；

d）以抢夺手段实施的；

e）以敲诈勒索手段实施的——

处 5 年至 10 年监禁。[3]

该行为：

a）以抢劫手段实施的；

b）由特别危险累犯实施的；

c）由有组织集团实施或者为了有组织集团的利益实施的——

处 10 年至 20 年监禁。[4]

第 248 条　非法持有武器、弹药、爆炸物或者爆炸装置

在未经适当许可的情况下，制造、获取、携带、储存、运输或寄送枪支以及弹药、爆炸物或爆炸装置的——

处 50 个以下基本计算单位罚金、2 年至 5 年限制自由或者 5 年

---

[1] 第 246 条第 3 款的处罚被 2001 年 8 月 29 日第 254-Ⅱ号乌兹别克斯坦共和国法律修正（2001 年第 9-10 号奥利马日利斯公报第 165 条）。

[2] 第 247 条第 1 款的处罚被 2015 年 8 月 10 日第 389 号乌兹别克斯坦共和国法律修正（2015 年第 32 号乌兹别克斯坦共和国立法汇编第 425 条）。

[3] 第 247 条第 2 款的处罚被 2001 年 8 月 29 日第 254-Ⅱ号乌兹别克斯坦共和国法律修正（2001 年第 9-10 号奥利马日利斯公报第 165 条）。

[4] 第 247 条第 3 款的处罚被 2001 年 8 月 29 日第 254-Ⅱ号乌兹别克斯坦共和国法律修正（2001 年第 9-10 号奥利马日利斯公报第 165 条）。

以下监禁。[1]

该行为是被再次实施或者由危险累犯实施的——

处 5 年至 10 年监禁。

出售枪支、弹药、爆炸物或者爆炸装置的——

处 10 年至 20 年监禁。[2]

主动交出本条规定的物品的,免除责任。

第 248-1 条　违反无人驾驶飞机的储存和使用程序[3]

违反程序存储、使用或者向他人提供无人机,以及不当地使用无人机的——

处 3 年以下监禁。

该行为:

a) 是被再次实施或者由危险累犯实施的;

b) 利用公务职位实施的;

c) 由有预谋的团伙实施的;

d) 造成中度或者严重身体伤害的——

处 3 年至 5 年监禁。

该行为导致人员死亡的——

处 5 年至 8 年监禁。

该行为导致:

a) 大量人员死亡的;

b) 灾难的;

c) 其他严重后果的——

处 8 年至 10 年监禁。

---

[1] 第 248 条第 1 款的处罚被 2019 年 12 月 3 日第 586 号乌兹别克斯坦共和国法律修正(国家立法数据库 2019 年 12 月 4 日第 03/19/586/4106 号)。

[2] 第 248 条第 3 款的处罚被 2001 年 8 月 29 日第 254-Ⅱ号乌兹别克斯坦共和国法律修正(2001 年第 9-10 号奥利马日利斯公报第 165 条)。

[3] 第 248-1 条由 2019 年 5 月 2 日第 534 号乌兹别克斯坦共和国法律新增(国家立法数据库 2019 年 5 月 3 日第 03/19/534/3046 号)。

第 249 条　疏于保管枪支或者弹药

疏于保管枪支或者其弹药，导致人员死亡或者其他严重后果的——

处 50 个以下基本计算单位罚金、3 年以下矫正劳动、2 年至 5 年限制自由或者 5 年以下监禁。〔1〕

第 250 条　违反处理爆炸物或者烟火产品的规则

违反储存、登记、使用、运输、寄送爆炸性、易燃性、腐蚀性物质或者烟火产品的规则，导致中度或者严重身体伤害的——

处 50 个至 100 个基本计算单位罚金、360 小时以下强制社区服务、2 年以下矫正劳动、1 年至 3 年限制自由或者 3 年以下监禁。〔2〕

该行为导致：

a）人员死亡的；

b）其他严重后果的——

处 3 年至 5 年限制自由或者 3 年至 5 年监禁。〔3〕

第 250-1 条　非法流通烟火产品〔4〕

非法生产、制造、储存、运输、寄送、使用以及非法进口、出口或者出售烟火产品，数额较大或者在因该行为被适用行政处罚后又实施的——

处 50 个至 100 个基本计算单位罚金、360 小时以下强制社区服

---

〔1〕 第 249 条的处罚被 2019 年 12 月 3 日第 586 号乌兹别克斯坦共和国法律修正（国家立法数据库 2019 年 12 月 4 日第 03/19/586/4106 号）。

〔2〕 第 250 条第 1 款的处罚被 2019 年 12 月 3 日第 586 号乌兹别克斯坦共和国法律修正（国家立法数据库 2019 年 12 月 4 日第 03/19/586/4106 号）。

〔3〕 第 250 条第 2 款的处罚被 2015 年 8 月 10 日第 389 号乌兹别克斯坦共和国法律修正（2015 年第 32 号乌兹别克斯坦共和国立法汇编第 425 条）。

〔4〕 第 250-1 条由 2010 年 9 月 22 日第 261 号乌兹别克斯坦共和国法律新增（2010 年第 38 号乌兹别克斯坦共和国立法汇编第 329 条）。

务、2年以下矫正劳动、1年至3年限制自由或者3年以下监禁。[1]

非法生产、制造、储存、运输、寄送、使用以及非法进口、出口或者出售烟火产品：

a）数额巨大的；
b）由有预谋的团伙实施的；
c）是被再次实施或者由危险累犯实施的；
d）利用公务职位实施的；
e）造成中度或者严重身体伤害的——

处100个至200个基本计算单位罚金、2年至3年矫正劳动、3年至5年限制自由或者3年至5年监禁。[2]

非法生产、制造、储存、运输、寄送、使用以及非法进口、出口或者出售烟火产品：

a）数额特别巨大的；
b）由有组织集团实施或者为了有组织集团的利益实施的；
c）导致人员死亡的——

处5年至8年监禁。

非法生产、制造、储存、运输、寄送、使用以及非法进口、出口或者出售烟火产品，导致：

a）大量人员死亡的；
b）其他严重后果的——

处8年至10年监禁。

第251条　非法攫取烈性或者有毒物质

以盗窃或者诈骗手段非法攫取烈性或者有毒物质的——

---

[1] 第250-1条第1款的处罚被2019年12月3日第586号乌兹别克斯坦共和国法律修正（国家立法数据库2019年12月4日第03/19/586/4106号）。

[2] 第250-1条第2款的处罚被2019年12月3日第586号乌兹别克斯坦共和国法律修正（国家立法数据库2019年12月4日第03/19/586/4106号）。

处 3 年以下矫正劳动、2 年至 5 年限制自由或者 5 年以下监禁。[1]

该行为：

a）是被再次实施或者由危险累犯实施的；
b）由有预谋的团伙实施的；
c）冒用、盗用或者利用公务职位实施的；
d）以抢夺手段实施的；
e）以敲诈勒索手段实施的——

处 5 年至 10 年监禁。[2]

该行为：

a）以抢劫手段实施的；
b）数额巨大的；
c）由有组织集团实施或者为了有组织集团的利益实施的——

处 10 年至 20 年监禁。[3]

第 251-1 条 非法流通烈性或者有毒物质[4]

出于出售目的非法制造、加工、获取、储存、运输、寄送或者非法出售非麻醉药品、其类似物或精神药物的烈性物质或有毒物质，或者出于出售目的制造、获取、储存、运输、寄送或出售用于其制造或加工的设备的——[5]

处 100 个至 300 个基本计算单位罚金、3 年以下矫正劳动、3 至

---

[1] 第 251 条第 1 款的处罚被 2015 年 8 月 10 日第 389 号乌兹别克斯坦共和国法律修正（2015 年第 32 号乌兹别克斯坦共和国立法汇编第 425 条）。
[2] 第 251 条第 2 款的处罚被 2001 年 8 月 29 日第 254-Ⅱ号乌兹别克斯坦共和国法律修正（2001 年第 9-10 号奥利马日利斯公报第 165 条）。
[3] 第 251 条第 3 款的处罚被 2001 年 8 月 29 日第 254-Ⅱ号乌兹别克斯坦共和国法律修正（2001 年第 9-10 号奥利马日利斯公报第 165 条）。
[4] 第 251-1 条由 2004 年 8 月 27 日第 671-Ⅱ号乌兹别克斯坦共和国法律新增（2004 年第 37 号乌兹别克斯坦共和国立法汇编第 408 条）。
[5] 第 251-1 条的罪状被 2021 年 8 月 2 日第 711 号乌兹别克斯坦共和国法律修正（国家立法数据库 2021 年 8 月 26 日第 03/21/711/0825 号）。

5年限制自由或者1年至5年监禁。[1]

该行为是被再次实施或者由有预谋的团伙实施的——

处5年至7年监禁。[2]

本条第1款或者第2款规定的行为由有组织的集团实施或者数额巨大的——

处7年至10年监禁。[3]

违反生产、获取、储存、登记、发放、运输或寄送烈性物质或者有毒物质的规定，因为过失而导致烈性物质或有毒物质被侵占或者造成其他重大损害的——

处50个至100个基本计算单位罚金、3年以下矫正劳动、2年至5年限制自由或者5年以下监禁。[4]

第252条 非法攫取放射性材料[5]

非法攫取放射性材料，包括以抢夺、盗窃、侵吞或挪用、欺骗或者滥用信任手段非法攫取放射性材料，以及为非法攫取放射性材料融资、直接或间接提供或筹集任何资金、资源、提供其他服务的——

处2年至5年限制自由或者5年以下监禁。[6]

---

[1] 第251-1条第1款的处罚被2015年8月10日第389号乌兹别克斯坦共和国法律修正（2015年第32号乌兹别克斯坦共和国立法汇编第425条）；第251-1条第1款的处罚被2021年8月25日第711号乌兹别克斯坦共和国法律修正（国家立法数据库2021年8月26日第03/21/711/0825号）。

[2] 第251-1条第2款的处罚被2015年8月10日第389号乌兹别克斯坦共和国法律修正（2015年第32号乌兹别克斯坦共和国立法汇编第425条）；第251-1条第2款的处罚被2021年8月25日第711号乌兹别克斯坦共和国法律修正（国家立法数据库2021年8月26日第03/21/711/0825号）。

[3] 第251-1条第3款的处罚被2021年8月25日第711号乌兹别克斯坦共和国法律修正（国家立法数据库2021年8月26日第03/21/711/0825号）。

[4] 第251-1条第4款的处罚被2019年12月3日第586号乌兹别克斯坦共和国法律修正（国家立法数据库2019年12月4日第03/19/586/4106号）。

[5] 第252条的正文被2016年4月25日第405号乌兹别克斯坦共和国法律修正（2016年第17号乌兹别克斯坦共和国立法汇编第173条）。

[6] 第252条第1款的处罚被2017年3月29日第421号乌兹别克斯坦共和国法律修正（2017年第13号乌兹别克斯坦共和国立法汇编第194条）。

该行为的实施具有下列情形的：
a）是被再次实施或者由危险累犯实施的；
b）由有预谋的团伙实施的；
c）利用公务职位实施的——
处5年至10年监禁。

该行为的实施具有下列情形的：
a）由有组织集团实施或者为了有组织集团的利益实施的；
b）由特别危险累犯实施的；
c）以敲诈勒索手段实施的；
d）以抢劫手段实施的；
e）为了实施本法典第155条和第161条规定的犯罪而实施的——
处10年至20年监禁。

第253条 违反放射性材料处理规则

违反储存、登记、使用、运输、寄送及处理放射性材料的其他规则，导致中度或者严重身体伤害的——

处50个至100个基本计算单位罚金、3年以下矫正劳动、1年至3年限制自由或者3年以下监禁。[1]

该行为导致：
a）人员死亡的；
b）其他严重后果的——

处3年至5年限制自由，或者3年至5年监禁和剥夺特定权利。[2]

第254条 非法处理放射性材料

非法获取、储存、使用、转移、变造、扩散或者破坏放射性材

---

[1] 第253条第1款的处罚被2019年12月3日第586号乌兹别克斯坦共和国法律修正（国家立法数据库2019年12月4日第03/19/586/4106号）。

[2] 第25条第2款的处罚被2015年8月10日第389号乌兹别克斯坦共和国法律修正（2015年第32号乌兹别克斯坦共和国立法汇编第425条）

料,导致中度或者严重身体伤害的——[1]

处 25 个至 50 个基本计算单位罚金、3 年以下矫正劳动、2 年至 5 年限制自由或者 5 年以下监禁。[2]

该行为导致:

a) 人员死亡的;

b) 其他严重后果的——

处 5 年至 8 年监禁。

第 255 条　违反核设施运行规则

违反与利用核能有关的设施的运行规则,导致中度或者严重身体伤害的——

处 50 个至 100 个基本计算单位罚金、3 年以下矫正劳动、2 年至 5 年限制自由或者 5 年以下监禁。[3]

该行为导致:

a) 人员死亡的;

b) 其他严重后果的——

处 5 年至 10 年监禁和剥夺特定权利。

第 255-1 条　针对生物武器、化学武器以及其他种类的大规模杀伤性武器的开发、生产、储存、获得、转让、持有、非法攫取和其他行为[4]

针对乌兹别克斯坦共和国参加的国际条约所禁止的生物武器、化学武器以及其他种类的大规模杀伤性武器,实施开发、生产、储存、获得、转让、持有、非法攫取和其他行为的——

---

[1] 第 254 条第 1 款的罪状被 2016 年 4 月 25 日第 405 号乌兹别克斯坦共和国法律修正(2016 年第 17 号乌兹别克斯坦共和国立法汇编第 173 条)。

[2] 第 254 条第 1 款的处罚被 2019 年 12 月 3 日第 586 号乌兹别克斯坦共和国法律修正(国家立法数据库 2019 年 12 月 4 日第 03/19/586/4106 号)。

[3] 第 255 条第 1 款的处罚被 2019 年 12 月 3 日第 586 号乌兹别克斯坦共和国法律修正(国家立法数据库 2019 年 12 月 4 日第 03/19/586/4106 号)。

[4] 第 255-1 条由 2000 年 5 月 26 日第 82-Ⅱ号乌兹别克斯坦共和国法律新增(2000 年第 5-6 号奥利马日利斯公报第 153 条)。

处 5 年至 8 年监禁。[1]

该行为导致：

a）人员死亡的；

b）其他严重后果的——

处 8 年至 15 年监禁。[2]

第 255-2 条　破坏石油管道、天然气管道、油气产品管道[3]

故意毁灭、损坏或者以其他方式使石油管道、天然气管道、油气产品管道以及与之技术相关的设施、构筑物、通讯装置、自动化装置、信号传输装置无法运行，导致或者可能导致扰乱其正常运行的——

处 100 个以下基本计算单位罚金、1 年至 3 年限制自由或者 3 年以下监禁。[4]

该行为：

a）是被再次实施的；

b）由有预谋的团伙实施的；

c）针对主管道实施的；

d）导致损失巨大的；

e）造成中度或者严重身体伤害的——

处 300 个以下基本计算单位罚金、2 年至 3 年矫正劳动、3 年至 5 年限制自由或者 3 年至 5 年监禁。[5]

该行为导致：

---

[1]　第 251-1 条第 1 款的处罚被 2001 年 8 月 29 日第 254-Ⅱ号乌兹别克斯坦共和国法律修正（2001 年第 9-10 号奥利马日利斯公报第 165 条）。

[2]　第 251-1 条第 2 款的处罚被 2001 年 8 月 29 日第 254-Ⅱ号乌兹别克斯坦共和国法律修正（2001 年第 9-10 号奥利马日利斯公报第 165 条）。

[3]　第 255-2 条由 2013 年 10 月 7 日第 355 号乌兹别克斯坦共和国法律新增（2013 年第 41 号乌兹别克斯坦共和国立法汇编第 543 条）。

[4]　第 255-2 条第 1 款的处罚被 2019 年 12 月 3 日第 586 号乌兹别克斯坦共和国法律修正（国家立法数据库 2019 年 12 月 4 日第 03/19/586/4106 号）。

[5]　第 255-2 条第 2 款的处罚被 2019 年 12 月 3 日第 586 号乌兹别克斯坦共和国法律修正（国家立法数据库 2019 年 12 月 4 日第 03/19/586/4106 号）。

a）人员死亡的；

b）导致损失特别巨大的——

处 5 年至 8 年监禁。

该行为导致：

a）大量人员死亡的；

b）其他严重后果的——

处 8 年至 10 年监禁。

第 256 条　进行研究活动时违反安全规则

在科学研究或者实验活动过程中违反安全规则，导致中度或者严重身体伤害的——

处 50 个以下基本计算单位罚金或者 2 年以下矫正劳动。[1]

该行为：

a）由负责安全规定遵守的人实施的；

b）导致损失巨大的——

处 2 年至 3 年矫正劳动、1 年至 3 年限制自由或者 3 年以下监禁。[2]

该行为导致：

a）人员死亡的；

b）其他严重后果的——

处 3 年至 5 年限制自由或者 3 年至 5 年监禁。[3]

第 257 条　违反劳动保护规则

负责遵守相应规则的人违反技术安全规则、工业卫生或者其他劳动保护规则，导致中度或者严重身体伤害的——

处 25 个至 50 个基本计算单位罚金、5 年以下剥夺特定权利、3

---

〔1〕　第 256 条第 1 款的处罚被 2019 年 12 月 3 日第 586 号乌兹别克斯坦共和国法律修正（国家立法数据库 2019 年 12 月 4 日第 03/19/586/4106 号）。

〔2〕　第 256 条第 2 款的处罚被 2015 年 8 月 10 日第 389 号乌兹别克斯坦共和国法律修正（2015 年 32 号乌兹别克斯坦共和国立法汇编第 425 条）。

〔3〕　第 256 条第 3 款的处罚被 2015 年 8 月 10 日第 389 号乌兹别克斯坦共和国法律修正（2015 年 32 号乌兹别克斯坦共和国立法汇编第 425 条）。

年以下矫正劳动、1年至3年限制自由或者3年以下监禁。[1]

该行为导致：

a) 人员死亡的；

b) 其他严重后果的——

处2年至5年限制自由，或者5年以下监禁和剥夺特定权利。[2]

第257-1条　违反卫生立法或者传染病防治规则[3]

违反卫生立法或者传染病防治规则，包括在检疫传染病和其他对人类有害的传染病出现和传播的情况下，无正当理由地不服从体检、治疗、到达指定检疫隔离地点并在规定期间内不离开该地点、披露在有感染该疾病危险的期间所接触过的人和造访过的地点的信息要求以及国家卫生监督当局的其他合法要求，产生出现人们的群体性疾病或者中毒的现实危险或者导致人们的群体性疾病或者中毒的——

处50个至100个基本计算单位罚金、5年以下剥夺特定权利、2年以下矫正劳动、1年至3年限制自由或者5年以下监禁。

该行为导致人员死亡的——

处2年至3年矫正劳动、3年至5年限制自由或者5年至7年监禁。

该行为导致大量人员死亡的——

处7年至10年监禁。

第258条　违反采矿、建筑或者爆炸作业的安全规则

违反采矿、建筑或者爆炸作业的安全规则，导致中度或者严重

---

[1] 第257条第1款的处罚被2019年12月3日第586号乌兹别克斯坦共和国法律修正（国家立法数据库2019年12月4日第03/19/586/4106号）。

[2] 第257条第2款的处罚被2015年8月10日第389号乌兹别克斯坦共和国法律修正（2015年第32号乌兹别克斯坦共和国立法汇编第425条）。

[3] 第257-1条由1998年5月1日第621-Ⅰ号乌兹别克斯坦共和国法律新增（1998年第5-6号奥利马日利斯公报第102条）；第257-1条的正文被2020年3月26日第613号乌兹别克斯坦共和国法律修正（国家立法数据库2020年3月26日第03/20/613/0362号）。

身体伤害的——

处 25 个至 50 个基本计算单位罚金、5 年以下剥夺特定权利、3 年以下矫正劳动、1 年至 3 年限制自由或者 3 年以下监禁。[1]

该行为导致：

a）人员死亡的；

b）其他严重后果的——

处 2 年至 5 年限制自由，或者 5 年以下监禁和剥夺特定权利。[2]

第 259 条　违反消防安全规则

负责消防安全规则执行的人违反消防安全规则，导致中度或者严重身体伤害的——

处 25 个至 50 个基本计算单位罚金、5 年以下剥夺特定权利、3 年以下矫正劳动、1 年至 3 年限制自由或者 3 年以下监禁。[3]

该行为导致：

a）人员死亡的；

b）其他严重后果的——

处 2 年至 5 年限制自由，或者 5 年以下监禁和剥夺特定权利。[4]

第 259-1 条　不履行确保特别重要种类的物品受到保护的义务[5]

企业、机构、组织的负责执行保护的公务员，不履行确保特别重要种类的物品受到保护的义务，在因该行为被适用行政处罚后又

---

[1]　第 258 条第 1 款的处罚被 2019 年 12 月 3 日第 586 号乌兹别克斯坦共和国法律修正（国家立法数据库 2019 年 12 月 4 日第 03/19/586/4106 号）。

[2]　第 258 条第 2 款的处罚被 2015 年 8 月 10 日第 389 号乌兹别克斯坦共和国法律修正（2015 年第 32 号乌兹别克斯坦共和国立法汇编第 425 条）。

[3]　第 259 条第 1 款的处罚被 2019 年 12 月 3 日第 586 号乌兹别克斯坦共和国法律修正（国家立法数据库 2019 年 12 月 4 日第 03/19/586/4106 号）。

[4]　第 259 条第 2 款的处罚被 2019 年 12 月 3 日第 586 号乌兹别克斯坦共和国法律修正（国家立法数据库 2019 年 12 月 4 日第 03/19/586/4106 号）。

[5]　第 259-1 条由 2016 年 12 月 23 日第 411 号乌兹别克斯坦共和国法律新增（2016 年第 39 号乌兹别克斯坦共和国立法汇编第 457 条）。

实施的——

处 50 个至 100 个基本计算单位罚金、3 年以下剥夺特定权利、3 年以下矫正劳动、1 年至 3 年限制自由或者 3 年以下监禁。[1]

第 18 章　危害交通和交通工具运行安全罪

第 260 条　违反铁路、海上、内河、空中交通的运行或者操纵安全规则

驾驶铁路、海上、内河、空中交通工具的人员，违反铁路、海上、内河、空中交通的运行或者操纵安全规则，导致中度或严重身体伤害的——

处 25 个至 50 个基本计算单位罚金、5 年以下剥夺特定权利、3 年以下矫正劳动、1 年至 3 年限制自由或者 3 年以下监禁。[2]

该行为导致人员死亡的——

处 8 年以下监禁。[3]

该行为导致：

a) 大量人员死亡的；

b) 灾难的；

c) 其他严重后果的——

处 10 年以下监禁。[4]

---

[1] 第 259-1 条的处罚被 2019 年 12 月 3 日第 586 号乌兹别克斯坦共和国法律修正（国家立法数据库 2019 年 12 月 4 日第 03/19/586/4106 号）。

[2] 第 260 条第 1 款的处罚被 2019 年 12 月 3 日第 586 号乌兹别克斯坦共和国法律修正（国家立法数据库 2019 年 12 月 4 日第 03/19/586/4106 号）。

[3] 第 260 条第 2 款的处罚被 1999 年 8 月 20 日第 832-Ⅰ号乌兹别克斯坦共和国法律修正（1999 年第 9 号奥利马日利斯公报第 229 条）。

[4] 第 260 条第 3 款的处罚被 1999 年 8 月 20 日第 832-Ⅰ号乌兹别克斯坦共和国法律修正（1999 年第 9 号奥利马日利斯公报第 229 条）。

第 260-1 条　非法（未经授权）使用乌兹别克斯坦共和国领空[1]

非法（未经授权）使用乌兹别克斯坦共和国领空（无人机使用领空的情况除外），在因该行为被适用行政处罚后又实施或者造成中度或严重身体伤害的——[2]

处 100 个至 200 个基本计算单位罚金或者 2 年以下矫正劳动。[3]

该行为导致人员死亡的——

处 3 年以下矫正劳动、2 年至 5 年限制自由或者 5 年以下监禁。

该行为导致：

a）大量人员死亡的；

b）灾难的；

c）其他严重后果的——

处 5 年至 10 年监禁。

第 261 条　准许醉态中的人驾驶交通工具

负责铁路、海上、内河、空中、汽车或者其他交通工具运行的人，准许处于醉酒或者在麻醉药品、其类似物、精神药物或影响智力和意志活动的其他物质的影响下的人驾驶这些交通工具，导致严重身体伤害或者人员死亡的——[4]

处 50 个以下基本计算单位罚金，或者 3 年以下矫正劳动，或者 1 年至 3 年限制自由，或者 3 年以下监禁和剥夺特定权利。[5]

---

[1] 第 260-1 条的正文被 2017 年 6 月 13 日第 436 号乌兹别克斯坦共和国法律新增（2017 年第 24 号乌兹别克斯坦共和国立法汇编第 487 条）。

[2] 第 260-1 条第 1 款的罪状被 2019 年 5 月 2 日第 534 号乌兹别克斯坦共和国法律修正（国家立法数据库 2019 年 5 月 3 日第 03/19/534/3046 号）。

[3] 第 260-1 条第 1 款的处罚被 2019 年 12 月 3 日第 586 号乌兹别克斯坦共和国法律修正（国家立法数据库 2019 年 12 月 4 日第 03/19/586/4106 号）。

[4] 第 261 条的罪状被 2018 年 10 月 22 日第 503 号乌兹别克斯坦共和国法律修正（国家立法数据库 2018 年 10 月 23 日第 03/18/503/2080 号）。

[5] 第 261 条的处罚被 2019 年 12 月 3 日第 586 号乌兹别克斯坦共和国法律修正（国家立法数据库 2019 年 12 月 4 日第 03/19/586/4106 号）。

第 262 条　违反交通设备的维修或者投入运行的规则

维修人员或者负责交通工具的技术状况和运行的人，质量不佳地维修铁路、海上、内河、空中、汽车或者其他交通工具、交通线路、信号设备、通信器材、其他交通设备或者明知地将有技术故障的交通工具投入运行，造成中度或者严重身体伤害的——

处 50 个以下基本计算单位罚金、5 年以下剥夺特定权利、360 小时以下强制社区服务或者 3 年以下矫正劳动。[1]

该行为导致人员死亡的——

处 2 年至 5 年限制自由或者 5 年以下监禁。[2]

该行为导致：

a) 大量人员死亡的；

b) 灾难的；

c) 其他严重后果的——

处 8 年以下监禁。[3]

第 263 条　破坏铁路、海上、内河、空中交通工具或者交通线

故意毁灭、损坏或者以任何其他方法致使铁路、海上、内河、空中、汽车或者其他交通工具、交通线路、其上的建筑物、信号设备、通信器材或者其他交通设备无法使用，导致中度或严重身体伤害的——

处 100 个以下基本计算单位罚金、3 年以下矫正劳动、2 年至 5 年限制自由或者 5 年以下监禁。[4]

该行为导致人员死亡的——

---

[1] 第 262 条第 1 款的处罚被 2019 年 12 月 3 日第 586 号乌兹别克斯坦共和国法律修正（国家立法数据库 2019 年 12 月 4 日第 03/19/586/4106 号）。

[2] 第 262 条第 2 款的处罚被 2015 年 8 月 10 日第 389 号乌兹别克斯坦共和国法律修正（2015 年第 32 号乌兹别克斯坦共和国立法汇编第 425 条）。

[3] 第 262 条第 3 款的处罚被 1999 年 8 月 20 日第 832-Ⅰ号乌兹别克斯坦共和国法律修正（1999 年第 9 号奥利马日利斯公报第 229 条）。

[4] 第 263 条第 1 款的处罚被 2019 年 12 月 3 日第 586 号乌兹别克斯坦共和国法律修正（国家立法数据库 2019 年 12 月 4 日第 03/19/586/4106 号）。

处 5 年至 10 年监禁。

该行为导致：

a）大量人员死亡的；

b）灾难的；

c）其他严重后果的——

处 10 年至 15 年监禁。

第 263-1 条　以激光束干扰航空器运行[1]

以用激光束瞄准航空器的方式干扰运行中的航空器，在因该行为被适用行政处罚后又实施或者造成中度或严重身体伤害的——

处 300 小时以下强制社区服务、2 年以下矫正劳动、1 年以下限制自由或者 1 年以下监禁。[2]

该行为导致人员死亡的——

处 3 年以下矫正劳动、2 年至 5 年限制自由或者 5 年以下监禁。

该行为导致：

a）大量人员死亡的；

b）灾难的；

c）其他严重后果的——

处 5 年至 10 年监禁。

第 264 条　劫持或者占领列车、航空器、海船或者河船

劫持或者占领列车、航空器、海船或者河船的——

处 5 年至 10 年监禁。

该行为的实施具有下列情形的：

a）由有预谋的团伙实施的；

b）使用暴力或者暴力威胁的——

处 10 年至 15 年监禁。

---

〔1〕　第 263-1 条由 2016 年 4 月 25 日第 405 号乌兹别克斯坦共和国法律新增（2016 年第 17 号乌兹别克斯坦共和国立法汇编第 173 条）。

〔2〕　第 263-1 条第 1 款的处罚被 2017 年 3 月 29 日第 421 号乌兹别克斯坦共和国法律修正（2017 年第 13 号乌兹别克斯坦共和国立法汇编第 194 条）。

第 265 条　违反国际飞行规则

不遵守许可证上所指明的路线、着陆地点、起飞出口、飞行高度，或者实施其他违反国际飞行规则的行为的——

处 50 个以下基本计算单位罚金、5 年以下剥夺特定权利、360 小时以下强制社区服务或者 3 年以下矫正劳动。[1]

第 266 条　违反车辆运行或者操纵安全规则

车辆驾驶人违反车辆运行或者操纵安全规则，导致中度或者严重身体伤害的——

处 50 个以下基本计算单位罚金、360 小时以下强制社区服务或者 3 年以下矫正劳动。[2]

该行为导致人员死亡的——

处 7 年以下监禁和剥夺特定权利。[3]

该行为导致：

a）大量人员死亡的；

b）灾难的；

c）其他严重后果的——

处 10 年以下监禁和剥夺特定权利。[4]

第 267 条　劫持车辆[5]

劫持车辆的——

处 5 年至 10 年监禁。

---

[1]　第 265 条的处罚被 2019 年 12 月 3 日第 586 号乌兹别克斯坦共和国法律修正（国家立法数据库 2019 年 12 月 4 日第 03/19/586/4106 号）。

[2]　第 266 条第 1 款的处罚被 2019 年 12 月 3 日第 586 号乌兹别克斯坦共和国法律修正（国家立法数据库 2019 年 12 月 4 日第 03/19/586/4106 号）。

[3]　第 266 条第 2 款的处罚被 1999 年 8 月 20 日第 832-Ⅰ号乌兹别克斯坦共和国法律修正（1999 年第 9 号奥利马日利斯公报第 229 条）。

[4]　第 266 条第 3 款的处罚被 1999 年 8 月 20 日第 832-Ⅰ号乌兹别克斯坦共和国法律修正（1999 年第 9 号奥利马日利斯公报第 229 条）。

[5]　第 267 条的正文被 2016 年 12 月 26 日第 416 号乌兹别克斯坦共和国法律修正（2016 年第 52 号乌兹别克斯坦共和国立法汇编第 597 条）。

该行为：
a) 是被再次实施或者由危险累犯实施的；
b) 由有预谋的团伙实施的；
c) 使用暴力或者威胁使用暴力的；
d) 意图侵占车辆而以盗窃或者抢夺方式实施的——
处10年至15年监禁。

该行为：
a) 由特别危险累犯实施的；
b) 由有组织集团实施的；
c) 意图侵占车辆而以抢劫方式实施的——
处15年至20年监禁。

第268条 违反确保交通运行安全的规则

除本法典第261条至第263条、第265条或者第266条规定的人员外，乘客、行人、骑自行车的人、畜力交通工具驾驶人或者其他交通参与人违反各种交通工具的通行安全或者操纵安全规则，导致中度或者严重身体伤害的——

处25个以下基本计算单位罚金、360小时以下强制社区服务、3年以下矫正劳动、1年至3年限制自由或者3年以下监禁。[1]

该行为导致人员死亡的——

处3年至5年限制自由或者3年至5年监禁。[2]

该行为导致：
a) 大量人员死亡的；
b) 其他严重后果的——
处5年至8年监禁。

第269条 违反机动车道路使用和保护规则

违反机动车道路的使用和保护规则，即在未经适当许可的情况

---

[1] 第268条第1款的处罚被2019年12月3日第586号乌兹别克斯坦共和国法律修正（国家立法数据库2019年12月4日第03/19/586/4106号）。

[2] 第268条第2款的处罚被2017年3月29日第421号乌兹别克斯坦共和国法律修正（2017年第13号乌兹别克斯坦共和国立法汇编第194条）。

下在机动车道路地下或地面交通设施和在道路管理区进行铺设、维修，或者不遵守开展这些工程的既定条件和期限，或者任意建造拱门、围栏、路障或其他构筑物，或者在道路上存放物料和其他物品，或者破坏路基，导致中度或者严重身体伤害的——

处50个以下基本计算单位罚金、360小时以下强制社区服务、3年以下矫正劳动、1年至3年限制自由或者3年以下监禁。[1]

该行为导致人员死亡的——

处3年至5年限制自由或者3年至5年监禁。[2]

该行为导致：

a）大量人员死亡的；

b）其他严重后果的——

处5年至8年监禁。

第19章　非法贩运麻醉药品或者精神药品罪

第270条　种植违禁植物

种植，即非法播种或者种植鸦片罂粟或油罂粟、大麻植物或者其他含有麻醉药品或精神药物的植物的——

处25个至50个基本计算单位罚金、360小时以下强制社区服务、3年以下矫正劳动、1年至3年限制自由或者3年以下监禁。[3]

该行为：

a）由曾经实施过非法贩运麻醉药品或者精神药品罪的人实施的；

b）由有预谋的团伙实施的；

c）涉及中等播种面积的——

---

〔1〕第269条第1款的处罚被2019年12月3日第586号乌兹别克斯坦共和国法律修正（国家立法数据库2019年12月4日第03/19/586/4106号）。

〔2〕第269条第2款的处罚被2015年8月10日第389号乌兹别克斯坦共和国法律修正（2015年第32号乌兹别克斯坦共和国立法汇编第425条）。

〔3〕第270条第1款的处罚被2019年12月3日第586号乌兹别克斯坦共和国法律修正（国家立法数据库2019年12月4日第03/19/586/4106号）。

处50个至100个基本计算单位罚金、3年至5年限制自由或者3年至5年监禁。[1]

该行为：

a）由特别危险累犯实施的；

b）由有组织集团实施或者为了有组织集团的利益实施的；

c）涉及巨大播种面积的——

处5年至10年监禁。[2]

第271条　非法攫取麻醉药品、其类似物或者精神药物[3]

以盗窃或者诈骗手段非法攫取麻醉药品、其类似物或者精神药物的——[4]

处3年以下矫正劳动、2年至5年限制自由或者5年以下监禁。[5]

该行为：

a）由曾经实施过非法贩运麻醉药品或者精神药品罪的人实施的；

b）由有预谋的团伙实施的；

c）以侵吞或者挪用方式实施的；

d）以抢劫手段实施的；

e）利用公务职位实施的；

f）以敲诈勒索手段实施的；

g）数额巨大的——

---

[1] 第270条第2款的处罚被2019年12月3日第586号乌兹别克斯坦共和国法律修正（国家立法数据库2019年12月4日第03/19/586/4106号）。

[2] 第270条第3款的处罚被2001年8月29日第254-Ⅱ号乌兹别克斯坦共和国法律修正（2001年第9-10号奥利马日利斯公报第165条）。

[3] 第271条的条旨被2018年10月22日第503号乌兹别克斯坦共和国法律修正（国家立法数据库2018年10月23日第03/18/503/2080号）。

[4] 第271条第1款的罪状被2018年10月22日第503号乌兹别克斯坦共和国法律修正（国家立法数据库2018年10月23日第03/18/503/2080号）。

[5] 第271条第1款的处罚被2017年3月29日第421号乌兹别克斯坦共和国法律修正（2017年第13号乌兹别克斯坦共和国立法汇编第194条）。

处 5 年至 10 年监禁。[1]

该行为：

a）由特别危险累犯实施的；

b）由有组织集团实施或者为了有组织集团的利益实施的；

c）以抢劫手段实施的——

处 10 年至 20 年监禁。[2]

第 272 条　（废止）[3]

第 273 条　以出售为目的对麻醉药品、其类似物或者精神药物的非法制造、获取、储存、运输、其他行为及其出售[4]

以出售为目的非法制造、获取、储存、运输以及出售麻醉药品、其类似物或者精神药物，数额较小的——

处 3 年至 5 年限制自由或者 3 年至 5 年监禁。[5]

实施本条第 1 款或者第 2 款规定的行为，超出数额较小标准的——

处 5 年至 7 年监禁。[6]

本条第 1 款或者第 2 款规定的行为：

---

[1] 第 271 条第 2 款的处罚被 2001 年 8 月 29 日第 254-Ⅱ号乌兹别克斯坦共和国法律修正（2001 年第 9-10 号奥利马日利斯公报第 165 条）。

[2] 第 271 条第 3 款的处罚被 2001 年 8 月 29 日第 254-Ⅱ号乌兹别克斯坦共和国法律修正（2001 年第 9-10 号奥利马日利斯公报第 165 条）。

[3] 第 272 条被 1999 年 8 月 20 日第 832-Ⅰ号乌兹别克斯坦共和国法律废止（1999 年第 9 号奥利马日利斯公报第 229 条）。

[4] 第 273 条被 1999 年 8 月 20 日第 832-Ⅰ号乌兹别克斯坦共和国法律修正（1999 年第 9 号奥利马日利斯公报第 229 条）；第 273 条的条旨被 2018 年 10 月 22 日第 503 号乌兹别克斯坦共和国法律修正（国家立法数据库 2018 年 10 月 23 日第 03/18/503/2080 号）。

[5] 第 273 条第 1 款的处罚被 2017 年 3 月 29 日第 421 号乌兹别克斯坦共和国法律修正（2017 年第 13 号乌兹别克斯坦共和国立法汇编第 194 条）。

[6] 第 273 条第 2 款的处罚被 2001 年 8 月 29 日第 254-Ⅱ号乌兹别克斯坦共和国法律修正（2001 年第 9-10 号奥利马日利斯公报第 165 条）。

a）由曾经实施过非法贩运麻醉药品或者精神药品罪的人实施的；

b）由有预谋的团伙实施的；

c）在监禁刑的服刑场所实施的；

d）在用于学龄儿童或者学生教育、体育或者公共活动的教育机构或其他场所实施的——

处3年至7年监禁。[1]

在实验室、使用属于他人财产的资金或设备或者使用前体非法制造或加工麻醉药品、其类似物或者精神药物，或者开办或经营用于吸食或传播这些物质的窝点，或者本条第2款或第3款规定的行为的实施具有下列情形：[2]

a）由特别危险累犯实施的；

b）由有组织集团实施或者为了有组织集团的利益实施的——

处10年至15年监禁。[3]

非法出售麻醉药品、其类似物或者精神药物，数额巨大的——[4]

处10年至20年监禁。[5]

实施了本条第1款规定的行为的人，如果向当局自首并且交出麻醉药品、其类似物或者精神药物，应当免除刑罚。[6]

---

[1] 第273条第3款的处罚被2001年8月29日第254-Ⅱ号乌兹别克斯坦共和国法律修正（2001年第9-10号奥利马日利斯公报第165条）。

[2] 第273条第4款的罪状被2018年10月22日第503号乌兹别克斯坦共和国法律修正（国家立法数据库2018年10月23日第03/18/503/2080号）。

[3] 第273条第4款的处罚被2001年8月29日第254-Ⅱ号乌兹别克斯坦共和国法律修正（2001年第9-10号奥利马日利斯公报第165条）。

[4] 第273条第5款的罪状被2018年10月22日第503号乌兹别克斯坦共和国法律修正（国家立法数据库2018年10月23日第03/18/503/2080号）。

[5] 第273条第5款的处罚被2001年8月29日第254-Ⅱ号乌兹别克斯坦共和国法律修正（2001年第9-10号奥利马日利斯公报第165条）。

[6] 第273条第6款的罪状被2018年10月22日第503号乌兹别克斯坦共和国法律修正（国家立法数据库2018年10月23日第03/18/503/2080号）。

第 274 条　引诱吸食麻醉药品、其类似物或者精神药物[1]

引诱吸食以任何形式影响智力和意志活动的麻醉药品、其类似物或者精神药的——

处 3 年以下矫正劳动、1 年至 3 年限制自由或者 3 年以下监禁。[2]

该行为：

a）由曾经实施过非法贩运麻醉药品或者精神药品罪的人实施的；

b）在监禁刑的服刑场所实施的；

c）对两人或者更多人实施的——

处 3 年至 5 年限制自由或者 3 年至 5 年监禁。[3]

第 275 条　违反生产或者处理麻醉药品、其类似物或者精神药物的规则[4]

违反生产、储存、登记、发放、运输、寄送麻醉药品、其类似物或者精神药物的既定规则的——

处 25 个至 50 个基本计算单位罚金、5 年以下剥夺特定权利、3 年以下矫正劳动、2 年至 5 年限制自由或者 5 年以下监禁。[5]

第 276 条　非出于出售目的对麻醉药品、其类似物或者精神药物的非法制造、获取、储存和其他行为[6]

非出于出售目的非法制造、储存、获取、运输、寄送麻醉药品、

---

[1]　第 274 条的条旨被 2018 年 10 月 22 日第 503 号乌兹别克斯坦共和国法律修正（国家立法数据库 2018 年 10 月 23 日第 03/18/503/2080 号）。

[2]　第 274 条第 1 款的处罚被 2015 年 8 月 10 日第 389 号乌兹别克斯坦共和国法律修正（2015 年第 32 号乌兹别克斯坦共和国立法汇编第 425 条）。

[3]　第 274 条第 2 款的处罚被 2017 年 3 月 29 日第 421 号乌兹别克斯坦共和国法律修正（2017 年第 13 号乌兹别克斯坦共和国立法汇编第 194 条）。

[4]　第 275 条的条旨被 2018 年 10 月 22 日第 503 号乌兹别克斯坦共和国法律修正（国家立法数据库 2018 年 10 月 23 日第 03/18/503/2080 号）。

[5]　第 275 条的处罚被 2019 年 12 月 3 日第 586 号乌兹别克斯坦共和国法律修正（国家立法数据库 2019 年 12 月 4 日第 03/19/586/4106 号）。

[6]　第 276 条的条旨被 2018 年 10 月 22 日第 503 号乌兹别克斯坦共和国法律修正（国家立法数据库 2018 年 10 月 23 日第 03/18/503/2080 号）。

其类似物或者精神药物的——

处 50 个以下基本计算单位罚金、360 小时以下强制社区服务、3 年以下矫正劳动、1 年至 3 年限制自由或者 3 年以下监禁。[1]

该行为：

a）数额巨大的；

b）由曾经实施过非法贩运麻醉药品或者精神药品罪的人实施的——

处 3 年至 5 年限制自由或者 3 年至 5 年监禁。[2]

实施了本条第 1 款规定的行为的人，如果向当局自首并且交出麻醉药品、其类似物或者精神药物，应当免除刑罚。[3]

第 20 章　妨害公共秩序罪

第 277 条　流氓行为

流氓行为即故意无视社会行为规则，伴随殴打、造成轻度身体伤害或他人财产的毁灭或损坏，造成损失较大的——

处 50 个至 100 个基本计算单位罚金、300 小时以下强制社区服务或者 3 年以下矫正劳动。[4]

流氓行为：

a）导致中度或者严重身体伤害的；

b）由团伙实施的；

c）伴随有其使用客观上可能损害健康的冷兵器或者物品的展示、威胁使用或者使用的；

---

[1] 第 276 条第 1 款的处罚被 2019 年 12 月 3 日第 586 号乌兹别克斯坦共和国法律修正（国家立法数据库 2019 年 12 月 4 日第 03/19/586/4106 号）。

[2] 第 276 条第 2 款的处罚被 2015 年 8 月 10 日第 389 号乌兹别克斯坦共和国法律修正（2015 年第 32 号乌兹别克斯坦共和国立法汇编第 425 条）。

[3] 第 276 条第 3 款的罪状被 2018 年 10 月 22 日第 503 号乌兹别克斯坦共和国法律修正（国家立法数据库 2018 年 10 月 23 日第 03/18/503/2080 号）。

[4] 第 277 条第 1 款的处罚被 2019 年 12 月 3 日第 586 号乌兹别克斯坦共和国法律修正（国家立法数据库 2019 年 12 月 4 日第 03/19/586/4106 号）。

d）其内容异常愤世嫉俗，表现出对普遍接受的道德规范的蔑视的；

e）伴随有对未成年人、老年人、残疾人或者处于无自理能力状态的人的愚弄的；

f）伴随有故意损毁他人财物，导致损失巨大的——

处 300 小时至 360 小时强制社区服务、1 年至 3 年限制自由或者 3 年以下监禁。[1]

流氓行为：

a）是被再次实施或者由危险累犯实施的；

b）伴随有发射武器的展示、威胁使用或者使用的；

c）在群体性事件期间实施的；

d）伴随有对履行维持公共秩序职责的当局代表或公众代表或者制止流氓行为的公民的抵抗的——

处 3 年至 5 年限制自由或者 3 年至 5 年监禁。[2]

第 278 条　组织、进行赌博或其他基于风险的游戏[3]

非法组织、进行赌博或其他基于风险的游戏，包括开办或者经营用于此类游戏的窝点的——

处 7 年以下监禁。

该行为的实施具有下列情形的：

a）是被再次实施或者由危险累犯实施的；

b）由有组织集团实施或者为了有组织集团的利益实施的——

处 3 年至 7 年监禁。

引诱未成年人参与赌博或其他基于风险的游戏，在因为该行为被适用行政处罚后又实施的——

---

[1] 第 277 条第 2 款的处罚被 2017 年 3 月 29 日第 421 号乌兹别克斯坦共和国法律修正（2017 年第 13 号乌兹别克斯坦共和国立法汇编第 194 条）。

[2] 第 277 条第 3 款的处罚被 2015 年 8 月 10 日第 389 号乌兹别克斯坦共和国法律修正（2015 年第 32 号乌兹别克斯坦共和国立法汇编第 425 条）。

[3] 第 278 条被 2007 年 9 月 14 日第 109 号乌兹别克斯坦共和国法律修正（2007 年第 37-38 号乌兹别克斯坦共和国立法汇编第 377 条）。

处 25 个至 50 个基本计算单位罚金、300 小时以下强制社区服务或者 2 年以下矫正劳动。[1]

电信网络服务提供者（包括全球信息网络互联网提供者）复制、仿制、传播用于组织或进行赌博和其他基于风险的游戏的相应软件，在因为该行为被适用行政处罚后又实施的——

处 50 个至 75 个基本计算单位罚金、5 年以下剥夺特定权利、300 小时至 360 小时强制社区服务或者 3 年以下矫正劳动。[2]

第 20-1 章　信息技术犯罪[3]

第 278-1 条　违反信息化规则[4]

违反信息化规则，即创建、引入和运行信息系统、数据库和数据集、信息处理和传输系统，或者授权访问没有采取规定的保护措施的信息系统，对公民的权利或法益或者国家或社会利益造成巨大损失或重大损害的——

处 50 个以下基本计算单位罚金或者 1 年以下矫正劳动。[5]

该行为的实施导致损失特别巨大的——

处 50 个至 100 个基本计算单位罚金或者 1 年至 2 年矫正劳动。[6]

---

[1]　第 278 条第 3 款的处罚被 2019 年 12 月 3 日第 586 号乌兹别克斯坦共和国法律修正（国家立法数据库 2019 年 12 月 4 日第 03/19/586/4106 号）。

[2]　第 278 条第 4 款的处罚被 2019 年 12 月 3 日第 586 号乌兹别克斯坦共和国法律修正（国家立法数据库 2019 年 12 月 4 日第 03/19/586/4106 号）。

[3]　第 21 章由 2007 年 12 月 25 日第 137 号乌兹别克斯坦共和国法律新增（2007 年第 52 号乌兹别克斯坦共和国立法汇编第 532 条）。

[4]　第 278-1 条由 2007 年 12 月 25 日第 137 号乌兹别克斯坦共和国法律新增（2007 年第 52 号乌兹别克斯坦共和国立法汇编第 532 条）。

[5]　第 278-1 条第 1 款的处罚被 2019 年 12 月 3 日第 586 号乌兹别克斯坦共和国法律修正（国家立法数据库 2019 年 12 月 4 日第 03/19/586/4106 号）。

[6]　第 278-1 条第 2 款的处罚被 2019 年 12 月 3 日第 586 号乌兹别克斯坦共和国法律修正（国家立法数据库 2019 年 12 月 4 日第 03/19/586/4106 号）。

第 278-2 条 非法（未经授权）访问计算机信息[1]

非法（未经授权）访问计算机信息即信息和计算系统、网络及其组成部分中的信息，如果此行为导致信息被破坏、阻塞、修改、复制、拦截或者电子计算机、计算机系统或其网络的运行被扰乱的——

处 100 个以下基本计算单位罚金、3 年以下剥夺特定权利或者 1 年以下矫正劳动。[2]

该行为：

a) 由有预谋的团伙实施的；
b) 是被再次实施或者由危险累犯实施的；
c) 利用公务职位实施的；
d) 由有组织集团实施或者为了有组织集团的利益实施的——

处 100 个至 300 个基本计算单位罚金、1 年至 2 年矫正劳动、1 年至 3 年限制自由或者 3 年以下监禁。[3]

第 278-3 条 以出售为目的制造、出售和传播用于非法（未经授权）访问计算机系统以及电信网络的特殊工具[4]

以出售为目的制造、出售和传播用于获得对计算机系统以及电信网络进行非法（未经授权）访问的特殊软件或者硬件工具的——

处 200 个以下基本计算单位罚金或者 1 年以下矫正劳动。[5]

---

［1］ 第 278-2 条由 2007 年 12 月 25 日第 137 号乌兹别克斯坦共和国法律新增（2007 年第 52 号乌兹别克斯坦共和国立法汇编第 532 条）。

［2］ 第 278-2 条第 1 款的处罚被 2019 年 12 月 3 日第 586 号乌兹别克斯坦共和国法律修正（国家立法数据库 2019 年 12 月 4 日第 03/19/586/4106 号）。

［3］ 第 278-2 条第 2 款的处罚被 2019 年 12 月 3 日第 586 号乌兹别克斯坦共和国法律修正（国家立法数据库 2019 年 12 月 4 日第 03/19/586/4106 号）。

［4］ 第 278-3 条由 2007 年 12 月 25 日第 137 号乌兹别克斯坦共和国法律新增（2007 年第 52 号乌兹别克斯坦共和国立法汇编第 532 条）；第 278-3 条的条旨被 2018 年 10 月 22 日第 503 号乌兹别克斯坦共和国法律修正（国家立法数据库 2018 年 10 月 23 日第 03/18/503/2080 号）。

［5］ 第 278-3 条第 1 款的处罚被 2019 年 12 月 3 日第 586 号乌兹别克斯坦共和国法律修正（国家立法数据库 2019 年 12 月 4 日第 03/19/586/4106 号）。

该行为的实施具有下列情形的：

a) 由有预谋的团伙实施的；

b) 是被再次实施或者由危险累犯实施的；

c) 利用公务职位实施的；

d) 由有组织集团实施或者为了有组织集团的利益实施的——

处 200 个至 300 个基本计算单位罚金或者 1 年至 3 年矫正劳动。[1]

第 278-4 条　修改计算机信息 [2]

修改计算机信息，即非法修改、破坏、删除存储于计算机系统中的信息，以及故意向其中引入虚假信息，从而对公民的权利或法益或者国家或社会利益造成巨大损失或重大损害的——

处 100 个以下基本计算单位罚金、1 年以下矫正劳动、2 年以下限制自由或者 2 年以下监禁。[3]

该行为的实施具有下列情形的：

a) 造成损失特别巨大的；

b) 由有预谋的团伙实施的；

c) 是被再次实施或者由危险累犯实施的——

处 1 年至 2 年矫正劳动、2 年至 3 年限制自由或者 2 年至 3 年监禁。[4]

第 278-5 条　破坏计算机 [5]

故意地使他人的或者服务中的计算机设备不能运行，以及破坏

---

[1] 第 278-3 条第 2 款的处罚被 2019 年 12 月 3 日第 586 号乌兹别克斯坦共和国法律修正（国家立法数据库 2019 年 12 月 4 日第 03/19/586/4106 号）。

[2] 第 278-4 条由 2007 年 12 月 25 日第 137 号乌兹别克斯坦共和国法律新增（2007 年第 52 号乌兹别克斯坦共和国立法汇编第 532 条）。

[3] 第 278-4 条第 1 款的处罚被 2019 年 12 月 3 日第 586 号乌兹别克斯坦共和国法律修正（国家立法数据库 2019 年 12 月 4 日第 03/19/586/4106 号）。

[4] 第 278-4 条第 2 款的处罚被 2019 年 12 月 3 日第 586 号乌兹别克斯坦共和国法律修正（国家立法数据库 2019 年 12 月 4 日第 03/19/586/4106 号）。

[5] 第 278-5 条由 2007 年 12 月 25 日第 137 号乌兹别克斯坦共和国法律新增（2007 年第 52 号乌兹别克斯坦共和国立法汇编第 532 条）。

计算机系统的——

处 300 个至 400 个基本计算单位罚金和 3 年以下剥夺特定权利，或者 2 年以下限制自由，或者 2 年以下监禁。[1]

该行为的实施具有下列情形的：

a）由有预谋的团伙实施的；

b）是被再次实施或者由危险累犯实施的——

处 2 年至 3 年以下矫正劳动、2 年至 3 年限制自由或者 2 年至 3 年监禁。[2]

第 278-6 条　创建、使用或者传播有害程序[3]

意图对计算机系统中存储或传输的信息进行未经授权的破坏、阻塞、修改、复制、拦截，创建计算机程序、修改现有程序以及开发专门的病毒程序、故意地使用或者传播该种程序的——

处 100 个至 300 个基本计算单位罚金、2 年以下限制自由或者 2 年以下监禁。[4]

该行为的实施具有下列情形的：

a）造成损失特别巨大的；

b）由有预谋的团伙实施的；

c）是被再次实施或者由危险累犯实施的；

d）由有组织集团实施或者为了有组织集团的利益实施的——

处 2 年至 3 年限制自由或者 2 年至 3 年监禁。[5]

---

[1] 第 278-5 条第 1 款的处罚被 2019 年 12 月 3 日第 586 号乌兹别克斯坦共和国法律修正（国家立法数据库 2019 年 12 月 4 日第 03/19/586/4106 号）。

[2] 第 278-5 条第 2 款的处罚被 2019 年 12 月 3 日第 586 号乌兹别克斯坦共和国法律修正（国家立法数据库 2019 年 12 月 4 日第 03/19/586/4106 号）。

[3] 第 278-6 条由 2007 年 12 月 25 日第 137 号乌兹别克斯坦共和国法律新增（2007 年第 52 号乌兹别克斯坦共和国立法汇编第 532 条）。

[4] 第 278-6 条第 1 款的处罚被 2019 年 12 月 3 日第 586 号乌兹别克斯坦共和国法律修正（国家立法数据库 2019 年 12 月 4 日第 03/19/586/4106 号）。

[5] 第 278-6 条第 2 款的处罚被 2019 年 12 月 3 日第 586 号乌兹别克斯坦共和国法律修正（国家立法数据库 2019 年 12 月 4 日第 03/19/586/4106 号）。

第 278-7 条　非法（未经授权）访问电信网络[1]

绕过已安装的保护系统非法（未经授权）访问电信网络，意图使用和传输国际流量，以及保存用于这些意图的专门软件或硬件工具并为其运行创造条件的——

处 100 个至 300 个基本计算单位罚金、1 年至 3 年限制自由或者 3 年以下监禁。[2]

该行为的实施具有下列情形的：

a）由有预谋的团伙实施的；
b）是被再次实施或者由危险累犯实施的；
c）利用公务职位实施的；
d）由有组织集团实施或者为了有组织集团的利益实施的——

处 300 个至 600 个基本计算单位罚金、3 年至 5 年限制自由或者 3 年至 5 年监禁。[3]

第七编　妨害军事服役秩序罪

第 21 章　破坏指挥服从秩序与军事荣誉罪

第 279 条　不服从

不服从，即公开拒绝执行命令以及以其他方式故意不执行命令的——

处 2 年以下限制军职或者 1 年以下移交纪律惩戒单位。

该行为：

a）由团伙实施的；

---

[1] 第 278-7 条由 2007 年 12 月 25 日第 137 号乌兹别克斯坦共和国法律新增（2007 年第 52 号乌兹别克斯坦共和国立法汇编第 532 条）。

[2] 第 278-7 条第 1 款的处罚被 2019 年 12 月 3 日第 586 号乌兹别克斯坦共和国法律修正（国家立法数据库 2019 年 12 月 4 日第 03/19/586/4106 号）。

[3] 第 278-7 条第 2 款的处罚被 2019 年 12 月 3 日第 586 号乌兹别克斯坦共和国法律修正（国家立法数据库 2019 年 12 月 4 日第 03/19/586/4106 号）。

b）造成严重后果的——

处 3 年至 5 年监禁。

该行为实施于战斗状态中的——

处 5 年至 15 年监禁。

第 280 条　未执行命令

由于过失未执行命令，造成巨大损失或者严重后果的——

处 2 年以下限制军职或者 1 年以下移交纪律惩戒单位。

该行为实施于战斗状态中的——

处 5 年至 10 年监禁。

第 281 条　抵抗长官或者强迫长官违背职责

抵抗长官或者其他履行其所负军务职责的人，或者强迫其违背这些职责的——

处 2 年以下限制军职、1 年以下移交纪律惩戒单位或者 5 年以下监禁。

该行为：

a）由团伙实施的；

b）使用武器实施的；

c）造成严重后果的——

处 5 年至 10 年监禁。

该行为实施于战斗状态的——

处 5 年至 15 年监禁。

第 282 条　威胁长官

在战斗状态对长官以杀害或者使用暴力相威胁，如果有充分的理由担忧该威胁会被实施的——

处 3 年至 5 年监禁。

第 283 条　造成身体伤害

殴打，即因为长官履行其军务职责或者在长官履行职责期间对之造成轻度或者中度身体伤害的——

处 3 年以下限制军职、1 年以下移交纪律惩戒单位或者 3 年以下监禁。[1]

造成严重身体伤害，以及本条第 1 款规定的行为的实施具有下列情形的：

a）由团伙实施的；

b）使用武器实施的——

处 3 年至 7 年监禁。[2]

本条第 1 款或者第 2 款规定的行为实施于战斗状态的——

处 3 年至 7 年监禁。[3]

第 284 条　下属侮辱长官或者长官侮辱下属

下属侮辱长官或者长官侮辱下属，在因为相同行为被实施纪律处分后再次实施的——

处 2 年以下限制军职或者 1 年以下监禁。[4]

第 285 条　违反关于无隶属关系的军人之间的相互关系的条令规则

违反关于无隶属关系的军人之间的相互关系的条令规则，表现为经常地嘲弄、虐待、造成伴随有健康障碍的轻度身体伤害或者中度身体伤害、非法剥夺自由的——

处 2 年以下限制军职、1 年以下移交纪律惩戒单位或者 5 年以下监禁。[5]

该行为：

---

[1] 第 283 条第 1 款的处罚被 2001 年 8 月 29 日第 254-Ⅱ号乌兹别克斯坦共和国法律修正（2001 年第 9-10 号奥利马日利斯公报第 165 条）。

[2] 第 283 条第 2 款的处罚被 2001 年 8 月 29 日第 254-Ⅱ号乌兹别克斯坦共和国法律修正（2001 年第 9-10 号奥利马日利斯公报第 165 条）。

[3] 第 283 条第 3 款的处罚被 2001 年 8 月 29 日第 254-Ⅱ号乌兹别克斯坦共和国法律修正（2001 年第 9-10 号奥利马日利斯公报第 165 条）。

[4] 第 284 条第 1 款的处罚被 2017 年 3 月 29 日第 421 号乌兹别克斯坦共和国法律修正（2017 年第 13 号乌兹别克斯坦共和国立法汇编 194 条）。

[5] 第 285 条第 1 款的处罚被 2017 年 3 月 29 日第 421 号乌兹别克斯坦共和国法律修正（2017 年第 13 号乌兹别克斯坦共和国立法汇编 194 条）。

a）由团伙实施的；
b）使用武器实施的；
c）导致严重身体伤害的——
处 5 年至 10 年监禁。
该行为导致人员死亡的——
处 10 年至 15 年监禁。
该行为导致：[1]
a）大量人员死亡的；
b）其他严重后果的——
处 15 年至 20 年监禁。

第 286 条　掠夺

掠夺，即在战斗状态中当面攫取死者或者伤员的物品的——
处 5 年至 10 年监禁。

第 22 章　妨害服兵役秩序罪

第 287 条　擅离部队或服役地点

应征服兵役的军人未经许可离开部队或者服役地点以及在解职、任命、调动、出差、休假、住院后无正当理由不按时报到服役，在因为该行为受到纪律处分后又实施，超过 1 日但不超过 10 日的——
处 1 年以下限制军职或者 1 年以下监禁。[2]
应征服兵役的军人、军官团成员或者根据合同服兵役的军人，未经许可离开部队或服役地点以及无正当理由不按时报到服役，超过 10 日但不超过 1 个月的——[3]

---

[1]　根据第 176 条第 2 款的处罚被 1998 年 8 月 29 日第 681-Ⅰ号乌兹别克斯坦共和国法律（1998 年第 9 号奥利马日利斯公报第 181 条），第 285 条第 2 款被替换为第 2 款、第 3 款和第 4 款。

[2]　第 287 条第 1 款的处罚被 2017 年 3 月 29 日第 421 号乌兹别克斯坦共和国法律修正（2017 年第 13 号乌兹别克斯坦共和国立法汇编第 194 条）。

[3]　第 287 条第 2 款的罪状被 2009 年 12 月 22 日第 238 号乌兹别克斯坦共和国法律修正（2009 年第 52 号乌兹别克斯坦共和国立法汇编第 553 条）。

处 2 年以下限制军职或者 3 年以下监禁。

本条第 2 款所指人员未经许可离开部队或者服役地点，以及无正当理由不按时报到服役，超过 1 个月的——

处 5 年以下监禁。

本条规定的行为实施于战斗状态的，不论持续时间长短——

处 5 年至 10 年监禁。

第 288 条 逃离部队

逃离部队，即意图彻底逃避服役，在未经允许的情况下离开部队或服役地点，或者出于相同的目的不现身服役的——

处 5 年以下监禁。

该行为由军官团成员或者根据合同服兵役的军人实施的——[1]

处 5 年至 10 年监禁。

第 289 条 放弃遇险的军舰

指挥员在未完全履行其职责到底以及船员在没有得到指挥员相应命令的情况下，放弃遇险的军舰的——

处 5 年至 10 年监禁。

该行为实施于战斗状态中的——

处 10 年至 15 年监禁。

第 290 条 以自残或者其他方式逃避兵役

自残即军人以对自身造成伤害的手段逃避兵役义务，以及以假装生病、伪造文书或其他欺骗手段逃避兵役义务，或者拒绝履行兵役义务的——

处 1 年以下限制军职或者 5 年以下监禁。[2]

该行为实施于战斗状态中的——

处 5 年至 10 年监禁。

---

〔1〕 第 288 条第 2 款的罪状被 2009 年 12 月 22 日第 238 号乌兹别克斯坦共和国法律修正（2009 年第 52 号乌兹别克斯坦共和国立法汇编第 553 条）。

〔2〕 第 290 条第 1 款的处罚被 2017 年 3 月 29 日第 421 号乌兹别克斯坦共和国法律修正（2017 年第 13 号乌兹别克斯坦共和国立法汇编第 194 条）。

第 291 条　违反警卫值勤规则

警卫人员违反警卫（门岗值班）条令规则，导致该警卫所意图防范的危害后果的——

处 2 年以下限制军职、1 年以下移交纪律惩戒单位或者 1 年以下监禁。[1]

该行为：

a）造成严重身体伤害的；

b）造成人员死亡的；

c）造成其他严重后果的——

处 5 年至 10 年监禁。

该行为实施于战斗状态中的——

处 10 年至 15 年监禁。

第 292 条　违反执行内务或者驻军巡逻的规则

违反执行内务的条令规则以及在驻军中巡逻的规则，导致相应的勤务所意图防范的危害后果的——

处 2 年以下限制军职、1 年以下移交纪律惩戒单位或者 3 年以下监禁。[2]

第 293 条　违反战斗值勤规则

违反执行战斗值勤（战斗勤务）规则，对保护目标造成损害或者未完成战斗任务的——

处 2 年以下限制军职、1 年以下移交纪律惩戒单位或者 5 年以下监禁。[3]

该行为表现为未及时发现或者反击对乌兹别克斯坦共和国的突

---

[1] 第 291 条第 1 款的处罚被 2017 年 3 月 29 日第 421 号乌兹别克斯坦共和国法律修正（2017 年第 13 号乌兹别克斯坦共和国立法汇编第 194 条）。

[2] 第 292 条的处罚被 2017 年 3 月 29 日第 421 号乌兹别克斯坦共和国法律修正（2017 年第 13 号乌兹别克斯坦共和国立法汇编第 194 条）。

[3] 第 293 条第 1 款的处罚被 2017 年 3 月 29 日第 421 号乌兹别克斯坦共和国法律修正（2017 年第 13 号乌兹别克斯坦共和国立法汇编第 194 条）。

然袭击，以及造成严重后果的——

处5年至10年监禁。

第294条　违反执行边防勤务的规则

作为边防支队成员的人违反执行边防勤务的规则，可能损害边界的不可侵犯性的——

处2年以下限制军职、1年以下移交纪律惩戒单位或者5年以下监禁。〔1〕

该行为导致：

a）非法越境的；

b）其他严重后果的——

处5年至10年监禁。

第23章　妨害军用财产的保管或者使用秩序罪

第295条　挥霍、损失或者破坏军用财产

挥霍，即将发放给军人个人使用的军事装备出售、转交他人使用或者用于抵押的——〔2〕

处1年以下限制军职或者1年以下监禁。〔3〕

因违反保管规则导致被交付供公务使用的武器、弹药、车辆、技术设备的损失或者破坏的——

处2年以下限制军职、1年以下移交纪律惩戒单位或者3年以下监禁。

本条第1款或者第2款规定的行为实施于战斗状态的——

处3年至5年监禁。

---

〔1〕 第294条第1款的处罚被2017年3月29日第421号乌兹别克斯坦共和国法律修正（2017年第13号乌兹别克斯坦共和国立法汇编第194条）。

〔2〕 第295条第1款的罪状被2009年12月22日第238号乌兹别克斯坦共和国法律修正（2009年第52号乌兹别克斯坦共和国立法汇编第553条）。

〔3〕 第295条第1款的处罚被2017年3月29日第421号乌兹别克斯坦共和国法律修正（2017年第13号乌兹别克斯坦共和国立法汇编第194条）。

第 296 条　毁灭或者损坏军用财产

故意毁灭或者损坏武器、弹药、车辆、军事装备或其他军用财产的——

处 2 年以下限制军职、1 年以下移交纪律惩戒单位或者 5 年以下监禁。[1]

该行为造成严重后果的——

处 5 年至 10 年监禁。

该行为实施于战斗状态中的——

处 10 年至 15 年监禁。

第 297 条　违反武器和对他人具有高度危险的物质、物品的处理规则

违反处理武器、弹药、爆炸物、放射性材料和对他人具有高度危险的其他物质和物品的规则，造成中度身体伤害的——

处 2 年以下限制军职或者 5 年以下监禁。

该行为：

a）导致两人或者更多人中度身体伤害的；

b）造成严重身体伤害的；

c）造成人员死亡的——

处 5 年至 8 年监禁。[2]

该行为导致：

a）大量人员死亡的；

b）其他严重后果的——

处 8 年至 10 年监禁。[3]

---

〔1〕 第 296 条第 1 款的处罚被 2017 年 3 月 29 日第 421 号乌兹别克斯坦共和国法律修正（2017 年第 13 号乌兹别克斯坦共和国立法汇编第 194 条）。

〔2〕 第 297 条第 2 款的处罚被 2001 年 8 月 29 日第 254-Ⅱ号乌兹别克斯坦共和国法律修正（2001 年第 9-10 号奥利马日利斯公报第 165 条）。

〔3〕 第 297 条第 3 款的处罚被 2001 年 8 月 29 日第 254-Ⅱ号乌兹别克斯坦共和国法律修正（2001 年第 9-10 号奥利马日利斯公报第 165 条）。

第 298 条　违反驾驶或者操作车辆的规则

违反驾驶或者操作作战车辆、特种车辆或者运输车辆的规则，导致中度或者严重身体伤害的——

处 2 年以下限制军职或者 3 年以下监禁。[1]

该行为导致人员死亡的——[2]

处 3 年至 7 年监禁。

该行为导致：[3]

a）大量人员死亡的；

b）灾难的；

c）其他严重后果的——

处 7 年至 10 年监禁。

第 299 条　违反飞行或者飞行准备规则

违反军用航空器的飞行、飞行准备规则，以及违反航空器的操作规则，导致重大灾难或者其他严重后果的——

处 5 年至 10 年监禁。

第 300 条　违反舰艇航行规则

违反舰艇航行规则，导致舰艇的沉没或严重损坏、人员死亡或者其他严重后果的——

处 5 年至 10 年监禁。

第 24 章　军事渎职罪

第 301 条　滥用权力、逾越权力或者权力不作为

指挥官或者其他公务员滥用权力或职务权限、逾越权力或职务

---

[1] 第 298 条第 1 款的处罚被 2001 年 8 月 29 日第 254-Ⅱ号乌兹别克斯坦共和国法律修正（2001 年第 9-10 号奥利马日利斯公报第 165 条）。

[2] 第 298 条第 2 款被 2017 年 6 月 13 日第 436 号乌兹别克斯坦共和国法律修正（2017 年第 24 号乌兹别克斯坦共和国立法汇编第 487 条）。

[3] 第 298 条第 3 款被 2017 年 6 月 13 日第 436 号乌兹别克斯坦共和国法律修正（2017 年第 24 号乌兹别克斯坦共和国立法汇编第 487 条）。

权限以及权力不作为,给武装部队的利益、军人或其他公民的权利或法益造成巨大损失或重大损害的——

处 3 年以下限制军职或者 5 年以下监禁。[1]

该行为伴随造成中度或者严重身体伤害的——

处 5 年至 10 年监禁。[2]

该行为导致:

a) 人员死亡的;

b) 其他严重后果的——

处 10 年至 15 年监禁。[3]

本条规定的行为实施于战斗状态中的——

处 15 年至 20 年监禁。[4]

第 302 条 玩忽职守

指挥官或者其他公务员因为对待公务的疏忽或者轻率态度,不履行或者不适当地履行其公务,导致损失巨大或者其他严重后果的——

处 3 年以下限制军职或者 3 年以下监禁。[5]

该行为实施于战斗状态中的——

处 3 年至 5 年监禁。[6]

---

[1] 第 301 条第 1 款的处罚被 2017 年 3 月 29 日第 421 号乌兹别克斯坦共和国法律修正(2017 年第 13 号乌兹别克斯坦共和国立法汇编第 194 条)。

[2] 第 301 条第 2 款的处罚被 1998 年 8 月 29 日第 681–Ⅰ号乌兹别克斯坦共和国法律修正(1998 年第 9 号奥利马日利斯公报第 181 条)。

[3] 第 301 条第 3 款的处罚被 1998 年 8 月 29 日第 681–Ⅰ号乌兹别克斯坦共和国法律修正(1998 年第 9 号奥利马日利斯公报第 181 条)。

[4] 第 301 条第 4 款的处罚被 1998 年 8 月 29 日第 681–Ⅰ号乌兹别克斯坦共和国法律修正(1998 年第 9 号奥利马日利斯公报第 181 条)。

[5] 第 302 条第 1 款的处罚被 2017 年 3 月 29 日第 421 号乌兹别克斯坦共和国法律修正(2017 年第 13 号乌兹别克斯坦共和国立法汇编第 194 条)。

[6] 第 302 条第 2 款由 1999 年 8 月 20 日第 832–Ⅰ号乌兹别克斯坦共和国法律增补(1999 年第 9 号奥利马日利斯公报第 229 条)。

第八编 术语的法律含义

赌博或其他基于运气的游戏——根据组织者（赌博机构）与一名或多名参与者达成的基于风险的协议，获胜情况取决于情况（事件）和（或）取决于参与者的能力、灵活性和其他素质，规定组织者和参与者一系列行为的一种游戏，包括抽奖、赌场以及使用老虎机的游戏。[1]

麻醉药品的类似物——与麻醉药品具有相似的化学结构和性质、能再现其精神活性的合成或者天然来源的物质。[2]

不作为——具有社会危害性、有意识和消极的行为，包括某人不实施规范性法令规定必须实施的特定行为。

近亲属——具有血亲或者姻亲关系的人，即父母、亲兄弟姐妹、继兄弟姐妹、配偶、子女（包括养子女）、祖父母、孙子女以及配偶的父母、亲兄弟姐妹、继兄弟姐妹。[3]

巨大播种面积——等于或者超过1000平方米的播种面积。

货币业务——与货币等价物所有权转让有关的业务，包括与使用外币作为支付手段有关的业务以及与在外国经济活动中使用乌兹别克斯坦共和国货币单位作为支付手段有关的业务；货币等价物从国外进口和转移到乌兹别克斯坦共和国，以及从乌兹别克斯坦共和国出口和转移到国外；实施国际货币转账。

货币等价物——外币；以外币计价的证券——股票（股份、债券和其他）价值；外币付款文书（支票、汇票、信用证及其他）；贵金属——任何形式和状态的金、银、铂和铂族（钯、铱、镭、钌

---

[1] 被2007年9月14日第109号乌兹别克斯坦共和国法律修正（2007年第37-38号乌兹别克斯坦共和国立法汇编第377条）。

[2] 由2018年10月22日第503号乌兹别克斯坦共和国法律增补（国家立法数据库2018年10月23日第03/18/503/2080号）。

[3] 被2016年4月25日第405号乌兹别克斯坦共和国法律修正（2016年第17号乌兹别克斯坦共和国立法汇编第173条）。

和铑）金属，但这些金属制成的珠宝和其他家居用品以及这些用品的碎片除外；天然宝石——原料和加工形式的钻石、红宝石、祖母绿、蓝宝石、翠绿宝石以及珍珠，但这些宝石制成的珠宝和其他家居用品以及此类用品的碎片除外。

贿赂——受贿、行贿或者在这些犯罪中居间。

军事秘密——泄露可能会给乌兹别克斯坦共和国的国防能力、国家安全和武装部队带来严重后果的军事性质的信息。

军事犯罪——军人以及在接受集训期间的应服兵役的人实施的妨害军事服役规定秩序的犯罪。

国家秘密（广义）——特别重要的绝密和秘密的军事、政治、经济、科学技术信息，以及受国家保护并且被专门目录所限定的其他信息。乌兹别克斯坦共和国的国家秘密分为国家秘密（狭义）、军事秘密和公务秘密。

国家秘密（狭义）——其披露可能会对乌兹别克斯坦共和国的军事经济潜力的质量状态产生负面影响或者对乌兹别克斯坦共和国的国防能力、国家安全、经济和政治利益造成其他严重后果的信息。

乌兹别克斯坦共和国公民——依法具有乌兹别克斯坦共和国公民法律地位的人。

作为——具有社会危害性、有意识和积极的行为。

行为——作为或者不作为。

文书——被适当地草拟并且包含必要的要素（图章、签名、印鉴、日期、编号）的证明具有法律意义的事实和事件的书面凭证。

公务员——被委任或者选任的经常、临时或者经专门授权在国家机关、公民自治组织、任何所有制形式的企业、机构、组织中，行使当局代表职责或者履行组织指挥、行政经营职责并且被授权实施具有法律意义行为的人员，以及在国际组织或者外国的立法、行政或司法机关中履行这些职责的人员。[1]

---

〔1〕 被2015年8月20日第391号乌兹别克斯坦共和国法律修正（2015年第33号乌兹别克斯坦共和国立法汇编第439条）。

明知——表明行为人对法律规定的行为或者情况知情的态度。

数额较大——100个至300个基本计算单位的数额。[1]

欺骗购买者或者消费者时的数额较大——（废止）。[2]

损失较大——100个至300个基本计算单位的损失。[3]

其他法律影响处分——本法典规定的但不是刑罚的处分（适用于未成年人的强制处分、治疗处分）。

外国货币——1）在相应外国流通并作为法定货币的纸币形式的外国纸币，以及正在退出或已经退出流通但可以兑换为乌兹别克斯坦共和国纸币的外国纸币；

2）账户资金和以外国货币单位和国际货币单位计价的投资中的资金。

外国公民——具有任何外国公民法律地位的人。

贪利动机——以希望从所实施的犯罪中获取物质的或其他的财产性利益或者意图逃避实际费用为特征的动机。

数额巨大——300个至500个基本计算单位的数额。[4]

欺骗购买者或者消费者时的数额巨大——（废止）。[5]

非法处理麻醉药品、其类似物或者精神药物情形中的数额巨大——根据相关国家机关的决定予以确定。[6]

---

[1] 被2019年12月3日第586号乌兹别克斯坦共和国法律修正（国家立法数据库2019年12月4日第03/19/586/4106号）。

[2] 被2002年8月30日第405-Ⅱ号乌兹别克斯坦共和国法律废止（2002年第9号奥利马日利斯公报第165条）。

[3] 被2019年12月3日第586号乌兹别克斯坦共和国法律修正（国家立法数据库2019年12月4日第03/19/586/4106号）。

[4] 被2019年12月3日第586号乌兹别克斯坦共和国法律修正（国家立法数据库2019年12月4日第03/19/586/4106号）。

[5] 被2002年8月30日第405-Ⅱ号乌兹别克斯坦共和国法律废止（2002年第9号奥利马日利斯公报第165条）。

[6] 被2020年7月21日第629号乌兹别克斯坦共和国法律修正（国家立法数据库2020年7月22日第03/20/629/1087号）；被2021年8月25日第711号乌兹别克斯坦共和国法律修正（国家立法数据库2021年8月26日第03/21/711/0825号）。

损失巨大——300个至500个基本计算单位的损失。[1]

无国籍人——不具有任何国家公民法律地位的自然人。

麻醉药品——列入麻醉药品目录并在乌兹别克斯坦共和国被管制的合成或天然来源的物质、麻醉药品制剂和植物。[2]

非法处理麻醉药品及其类似物或者精神药物情形中的数额较小——根据相关国家机关的决定予以确定。[3]

欺骗购买者或者消费者时的数额较小——（废止）。[4]

损失较小——30个至100个基本计算单位的损失。[5]

未完成罪——由于行为人无法控制的原因被迫中断或者由于其自愿放弃而未达到完成阶段的犯罪。

具有公共危险的方法——放火、爆炸、决水和其他具有导致人员死亡或者经济损失危险的方法。

既遂犯罪——符合某一具体犯罪构成的所有必备要件的危害社会行为。

有国家参与的组织——1）其法定资本中有国家股份的商业组织；

2）全部或部分由国家机关或者国有组织创立或开设的非商业组织。[6]

数额特别巨大——等于或者超过500个基本计算单位的数额。[7]

---

[1] 被2019年12月3日第586号乌兹别克斯坦共和国法律修正（国家立法数据库2019年12月4日第03/19/586/4106号）。

[2] 被2018年10月22日第503号乌兹别克斯坦共和国法律修正（国家立法数据库2018年10月23日第03/18/503/2080号）。

[3] 被2018年10月22日第503号乌兹别克斯坦共和国法律修正（国家立法数据库2018年10月23日第03/18/503/2080号）。

[4] 被2002年8月30日第405-Ⅱ号乌兹别克斯坦共和国法律废止（2002年第9号奥利马日利斯公报第165条）。

[5] 被2019年12月3日第586号乌兹别克斯坦共和国法律修正（国家立法数据库2019年12月4日第03/19/586/4106号）。

[6] 被2015年8月20日第391号乌兹别克斯坦共和国法律修正（2015年第33号乌兹别克斯坦共和国立法汇编第439条）。

[7] 被2019年12月3日第586号乌兹别克斯坦共和国法律修正（国家立法数据库2019年12月4日第03/19/586/4106号）。

损失特别巨大——等于或者超过 500 个基本计算单位的损失。[1]

负责公务员——（废止）[2]

淫秽物品——含有人类性器官或者人类实际进行或模拟进行的性行为的描述、照片、视频、其他图像的，不具有艺术价值并且不具有科学、医学、教育用途的，实际的或者借助计算机技术创建的色情作品、材料和物品。[3]

事先通谋——共同犯罪人在犯罪实施之前就实施犯罪或者从事犯罪活动达成协议。

当局代表——代表国家机关经常或者临时行使特定职责并且在其权限范围内有权采取对多数或所有的公民或公务员具有约束力的行动或发布具有此种约束力的命令的人员。

前体——列入前体目录并在乌兹别克斯坦共和国被管制的用于制造麻醉药品、其类似物和精神药物的物质。[4]

宣传崇尚暴力或者残忍的产品——不体现历史、科学、艺术或者其他文化价值的宣传崇尚实施暴力或者残忍的材料和物品。[5]

精神药物——列入精神药物目录并在乌兹别克斯坦共和国被管制的合成或天然来源的物质。[6]

放射性材料——任何物理状态的、在设施中、在制品中或者任

---

[1] 被 2019 年 12 月 3 日第 586 号乌兹别克斯坦共和国法律修正（国家立法数据库 2019 年 12 月 4 日第 03/19/586/4106 号）。

[2] 被 2015 年 8 月 20 日第 391 号乌兹别克斯坦共和国法律修正（2015 年第 33 号乌兹别克斯坦共和国立法汇编第 439 条）。

[3] 被 2020 年 12 月 25 日第 658 号乌兹别克斯坦共和国法律修正（国家立法数据库 2020 年 12 月 26 日第 03/20/658/1670 号）。

[4] 被 2018 年 10 月 22 日第 503 号乌兹别克斯坦共和国法律修正（国家立法数据库 2018 年 10 月 23 日第 03/18/503/2080 号）。

[5] 被 2018 年 4 月 18 日第 476 号乌兹别克斯坦共和国法律修正（国家立法数据库 2018 年 4 月 19 日第 03/18/476/1087 号）。

[6] 被 2018 年 10 月 22 日第 503 号乌兹别克斯坦共和国法律修正（国家立法数据库 2018 年 10 月 23 日第 03/18/503/2080 号）。

何其他形式的电离辐射源、放射性物质或者核材料。[1]

雇员——基于劳动合同或民事合同在国家机关、商业组织、非商业组织中从事劳务活动的没有公务员身份的人。[2]

公务秘密——其泄露可能会损害乌兹别克斯坦共和国利益的科学、技术、生产和管理领域的信息。

中等播种面积——250平方米至1000平方米的播种面积。

经营主体——从事经营活动的任何所有制形式的企业或者公民。

剥削人——以卖淫或其他形式的性剥削、强迫劳动或服务、奴役或类似奴役的做法或者摘除人体器官或组织剥削他人。[3]

非法流烈性物质或者违反零售含有烈性物质的处方药的程序情形下的数额巨大——由相关政府机关决定。[4]

---

[1] 被2016年4月25日第405号乌兹别克斯坦共和国法律增补（2016年第17号乌兹别克斯坦共和国立法汇编第173条）。

[2] 被2015年8月20日第391号乌兹别克斯坦共和国法律修正（2015年第33号乌兹别克斯坦共和国立法汇编第439条）。

[3] 由2008年9月16日第179号乌兹别克斯坦共和国法律增补（2008年第37-38号乌兹别克斯坦共和国立法汇编第366条）。

[4] 由2021年8月25日第711号乌兹别克斯坦共和国法律修正（国家立法数据库2021年8月26日第03/21/711/0825号）。